零基础过经济师系列

全国经济专业技术资格考试用书

精选章节习题集

财政税收专业知识与实务

环球网校经济师考试研究院 编

图书在版编目（CIP）数据

财政税收专业知识与实务：中级/环球网校经济师考试研究院编.—北京：中国石化出版社，2019.10（2021.8 重印）

ISBN 978-7-5114-5546-8

Ⅰ.①财… Ⅱ.①环… Ⅲ.①财政管理—资格考试—自学参考资料②税收管理—资格考试—自学参考资料 Ⅳ.①F81

中国版本图书馆 CIP 数据核字（2019）第 223057 号

中国石化出版社出版发行

地址：北京市东城区安定门外大街 58 号

邮编：100011　电话：(010) 57512500

发行部电话：(010) 57512575

http://www.sinopec-press.com

E-mail: press@sinopec.com

三河市中晟雅豪印务有限公司印刷

全国各地新华书店经销

*

787×1092 毫米 16 开本 14.5 印张 363 千字

2019 年 12 月第 1 版　2021 年 8 月第 3 次印刷

定价：50.00 元

环球君带你学经济师

中级经济师是一个中级职称。获得这个职称，有三种好处：一是薪酬待遇能够提升，加薪晋级时，大部分单位将优先考虑有职称的优秀人才，有的单位将职称作为晋升的硬性条件（建议考生和本单位人事部门确认具体实施制度）；二是通过中级经济师考试并获得相应职称，在一些一线城市有积分落户的优惠政策，比如上海、广州、北京等地；三是中级经济师职称是评高级经济师职称的必要条件。

中级经济师实行机考，按专业分四个批次考核，每个批次3小时，总共考核两个科目，即《经济基础知识》和《专业知识与实务》。每个科目的考试时间为1.5小时，两门考试中间有40分钟休息时间。

如果备考经济师是一场战役，那么考前60天一定是决定战役能否胜利的关键节点。如何更好地利用考前60天呢？除了要学习重要的知识点外，还要进行刷题训练，通过做题提升学习效率，保持做题的题感。

环球网校经济师教研组的老师们对中级经济师考试进行了系统地研究分析，结合历年辅导大批考生的经验，编写了这套《60天过经济师》丛书，期望能够帮助大家顺利通过考试。本书分为三大部分：

第一部分：刷题练习。本部分按照章节顺序呈现习题，旨在让考生能够对每个常考知识点都能以习题形式进行练习。该部分的每道题都是环球网校经济师教研组的老师根据考试频率和知识点的考查方向精挑细选出来的，便于考生复习，打好扎实的知识基础。

第二部分：章节思维导图。本部分以思维导图的形式展现了各章的重点内容，便于考生直观明了、高效快捷地掌握知识体系。

第三部分：全仿真机考套卷。精做章节练习题、掌握全书知识脉络后，一定要做套卷进行模拟考试。本部分旨在让考生在仿真机考环境中进行模拟练习，进而胸有成竹地参加考试。

在做题过程中，考生应当注意对错题进行整理和分析，从而完善自身的知识体系。建议考生针对每一道错题都问自己以下问题：

（1）这道题考查的知识点是什么？

（2）知识点的内容是什么？

（3）这道题是怎么运用相关知识点解决问题的？

（4）这道题的解题过程是什么？

（5）为什么我做错了这道题？

（6）这道题还有其他做法吗？

上述问题可以帮助考生分析错误的知识原因、能力原因、解题习惯等，从而有针对性地进行复习，高效备考。

本套书每天分配了10道左右的题目，几乎所有考生都能毫不费力地完成这些题目。如果在做题中遇到了自己研究不明白的题目，可以扫描二维码听老师讲解该知识点。在每一章任务结束后都有学习笔记，考生可以记录在学习中遇到的难点、雷点，从而准确地找到自己的薄弱点，然后想办法去攻克它。

学习是日积月累、循序渐进的过程，要系统、全面地掌握知识，就要用有效的方法，坚持不懈、持之以恒地学习。希望通过这60天的学习，大家能够养成良好的学习习惯，顺利通过经济师考试，为以后的职业发展奠定良好的基础。

环球网校经济师考试研究院

目录

第 1 章　公共财政与财政职能

学习指导

本章作为开篇章节，知识内容相对比较简单，考试的重点也比较突出，市场失灵与公共财政及财政的三大职能为常考点，尤其要注意区分财政三大职能的内容。本章历年考查分数在 4 分左右。

建议大家在学习第一章时，将常考点和重点知识集中进行记忆，这些知识在后面的学习中会经常出现，因此要打好学习财税的基础，将本章的概念在理解的基础上记忆清楚。

日期	考点
Day 1	➢公共物品的概念及其特征 ➢市场失灵与公共财政 ➢政府干预与政府干预失效
Day 2	➢资源配置职能 ➢收入分配职能 ➢经济稳定职能

Day 1

考点：公共物品的概念及其特征

1. ［多选］公共物品的核心特征有（　　）。

A. 效用的不可分割性　　B. 受益的非排他性

C. 受益的排他性　　D. 取得方式的非竞争性

E. 提供目的的非营利性

2. ［单选］某个人或集团对公共产品的享用，不排斥或妨碍其他个人或集团同时享用，消费者的增加不引起生产成本的增加，即增加一个消费者，其边际成本等于零。这是公共物品的特征之一，通常称为（　　）。

A. 效用的不可分割性　　B. 受益的非排他性

C. 取得方式的非竞争性　　D. 提供目的的非营利性

3. ［单选］航海中的灯塔，可以为夜间航行的所有船只提供航向，这体现了公共物品的（　　）。

A. 效用的不可分割性　　B. 提供目的的非营利性

C. 取得方式的非竞争性　　D. 受益的非排他性

4. ［多选］公共财政的理论基础是（　　）理论。

A. 公共物品　　B. 公共选择

C. 市场失灵　　D. 内在稳定器
E. 外部效应

考点：市场失灵与公共财政

5. ［多选］市场失灵主要表现的方面有（　　）。
A. 公共物品的缺失　　B. 外部效应
C. 充分竞争　　D. 收入分配不公
E. 经济波动与失衡

6. ［单选］关于市场配置资源与市场失灵的说法，错误的是（　　）。
A. 市场在提供纯公共物品方面无能为力
B. 垄断必然排斥竞争
C. 市场经济条件下的分配是很公平的
D. 市场经济不可能自动平稳地发展

7. ［单选］个人或经济组织活动的行为活动影响了其他个人或经济组织，却没有为之承担应有的成本或没有获得应有的收益，这种现象称为（　　）。
A. 成本收益转移　　B. 极差成本收益
C. 外部效应　　D. 收益成本效应

8. ［单选］在现代市场经济社会中，决定财政职能范围的依据是（　　）。
A. 政府意志　　B. 价值观念
C. 市场失灵　　D. 经济状况

考点：政府干预与政府干预失效

9. ［多选］下列属于政府干预的渠道和手段的有（　　）。
A. 经济手段　　B. 财政手段
C. 政府的宏观调控　　D. 立法和行政手段
E. 组织公共生产和提供公共物品

10. ［多选］政府干预失效的原因和表现可能发生在（　　）方面。
A. 政府决策失误　　B. 寻租行为
C. 外部效应　　D. 政府提供信息不及时甚至失真
E. 政府职能的“越位”和“缺位”

学习笔记

Day 2

✔ 考点：资源配置职能

1. [多选] 以下属于公共物品的有（　　）。
A. 国防　B. 法律设施
C. 环境保护　D. 高等教育
E. 医疗

2. [单选] 以下属于准公共物品的是（　　）。
A. 基础科学研究　B. 法律设施
C. 环境保护　D. 高等教育

3. [单选] 财政资源配置采用的程序是（　　）。
A. 政治程序　B. 审计程序
C. 经济程序　D. 社会程序

4. [多选] 调节产业结构的途径有（　　）。
A. 调整投资结构　B. 调整价格体系
C. 调整分配结构　D. 调整投资规模
E. 调整资产存量结构

扫码听课

✔ 考点：收入分配职能

5. [多选] 财政调节居民个人收入水平的手段有（　　）。
A. 征收增值税　B. 征收所得税
C. 征收遗产税　D. 社会保障支出
E. 社会救济

6. [单选] 下列各项中，不属于调节企业利润水平的主要手段是（　　）。
A. 遗产税　B. 房产税
C. 资源税　D. 土地增值税

7. [单选] 对于市场经济体制国家来说，社会不公平首先来自（　　）。
A. 制度不完善
B. 市场经济初始条件的不公平
C. 个人状况的不同
D. 家庭状况的不同

8. [多选] 下列属于社会公平准则的有（　　）。
A. 保证生存权准则　B. 效率与公平兼顾准则
C. 共同富裕准则　D. 收入市场化
E. 社会地位法制化

✔ 考点：经济稳定职能

9. [单选] 财政“内在稳定器”在收入方面的调节，主要体现在（　　）。
A. 财政预算的调节　B. 累进税制的调节

C. 财政补贴的调节　　D. 社会保障制度的调节

10. ［单选］下列财税手段中，起“内在稳定器”作用的是（　　）。

A. 对个人取得的股息征收个人所得税

B. 对国有企业征收的企业所得税

C. 对企业征收增值税

D. 对弱势群体发放的困难补助

11. ［单选］当社会总需求大于社会总供给时，财政预算应该采取的政策是（　　）。

A. 收支平衡政策　　B. 赤字政策

C. 结余政策　　D. 中性政策

12. ［单选］经济学中的充分就业是指（　　）。

A. 100％的就业水平

B. 在全社会范围内，大家都有固定收入的工作

C. 在国有企业和事业单位就业达到一定的水平

D. 有工作能力且愿意工作的人能够找到工作

学习笔记

本章学习检查表

知识点名称	初次学习		第一次复习		第二次复习	
	做对题目数/总题目数	学习日期	做对题目数/总题目数	复习日期	做对题目数/总题目数	复习日期
公共物品的概念及其特征						
市场失灵与公共财政						
政府干预与政府干预失效						
资源配置职能						
收入分配职能						
经济稳定职能						

填写建议：

“做对题目数/总题目数”记录该知识点自己做题的情况，比如该知识点总题目数 10 题，做对了其中 7 题，记录为 7/10。

“学习日期”记录自己学习该知识点时的日期，建议把下一次进行复习的日期也写上。

备忘录

参考答案及解析

Day 1

1. BD［**解析**］受益的非排他性和取得方式的非竞争性是公共物品的核心特征。
2. C［**解析**］某个人或者集团对公共物品的享用，不排斥或妨碍其他个人或集团同时享用，消费者的增加不引起生产成本的增加，即增加一个消费者，其边际成本为零，如国防的提供体现的即是公共物品的取得方式的非竞争性这一特征。
3. D［**解析**］航海中的灯塔是受益的非排他性的代表性例子。

●考点再现

Q $_{1\text{-}3}$ 公共物品的特征包括：

（1）效用的不可分割性：公共物品是向整个社会提供的，具有共同受益与消费的特点，其效用为整个社会的成员所共同享有，不能将其分割为若干部分，分别归个人或集团享用。

（2）受益的非排他性：某个人或集团对公共物品的消费，并不影响或妨碍其他个人或集团同时消费该公共物品，也不会影响其他个人或集团消费该公共物品的数量和质量。

（3）取得方式的非竞争性：某个人或集团对公共物品的享用，不排斥和妨碍其他人或集团同时享用，消费者的增加不引起生产成本的增加，即增加一个消费者，其边际成本等于零。

（4）提供目的的非营利性：提供公共物品不以营利为目的，而是追求社会效益和社会福利的最大化。

4. AC［**解析**］现代市场经济理论通常将财政称为公共财政，或公共部门经济、公共经济。公共财政的理论基础是“公共物品”和“市场失灵”理论。故 A、C 两项正确。
5. ABDE［**解析**］市场失灵表现的方面包括公共物品缺失、外部效应、市场垄断、收入分配不公和经济波动与失衡。
6. C［**解析**］市场经济条件下会导致收入分配不公，C 项错误。
7. C［**解析**］外部效应是指私人费用与社会费用之间或私人收益与社会收益之间的非一致性，其关键是指某个人或经济组织的行为活动影响了他人或经济组织，却没有为之承担应有的成本或没有获得应有的收益。

●考点再现

Q $_{5\text{-}7}$ 市场失灵表现在许多方面：①公共物品缺失：公共物品的特征决定了市场在提供公共物品方面是失灵的，进而也就决定了政府将提供公共物品纳入财政职能范围的必要性。②外部效应：外部效应是指私人费用与社会费用之间或私人收益与社会收益之间的非一致性，其关键是指某个人或经济组织的行为活动影响了其他个人或经济组织，却没有为之承担应有的成本或没有获得应有的收益。③市场垄断：垄断必然排斥竞争。④收入分配不公：由于人们所拥有生产要素的数量及其质量的差异，分配往往是很不公平的。⑤经济波动与失衡：如果没有政府的干预，市场经济是不可能自动平稳地发展的。

8. C［**解析**］在市场经济条件下，财政分配的范围是以市场失灵为标准，以纠正和解决市场失灵这一问题来界定的。故 C 项正确。

9. BCDE［解析］政府干预的渠道和手段可以概括为以下四个方面：①政府的宏观调控；②立法和行政手段；③组织公共生产和提供公共物品；④财政手段。

10. ABDE［解析］政府干预失效的原因和表现可能发生在以下诸多方面：①政府决策失误；②寻租行为；③政府提供信息不及时甚至失真；④政府职能的“越位”和“缺位”。

Day 2

1. ABC［解析］属于公共物品的有国防、法律设施、环境保护、行政管理服务、基础科学研究等。

2. D［解析］高等教育和医疗属于准公共物品。

●考点再现

$Q_{1\text{-}2}$ 财政资源配置职能的范围：公共物品、准公共物品、天然垄断行业的物品。

项目	具体内容
公共物品	国防、法律设施、环境保护、行政管理服务、基础科学研究
准公共物品	高等教育、医疗等，生产准公共物品是政府职能的延伸
天然垄断行业的物品	天然垄断行业的物品有的可以通过财政进行资源配置，有的可以通过市场进行资源配置，但实行政府管制。究竟采用何种方式，要以效率优先的原则视具体情况而定

3. A［解析］财政资源配置方式是指政府提供公共产品的决定方式和资金供应方式。财政资源配置方式实际上是一种政治程序。故 A 项正确。

4. AE［解析］调节产业结构的途径有：①调整投资结构；②调整资产存量结构，进行资产重组，调整产业结构。

5. BCDE［解析］财政调节居民的个人收入水平的财政手段有两个：①通过税收进行调节，如通过征收个人所得税、社会保障税而缩小个人收入之间的差距，通过征收财产税、遗产税、赠与税而调节个人财产分布等。②通过转移支付，
如社会保障支出、财政补贴支出、救济支出等，以维持居民最低的生活水平和福利水平。

6. A［解析］财政调节企业的利润水平，通过征税剔除或减少客观因素对企业利润水平的影响，为企业创造一个公平竞争的外部环境：①通过征收消费税剔除或减少价格的影响；②通过征收资源税、房产税、土地使用税等剔除或减少由于资源、房产、土地状况的不同而形成的级差收入的影响；③通过征收土地增值税调节土地增值收益对企业利润水平的影响等。A 项是调节居民个人收入水平的手段。

7. B［解析］对于市场经济体制国家来说，社会不公平首先来自市场经济初始条件的不公平，即生产要素占有的不公平。

8. ABC［解析］社会公平准则包括保证生存权准则、效率与公平兼顾准则、共同富裕准则。

9. B［解析］财政“内在稳定器”在收入方面，主要是实行累进所得税制。

10. D［解析］D 项，对弱势群体发放困难补助属于社会保障支出，是在财政支出方面的“内在稳定器”作用。

●考点再现

*Q*9-10 内在稳定器调节主要表现在财政收入和支出两方面的制度。

项目	具体内容
在收入方面	主要是实行累进所得税制
在支出方面	主要体现在转移性支出的安排上，如社会保障支出、财政补贴支出、税收支出等

11. C ［**解析**］社会总需求大于社会总供给时，实行国家预算收入大于支出的结余政策进行调节——紧缩性财政政策，压缩需求；社会总供给大于社会总需求时，实行国家预算支出大于收入的赤字政策进行调节——扩张性财政政策，刺激需求；社会总供求平衡时，国家预算应该实行收支平衡的中性政策。

12. D ［**解析**］经济学中的充分就业是指有工作能力且愿意工作的人能够找到工作。故 D 项正确。

第 2 章　财政支出理论与内容

学习指导

本章需要重点掌握的知识点有：财政支出的分类、财政支出的经济影响、财政支出效益分析的方法、财政投资性支出、财政补贴支出、税收支出等。本章历年考查分数在 8 分左右。

本章内容较多，需要记忆的知识点也多，适合区分记忆、对比记忆，通过练习题目来巩固知识点。

日期	考点
Day 3	➢财政支出的分类 ➢财政支出的经济影响 ➢财政支出规模的衡量指标
Day 4	➢财政支出规模的增长趋势 ➢影响财政支出规模的宏观因素 ➢我国财政支出规模的分析 ➢财政支出效益分析的意义 ➢财政支出效益分析的特点 ➢财政支出效益分析的方法
Day 5	➢行政管理费与国防支出 ➢文教、科学、卫生事业费支出 ➢财政投资性支出
Day 6	➢社会保障支出 ➢财政补贴支出 ➢税收支出

Day 3

考点：财政支出的分类

1. ［多选］按照支出的经济性质，可以把财政支出分为（　　）。

A. 购买性支出　　B. 消费性支出
C. 补偿性支出　　D. 转移性支出
E. 积累性支出

2. ［多选］财政的转移性支出主要有（　　）。

A. 行政管理支出　　B. 国防支出
C. 财政补贴支出　　D. 养老保险支出

E. 国债利息支出

3. ［单选］下列财政支出项目中，属于积累性支出的是（　　）。

A. 国家物资储备支出　　B. 国防支出

C. 社会福利救济支出　　D. 行政管理支出

4. ［多选］在政府财政支出中，属于不可控制的支出有（　　）。

A. 养老金支出　　B. 职工生活补贴支出

C. 基本建设支出　　D. 债务利息支出

E. 失业救济支出

5. ［单选］转移性支出侧重于执行的财政职能是（　　）。

A. 资源配置职能　　B. 收入分配职能

C. 经济稳定职能　　D. 经济发展职能

6. ［单选］（　　）是指用于改善人民生活，使社会秩序更为良好，经济更为发展的支出。

A. 预防性支出　　B. 创造性支出

C. 一般利益支出　　D. 特殊利益支出

扫码听课

考点：财政支出的经济影响

7. ［多选］关于购买性支出和转移性支出对经济影响的说法，正确的有（　　）。

A. 购买性支出直接影响国民收入分配

B. 转移性支出间接影响社会的生产和就业

C. 转移性支出对微观经济主体的预算约束是软的

D. 购买性支出对政府的支出效益约束是硬的

E. 购买性支出执行收入分配的职能较强

8. ［单选］关于购买性支出与转移性支出对经济影响的说法，错误的是（　　）。

A. 转移性支出间接影响就业

B. 购买性支出直接影响生产

C. 转移性支出对政府的效益约束较强

D. 购买性支出侧重执行资源配置职能

考点：财政支出规模的衡量指标

9. ［多选］用财政支出占国民生产总值的比重来衡量财政支出的规模，主要原因有（　　）。

A. 产业结构变化　　B. 世界经济一体化

C. 技术进步　　D. 分配结构的调整

E. 分配形式的改变

10. ［单选］衡量财政分配的规模，应该采用的指标是（　　）。

A. 财政收入占国民收入的比重

B. 财政支出占国民收入的比重

C. 财政收入占工农业生产总值的比重

D. 财政支出占国内生产总值的比重

11. ［单选］论及财政集中程度，（　　）指标更符合实际。

A. 财政收入占国内生产总值的比重

B. 财政支出占国内生产总值的比重

C. 财政收入占国民生产总值的比重

D. 财政支出占国民生产总值的比重

12. ［单选］在反映财政支出规模变化的指标中，表明财政支出的增值额与 GDP 增长额之间的关系，即 GDP 每增加一个单位时财政支出增加多少，或财政支出增长额 GDP 增长额的比例的是（　　）。

A. 财政支出增长边际倾向　　B. 财政支出增长弹性系数

C. 财政支出增长率　　D. 财政收入弹性系数

学习笔记

Day 4

✔ 考点：财政支出规模的增长趋势

1. ［单选］根据“经济发展阶段论”，在经济进入成熟阶段后，财政支出的重点是（　　）。

A. 法律和秩序　　B. 交通设施

C. 社会福利　　D. 环境卫生

2. ［单选］瓦格纳认为公共支出不断增长的原因是（　　）。

A. 经济发展阶段导致　　B. 政府活动扩张导致

C. 公共收入增长导致　　D. 经济发展不平衡导致

3. ［单选］“经济发展阶段论”认为：在经济发展的早期阶段，政府支出的侧重点是（　　）。

A. 基础设施投资　　B. 加强对经济的干预

C. 对私人企业的补贴　　D. 社会福利支出

✔ 考点：影响财政支出规模的宏观因素

4. ［多选］影响财政支出规模的宏观因素有（　　）。

A. 政府干预因素　　B. 政治性因素

C. 经济性因素　　D. 财政因素

E. 社会性因素

✔ 考点：我国财政支出规模的分析

5. ［多选］我国财政支出占 GDP 比重下降的原因主要有（　　）。

A. 政策性调整　　B. 管理水平不高

C. 管理体制变化　　D. 统计口径的变化

E. 企业负担过轻

✔ 考点：财政支出效益分析的意义

6. ［单选］财政支出必须讲求效益，其根本原因是（　　）。

A. 财政具有资源配置职能　　B. 财政具有经济稳定职能

C. 财政具有收入分配职能　　D. 社会经济资源的有限性

✔ 考点：财政支出效益分析的特点

7. ［多选］财政支出的效益与企业生产效益相比，其特点包括（　　）。

A. 计算所得范围宽　　B. 计算所得范围窄

C. 择优的标准不同　　D. 效益全部用货币衡量

E. 选择的时间不同

8. ［多选］财政支出效益与微观经济组织生产经营支出效益分析的差别主要表现为（　　）。

A. 计算所费与所得的范围不同

B. 效益全部用货币衡量

C. 择优的标准不同

D. 衡量效益的标准不同

E. 不计算所费

考点：财政支出效益分析的方法

9. [单选] 由于某项目的建设致使相关产品价格上升或下降，从而使某些单位或个人增加或减少了收入，由此发生的成本效益称为（　　）。

A. 实际成本效益　　B. 金融成本效益

C. 直接成本效益　　D. 间接成本效益

10. [单选] 对文化支出项目的财政效益评价，所适用的分析方法是（　　）。

A. 投入产出分析法　　B. 成本效益分析法

C. 公共劳务收费法　　D. 最低费用选择法

11. [单选] 根据“公共劳务收费法”理论，对公园收费应该采取的政策是（　　）。

A. 免费政策　　B. 低价政策

C. 平价政策　　D. 高价政策

12. [多选] 公共定价法一般包括（　　）。

A. 免费和低价政策　　B. 平价政策

C. 平均成本定价法　　D. 二部定价法

E. 负荷定价法

13. [单选] 对于基本建设投资支出项目，宜采取的效益分析方法是（　　）。

A. 成本—效益分析法　　B. 最低费用选择法

C. 公共劳务收费法　　D. 公共定价法

14. [单选] 适用“成本—效益”分析方法的是（　　）。

A. 国防　　B. 投资性支出

C. 铁路　　D. 燃气

学习笔记

Day 5

考点：行政管理费与国防支出

1. ［单选］关于行政管理费用支出的说法，错误的是（　　）。
A. 行政管理费支出是财政的一项非常重要的支出
B. 一般来说，行政管理费支出的绝对数是不断上涨的
C. 行政管理费支出在财政支出总额中的比重应是不断下降的
D. 行政管理费支出就是财政用于各级行政管理机关的费用

2. ［多选］以下属于国防支出的内容的有（　　）。
A. 基本建设支出　　B. 民兵建设费
C. 国防科研事业费　　D. 防空经费
E. 外宾招待费

3. ［单选］我国国防费全部纳入国家预算安排，实行财政拨款制度，按照《中华人民共和国预算法》实施管理，国防费预、决算由（　　）审批。
A. 全国人民代表大会
B. 全国人民代表大会常务委员会
C. 国务院
D. 财政部

4. ［单选］下列财政支出中，属于一般利益支出的是（　　）。
A. 教育支出　　B. 卫生支出
C. 行政管理费支出　　D. 企业补贴支出

考点：文教、科学、卫生事业费支出

5. ［单选］我国事业单位财务制度体系中最基本的制度是（　　）。
A. 事业单位内部财务管理规定　　B. 事业单位财务规则
C. 行业事业单位财务管理制度　　D. 事业单位会计制度

6. ［多选］关于文教科学卫生支出的说法，正确的有（　　）。
A. 科学支出属于生产性支出
B. 教育支出是消费性支出
C. 义务教育的经费应当由政府提供和保证
D. 高等教育的经费不能全部由政府财政承担
E. 基础科学的研究经费应当由政府承担

7. ［单选］财政用于文教科学卫生方面的支出属于（　　）。
A. 补偿性支出　　B. 购买性支出
C. 转移性支出　　D. 积累性支出

考点：财政投资性支出

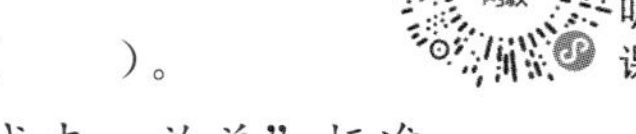

8. ［单选］下列不属于政府财政投资的决策标准的是（　　）。
A. 资本—产出比率最小化标准　　B. “成本—效益”标准

C. 就业创造标准　　D. 资本—劳动力最大化标准

9. ［单选］下列关于财政投资的表述，正确的是（　　）。

A. 政府投资完全是无偿拨款

B. 财政投资应侧重项目的经济效益

C. 政府可以投资大型项目

D. 政府投资的资金来源都是无偿取得的

10. ［单选］下列关于 PPP 模式的说法，错误的是（　　）。

A. PPP 模式是政府和社会资本合作模式

B. PPP 模式主要集中在纯公共领域、准公共领域

C. 在 PPP 模式中，政府依据公共服务绩效评价结果向社会资本支付对价

D. PPP 模式仅仅是一种融资手段

11. ［单选］关于财政农业投资的说法，错误的是（　　）。

A. 国家对农业的财力支持是财政的一项基本职责

B. 农业投入的资金主要靠财政支持

C. 农业发展与财政有着十分密切的关系

D. 财政农业投资范围主要是以水利为核心的基础设施建设

12. ［单选］资本—劳动力最大化标准强调政府应投资的项目类型是（　　）。

A. 劳动密集型项目　　B. 就业创造最大化项目

C. 资本密集型项目　　D. 知识密集型项目

学习笔记

Day 6

扫码听课

考点：社会保障支出

1. ［多选］我国的社会救助主要包括（　　）。
   A. 对被终止劳动合同的职工支付的救济金
   B. 对无依无靠的绝对贫困者提供的基本保障
   C. 对聋哑社会成员给予的物质帮助
   D. 对生活水平低于国家最低标准的家庭提供的最低生活保障
   E. 对因天灾而陷于绝境的家庭提供的最低生活保障
2. ［多选］与养老保险相比，失业保险的特点有（　　）。
   A. 基金征集较少　　B. 对象较少
   C. 失业津贴的发放是有条件的　　D. 失业保险金的标准较高
   E. 保险金发放较为均衡
3. ［单选］带有强制储蓄功能的社会保障制度类型是（　　）。
   A. 社会保险型　　B. 社会救济型
   C. 普遍津贴型　　D. 节俭基金型
4. ［单选］社会保险费用完全靠代际之间收入转移的筹资模式是（　　）。
   A. 现收现付式　　B. 完全基金式
   C. 部分基金式　　D. 个人账户式
5. ［多选］领取职工基本养老保险的条件包括（　　）。
   A. 达到法定退休年龄并办理了退休手续
   B. 所在单位和个人依法参加基本养老保险并履行缴费义务
   C. 缴费年限条件在 15 年以上
   D. 缴费年限条件在 16 年以上
   E. 缴费年限条件在 20 年以上
6. ［单选］向个人提供的最低生活保障或者向遭受自然灾害而遇到生产困难的城乡居民提供必要的资助属于（　　）。
   A. 社会保险　　B. 社会救助
   C. 社会福利　　D. 社会优抚

考点：财政补贴支出

7. ［多选］下列财政补贴中，属于流通环节补贴的有（　　）。
   A. 农副产品价格补贴　　B. 工矿产品价格补贴
   C. 职工副食品补贴　　D. 商业企业的政策性亏损补贴
   E. 财政贴息
8. ［多选］下列财政补贴中，属于分配环节的有（　　）。
   A. 职工副食品补贴　　B. 工矿产品价格补贴
   C. 税收支出　　D. 外贸企业的政策性亏损补贴
   E. 财政贴息

9. [单选] 关于财政补贴的说法，错误的是（　　）。

A. 财政补贴是社会财富的再分配

B. 财政补贴的对象是企业和居民

C. 财政补贴是政府的购买性支出

D. 财政补贴的主体是国家

10. [多选] 企业亏损补贴与价格补贴之间的区别有（　　）。

A. 价格补贴是行政性补贴，企业亏损补贴是法律性补贴

B. 价格补贴的直接受益人是居民，企业亏损补贴的直接受益人是企业

C. 价格补贴的对象是商品，企业亏损补贴的对象是企业

D. 价格补贴是在分配环节上的补贴，企业亏损补贴是在生产环节上的补贴

E. 价格补贴与市场零售商品有关，企业亏损补贴主要与工业生产资料有关

考点：税收支出

11. [单选] 关于税收支出的具体形式的说法，错误的是（　　）。

A. 税收豁免是对纳税人的某些应税项目不予征税

B. 纳税扣除是把合乎规定的特殊支出，从其应纳税额中扣除

C. 优惠税率是对合乎规定的纳税人采取较低的税率征税

D. 延期纳税是税款延期缴纳

12. [多选] 税收支出的形式有（　　）。

A. 盈亏相抵　　B. 加速折旧

C. 抵扣进项税额　　D. 税收抵免

E. 优惠税率

13. [单选] 允许纳税人从其某种合乎奖励规定的支出中，以一定比率从其应纳税额中扣除，以减轻税负的做法被称为（　　）。

A. 纳税扣除　　B. 税收豁免

C. 税收抵免　　D. 盈亏相抵

学习笔记

本章学习检查表

知识点名称	初次学习		第一次复习		第二次复习	
	做对题目数/总题目数	学习日期	做对题目数/总题目数	复习日期	做对题目数/总题目数	复习日期
财政支出的分类						
财政支出的经济影响						
财政支出规模的衡量指标						
财政支出规模的增长趋势						
影响财政支出规模的宏观因素						
我国财政支出规模的分析						
财政支出效益分析的意义						
财政支出效益分析的特点						
财政支出效益分析的方法						
行政管理费与国防支出						
文教、科学、卫生事业费支出						
财政投资性支出						
社会保障支出						
财政补贴支出						
税收支出						

填写建议：

“做对题目数/总题目数”记录该知识点自己做题的情况，比如该知识点总题目数10题，做对了其中7题，记录为7/10。

“学习日期”记录自己学习该知识点时的日期，建议把下一次进行复习的日期也写上。

备忘录

参考答案及解析

Day 3

1. AD [解析] 按支出的经济性质，财政支出可分为购买性支出和转移性支出。

2. CDE [解析] 财政的转移性支出主要包括财政补贴、债务利息、社会保障等方面的支出。养老保险支出属于社会保障支出。

3. A [解析] 积累性支出主要包括基本建设支出、生产性支农支出、国家物资储备支出等。

4. ABDE [解析] 在政府财政支出中，属于不可控制的支出包括：①国家法律、法规已经明确规定的个人享受的最低收入保障和社会保障，如失业救济、养老金、职工生活补贴等；②政府遗留义务和以前年度设置的固定支出项目，如债务利息支出、对地方政府的补贴等。

●考点再现

$Q_{1\text{-}4}$ 财政支出的分类。

分类依据	种类	范围
按财政支出的经济性质划分	购买性支出	包括购买进行日常政务活动所需的货物与劳务的支出，也包括用于进行国家投资所需的货物和劳务的支出
	转移性支出	包括政府部门用于财政补贴、债务利息、社会保障等方面的支出
按财政支出在社会再生产中的作用划分	补偿性支出	如挖潜改造支出。目前财政用于补偿性支出的项目大大削减
	消费性支出	包括文教科学卫生事业费、抚恤和社会福利救济费、行政管理费、国防费等多项支出
	积累性支出	包括基本建设支出、生产性支农支出、国家物资储备支出等
按照财政支出的目的性划分	预防性支出	包括国防、司法、公安与政府行政部门的支出
	创造性支出	包括基本建设投资、文教、卫生和社会福利等项支出
按照政府对财政支出的控制能力划分	不可控制性支出	(1) 国家法律、法规已经明确规定的个人享受的最低收入保障和社会保障，如失业救济、养老金、职工生活补贴等 (2) 政府遗留义务和以前年度设置的固定支出项目，如债务利息支出、对地方政府的补贴等
	可控制性支出	如经济建设支出
按财政支出的受益范围划分	一般利益支出	如国防支出、司法支出、行政管理支出等
	特殊利益支出	如教育支出、卫生支出、企业补贴支出、债务利息支出

5. B [解析] 转移性支出侧重于执行的财政职能是收入分配职能。

6. B [解析] 创造性支出是指用于改善人民生活，使社会秩序更为良好，经济更为发展的支出。这类支出主要包括基本建设投资、文教、卫生和社会福利等项支出。

7. BCD [解析] A 项，购买性支出间接影响国民收入分配；E 项，转移性支出执行收入分配的职能较强。

8. C［**解析**］转移性支出对政府的效益约束较弱，C 项错误。

●考点再现

*Q*7-8 财政支出的经济影响。

区别	购买性支出	转移性支出
对社会的生产和就业的影响不同	对生产和就业的影响是直接的	对生产和就业的影响是间接的
对国民收入分配的影响不同	对国民收入分配的影响是间接的	对国民收入分配的影响是直接的
执行财政职能的侧重点不同	以购买性支出占较大比重的支出结构的财政活动，执行资源配置的职能较强	以转移性支出占较大比重的支出结构的财政活动，执行国民收入分配的职能较强
对政府的效益约束不同	对政府的效益约束较强	对政府的效益约束较弱
对微观经济主体的预算约束不同	对微观经济主体的预算约束是硬的	对微观经济主体的预算约束是软的

9. ABC［**解析**］用财政支出占国民生产总值的比重来衡量财政支出的规模，主要原因是：①随着产业结构的变化，忽略第三产业的产值无法反映国民经济的全貌；②随着世界经济一体化，应将来自国外的净要素收入统计在内；③随着技术水平不断发展，很难扣除折旧。

10. D［**解析**］财政支出占国民生产总值或国内生产总值的比重用于衡量财政分配的规模。

11. B［**解析**］财政收入占国内生产总值的比重常常被人们看作是财政集中程度的指标，其实论及财政集中程度，财政支出占国内生产总值的比重却更符合实际。

12. A［**解析**］财政支出增长边际倾向表明财政支出的增值额与 GDP 增长额之间的关系，即 GDP 每增加一个单位时财政支出增加多少，或财政支出增长额占 GDP 增长额的比例；B 项，财政支出增长弹性系数是指支持增长率与 GDP 增长率之比。C 项，财政支出增长率表示当年财政支出较上年同期财政支出增长的百分比。

Day 4

1. C［**解析**］在“经济发展阶段论”中，随着经济发展由中期阶段进入成熟阶段，公共支出的结构会发生相应的转变，公共支出逐步转向以教育、保健和社会福利为主的支出结构，这些政策性支出的增长，又进一步使得公共支出增长速度加快，甚至快于国民生产总值的增长速度。

2. B［**解析**］瓦格纳的“政府活动扩张法则”，即现代工业的发展会引起社会进步的要求，社会进步必然导致国家活动的增长，因“政府职能不断扩大以及政府活动持续增加”导致公共支出增长。

3. A［**解析**］“经济发展阶段论”认为：①在经济发展早期阶段：政府投资一般在社会总投资中占有较高的比重。在这一阶段公共部门须为经济发展提供必需的社会基础设施。②中

期阶段：政府对经济的干预加强。③成熟阶段：公共支出逐步转向教育、保健和社会福利为主的支出结构。使得公共支出增长速度加快，甚至快于国民生产总值的增长速度。

4. BCE［**解析**］影响财政支出规模的宏观因素包括政治性因素、经济性因素、社会性因素。

5. ABCD［**解析**］我国财政支出占 GDP 比重下降的原因包括：①政策性调整的原因；②管理水平的原因；③管理体制上的原因——预算外资金的问题；④统计原因。

6. D［**解析**］财政支出必须讲求效益，其根本原因在于社会经济资源的有限性。

7. AC［**解析**］B 项，财政支出的效益与企业生产效益相比计算所得范围宽；D 项，效益分析不能单纯地以经济效益为衡量标准；E 项，没有这种说法。

8. ACD［**解析**］财政支出效益与微观经济组织生产经营支出效益分析的差别主要表现为：①计算所费与所得的范围不同；②择优的标准不同；③衡量效益的标准不同。

●考点再现

Q $_{7\text{-}8}$ 政府财政支出效益分析与微观经济组织生产经营支出效益分析的差别，具体表现在以下几方面：①财政支出效益分析中计算所费与所得的范围较宽。②财政支出效益分析中不能单纯地以经济效益为衡量标准，而必须确定经济效益与社会效益双重的效益标准。③财政分配所追求的是整个社会的最大效益。

9. B［**解析**］金融成本效益是指由于某项目的建设，使得社会经济的某些方面受到影响，致使相关产品价格上升或下降，从而使某些单位或个人增加或减少了收入，由此发生的成本效益。

10. D［**解析**］对于那些只有社会效益，其物品不能进入市场的支出项目，如国防支出、军事、行政、文化、卫生等支出项目，应采用最低费用选择法。故 D 项正确。

11. C［**解析**］根据“公共劳务收费法”理论，对公路、公园、铁路、医疗等收费应该采取的是平价政策。故 C 项正确。

12. CDE［**解析**］公共定价法的三种类型包括平均成本定价法、二部定价法、负荷定价法。

13. A［**解析**］在长期的财政实践中，国际上总结出一系列针对效益形式不同的支出项目的效益分析方法。对于那些有直接经济效益的支出项目，如基本建设投资支出，采用“成本—效益”分析法；对于那些只有社会效益，且其产品不能进入市场的支出项目，如国防支出，采用最低费用选择法；对于那些既有社会效益又有经济效益，但其经济效益难以直接衡量，而其产品可以全部或部分进入市场的支出项目，如交通、教育等支出，则采用“公共劳务”收费法来衡量和提高财政支出的效益。

14. B［**解析**］“成本—效益”分析法的基本原理是根据国家所确定的建设目标，提出实现该目标的各种方案，对这些可供选择的方案，用一定的方法计算出各方案的全部预期成本和全部预期效益，通过计算“成本—效益”的比率来比较不同方案的效益，选择最优的支出方案，据此拨付和使用财政资金。这种方法特别适用于财政支出中有关投资性支出项目的分析。

Day 5

1. D［**解析**］行政管理费支出是财政用于国家各级权利机关、行政管理机构和外事机构行使其职能所需的费用。故 D 项错误。

2. BCD［**解析**］国防支出包括国防费、民兵建设费、国防科研事业费和防空经费等。外宾招待费属于行政管理费，基本建设支出属于财政投资性支出。故 B、C、D 三项正确。

3. A［**解析**］我国国防费全部纳入国家预算安排，实行财政拨款制度，按照《中华人民共和国预算法》实施管理，国防费预、决算由全国人民代表大会审批，由国家和军队的审计机构实施严格的审计和监督。

4. C［**解析**］一般利益支出是指全体社会成员均可享受其所提供的利益的支出，如国防支出、行政管理费支出等，这些支出具有共同消费或联合受益的特点，所提供给每个社会成员的利益不能分别测算。

5. B［**解析**］事业单位财务制度体系由三个层次组成：①事业单位财务规则；②行业事业单位财务管理制度；③事业单位内部财务管理具体规定。其中，事业单位财务规则是整个事业财务制度体系中最基本、最高层次的法规，是所有国有事业单位必须遵守的行为规范。故 B 项正确。

6. BCDE［**解析**］科学支出不属于生产性支出，是消费性支出，故 A 项错误。

7. B［**解析**］财政用于文教科学卫生方面的支出属于购买性支出。故 B 项正确。

8. B［**解析**］政府财政投资所依据的标准主要有：①资本—产出比率最小化标准（稀缺要素标准）；②资本—劳动力最大化标准；③就业创造标准。

9. C［**解析**］政府投资并不意味着完全无偿拨款，国际经验表明，将财政融资的良好信誉与金融投资的高效运作有机结合起来，进行融资和投资，是发挥政府在基础产业部门投融资作用的最佳途径，故 A 项错误。政府投资要顾及经济的社会效益，可以从事社会效益好而经济效益一般的投资，B 项错误。政府投资资金来源多半是无偿的，可以投资于大型项目和长期项目，故 C 项正确，D 项错误。

10. D［**解析**］PPP 模式不仅是一种融资手段，而且是一次体制机制变革，涉及行政体制改革、财政体制改革和投融资体制改革。

11. B［**解析**］农业投入的资金应当主要来自农业部门和农户自身的积累，国家投资只应发挥辅助的作用。故 B 项说法错误。

12. C［**解析**］资本—劳动力最大化标准，是指政府投资应选择使边际人均投资额最大化的投资项目。资本—劳动力比率越高，说明资本技术构成越高，劳动生产率越高，经济增长越快。因此，这种标准强调政府应投资于资本密集型项目，故 C 项正确。

Day 6

1. BDE［**解析**］我国的社会救助主要包括以下几个方面：①对无依无靠的绝对贫困者提供的基本保障；②对生活水平低于国家最低标准的家庭和个人的最低生活提供的保障；③对因天灾而陷于绝境的家庭和个人提供的最低生活保障。故 B、D、E 三项正确。

2. ABC［**解析**］与养老保险相比，失业保险基金征集较少，这是因为：①失业风险涉及的对象相对较少，失业风险经历的时间也相对较短；②失业津贴的发放是有条件的，通常标准也较低。

3. D［**解析**］节俭基金这种保障计划虽然没有任何收入再分配功能，但却有强制储蓄功能，所以这种模式对那些国民储蓄率较低并期望通过居民储蓄提高国民储蓄率的国家有很大的

吸引力，它实际上是政府举办的一种强制储蓄计划。

4. A［**解析**］现收现付式的养老保险是一种靠后代养老的保险模式，上一代人并没有留下养老储备基金的积累，其养老金全部需要下一代的缴费筹资，实际上这种保险靠的是代际之间的收入转移。故A项正确。

5. ABC［**解析**］领取职工基本养老保险的条件包括：①本人达到法定退休年龄并办理了退休手续；②所在单位和个人依法参加基本养老保险并履行缴费义务；③个人累计缴费时间满15年。

6. B［**解析**］对因天灾而陷于绝境的家庭和个人提供的最低生活保障，这是向遭受自然灾害而遇到生产困难的城乡居民提供必要的资助，属于社会救助的内容。A项，社会保险是一国公民的基本保障。C项，社会福利是国家民政部门提供的主要对盲聋哑和鳏寡孤独的社会成员给予的各种物质帮助。D项，社会优抚是对革命军人及其家属提供的社会保障。

7. AD［**解析**］流通环节补贴包括农副产品价格补贴、商业和外贸企业的政策性亏损补贴。

8. CE［**解析**］分配环节补贴包括财政贴息和税收支出。

●考点再现

$Q_{7\text{-}8}$ 财政补贴按环节的分类。

分类	具体内容
生产环节补贴	农业生产资料价格补贴、工矿产品价格补贴、生产企业的政策性亏损补贴
流通环节补贴	农副产品价格补贴、商业和外贸企业的政策性亏损补贴
分配环节补贴	财政贴息和税收支出
消费环节补贴	职工副食品补贴

9. C［**解析**］财政补贴是指国家财政为了实现特定的政治经济和社会目标，将一部分财政资金无偿补助给企业和居民的一种再分配形式。财政补贴的主体是国家，对象是企业和居民，性质是通过财政资金的无偿补助而进行的一种社会财富的再分配。故A、B、D三项正确。财政补贴是政府无偿的进行资金的转移，所以是转移性支出，C项错误。

10. BCE［**解析**］企业亏损补贴与价格补贴都与产品的价格有关，但两者又有明显的区别：①价格补贴直接与市场零售商品有关，而企业亏损补贴主要与工业生产资料有关。②价格补贴的直接受益人是居民，企业亏损补贴的直接受益人是相关的企业。③价格补贴是在流通环节的补贴，而企业亏损补贴是在生产环节上的补贴。④价格补贴的对象是商品，而企业亏损补贴的对象是企业。故B、C、E三项正确。

11. B［**解析**］纳税扣除是指把合乎规定的特殊支出，从其应纳税所得额中扣除，而不是从应纳税额中扣除。故B项说法错误。

12. ABDE［**解析**］税收支出包括税收豁免、纳税扣除、优惠税率、税收抵免、盈亏相抵、加速折旧、退税。

13. C［**解析**］允许纳税人从其某种合乎奖励规定的支出中，以一定比率从其应纳税额中扣除，以减轻税负的做法被称为税收抵免。故C项正确。

第3章　税收理论

学习指导

本章常考的知识点有：现代税收原则、税制要素、税收负担的影响因素、税收负担的转嫁与归宿、国际重复征税的产生与免除等。本章历年考查分数在10分左右。

本章是税收理论的具体内容，需要掌握税收制度的基本要素，这对于学习后面章节中的货物和劳务税、所得税等制度非常有帮助。所有的税种都是按照税制要素的内容来学习的。国际重复征税的产生与免除包括低税法、免税法、扣除法等几种方法，在学习时需要熟练掌握例题的解题方法，做到举一反三。

日期	考点
Day 7	➢税收的本质 ➢税收的职能 ➢税收原则概述 ➢现代税收原则
Day 8	➢税法概述 ➢税制要素 ➢我国现行税收法律制度
Day 9	➢税收负担概述 ➢税收负担的影响因素 ➢税收负担的转嫁与归宿
Day 10	➢税收管辖权 ➢国际重复征税的产生与免除 ➢国际避税与反避税 ➢国际税收协定

Day 7

考点：税收的本质

1. ［单选］关于税收本质的说法，正确的是（　　）。

A. 税收是国家有偿取得财政收入的工具

B. 税收表现了国家与纳税人在征税、纳税和利益分配上的一种特殊关系

C. 税收的目的是调节贫富差距

D. 国家存在和对资金的需求是税收产生、存在和发展的内在的、根本的决定依据

2. [多选] 下列关于税收的表述中，正确的有（　　）。
A. 税收是国家为满足社会公共需要而取得财政收入的一种规范形式
B. 税收是一种工具，其使用的目的是为国家取得财政收入
C. 国家征税要依据税收法律
D. 国家征税凭借的是财产权力
E. 税收体现了国家、社会、集团、社会成员之间的特定分配关系

3. [单选]（　　）是政府取得财政收入最佳、最有效的形式。
A. 财政预算　　B. 银行借款
C. 发行国家债券　　D. 税收

考点：税收的职能

4. [多选] 关于税收的说法，正确的有（　　）。
A. 征税权力归国家所有
B. 税收的职能具有客观性
C. 监督职能是税收的首要职能
D. 税收可以调节居民消费结构
E. 税收的监督职能涉及宏观和微观两个层次

考点：税收原则概述

5. [多选] 亚当·斯密的税收原则有（　　）。
A. 平等原则　　B. 确定原则
C. 便利原则　　D. 收入原则
E. 最少征收费用原则

6. [多选] 威廉·配第提出的三条税收原则包括（　　）。
A. 公平　　B. 简便
C. 节省　　D. 效率
E. 确定

7. [多选] 制定税收原则的依据主要包括（　　）。
A. 政府支出水平　　B. 政府公共职能
C. 社会生产力水平　　D. 人均国民收入
E. 社会生产关系状况

考点：现代税收原则

8. [多选] 关于税收财政原则的说法，正确的有（　　）。
A. 通过征税获得的收入要充分
B. 税收收入应能随着财政支出的需要进行调整
C. 税收的建立应有利于社会公平
D. 税收制度要保持相对稳定
E. 税收的建立应有利于保护国民经济

9. ［单选］税收收入应能随着财政支出的需要进行调整，体现了税收的（　　）。

A. 便利原则
B. 配置原则
C. 经济原则
D. 弹性原则

10. ［单选］税收的纵向公平是指（　　）。

A. 排除特权阶层免税
B. 自然人和法人均需纳税
C. 公私经济均等征税
D. 对不同境遇的人课征不同的税收

11. ［多选］可以作为测定纳税人能力大小的指标有（　　）。

A. 收入
B. 财产
C. 人口
D. 家庭
E. 消费支出

学习笔记

Day 8

扫码听课

考点：税法概述

1. [多选] 税法的正式渊源包括（　　）。

A. 税收法律　　B. 税收法规

C. 国际税收条约　　D. 税收判例

E. 税收习惯

2. [多选] 可以作为法庭判案直接依据的税法解释有（　　）。

A. 各级财政机关的行政解释

B. 立法解释

C. 最高人民法院做出的司法解释

D. 最高人民检察院做出的司法解释

E. 各级税务机关的行政解释

3. [多选] 在我国，税法生效的途径有（　　）。

A. 税法通过一段时间后开始生效

B. 税法自发布之日起生效

C. 税法公布后授权地方政府自行确定实施日期

D. 税法制定后由全国人大定时公布生效日期

E. 税法生效日期由执法机关确定

考点：税制要素

4. [多选] 税率的基本形式有（　　）。

A. 比例税率　　B. 累进税率

C. 定额税率　　D. 名义税率

E. 实际税率

5. [单选] 关于减免税的说法，错误的是（　　）。

A. 减免税有针对纳税人的，也有针对征税对象的

B. 任何单位与部门都不得擅自减税免税

C. 征税对象超过起征点的只对超过部分征税

D. 征税对象没有达到起征点的不征税

6. [单选] 关于税率的说法，正确的是（　　）。

A. 累进税率中使用时间较长的是超率累进税率

B. 对于累进税率而言，征税对象数额或相对比例越大，规定的等级税率越低

C. 一般来说，税率的累进程度越大，纳税人的边际税率与平均税率的差距越小

D. 税率是税收制度中最有力、最活跃的因素

7. [单选] 关于累进税率的说法，错误的是（　　）。

A. 在全额累进税率下，一定征税对象的数额只适用一个等级的税率

B. 在超额累进税率下，征税对象数额越大，适用税率越高

C. 对同一征税对象采用同一税率，按超额累进税率计算的应纳税额大于按全额累进税率

计算的应纳税额

D. 按全额累进税率计算的应纳税额与按超额累进税率计算的应纳税额的差额为速算扣除数

8. ［单选］在下列三级超额累进税率下，若某人的应税所得为 5 000 元，则应纳税额为（　　）元。

级数	应税所得额	税率
1	2 000 元以下（含 2 000 元）	10%
2	2 000 元—10 000 元（含 10 000 元）	20%
3	10 000 元以上	30%

A. 500　　B. 800

C. 9 000　　D. 1 000

考点：我国现行税收法律制度

9. ［多选］下列属于财产税类的有（　　）。

A. 契税　　B. 房产税

C. 船舶吨税　　D. 资源税

E. 土地增值税

10. ［单选］下列税种中，属于行为、目的税类的是（　　）。

A. 增值税　　B. 房产税

C. 关税　　D. 印花税

11. ［单选］《中华人民共和国增值税暂行条例》属于（　　）。

A. 税收规章　　B. 行政文件

C. 税收法规　　D. 税收法律

学习笔记

Day 9

✔ 考点：税收负担概述

1. [多选] 下列指标中属于衡量微观税收负担的指标有（　　）。

A. 综合税收负担率　　B. 国民生产总值负担率

C. 直接税负担率　　D. 间接税负担率

E. 企业流转税税负率

2. [单选] 某企业年度收入总额为 1 000 万元，利润总额为 200 万元，缴纳企业所得税 30 万元，该企业的所得税税负率为（　　）。

A. 3%　　B. 15%

C. 25%　　D. 30%

3. [单选] 税收制度和税收政策的核心是（　　）。

A. 税收原则　　B. 税负归宿

C. 税负转嫁　　D. 税收负担

4. [单选] 国民生产总值负担率计算公式为（　　）。

A. 国民生产总值负担率=税收总额/国民生产总值×100%

B. 国民生产总值负担率=税收总额/国民收入×100%

C. 国民生产总值负担率=国民收入/税收总额×100%

D. 国民生产总值负担率=国民生产总值/税收总额×100%

✔ 考点：税收负担的影响因素

5. [多选] 影响税收负担的经济因素有（　　）。

A. 经济发展水平

B. 税率

C. 一国的政治经济体制

D. 一定时期的宏观经济政策

E. 税收的减免政策

6. [单选] 关于税收负担的说法，错误的是（　　）。

A. 税收的加成使纳税人税收负担加重

B. 经济发展过热时应适当提高社会总体税率

C. 经济发展水平是税收负担的影响因素

D. 累进税率下，纳税人的边际税率等于实际税率

扫码听课

✔ 考点：税收负担的转嫁与归宿

7. [单选] 纳税人在进行货物或劳务的交易时，通过提高价格的方法将其应负担的税款转移给货物或劳务的购买者的税负转嫁形式称为（　　）。

A. 前转　　B. 后转

C. 混转　　D. 消转

8. ［单选］在税负转嫁的形式中被称为“资本还原”的是（　　）。

A. 税收资本化　　B. 前转

C. 后转　　D. 消转

9. ［多选］税负转嫁的条件包括（　　）。

A. 商品经济的存在　　B. 税收资本化

C. 价格管制　　D. 自由的价格体制

E. 垄断竞争

10. ［单选］税负转嫁的一般规律是（　　）。

A. 需求弹性大的商品税负容易转嫁

B. 流转税不容易转嫁

C. 竞争性商品的税负转嫁能力较弱

D. 所得税容易转嫁

11. ［单选］关于税负转嫁的说法，正确的是（　　）。

A. 商品需求弹性大小与税负向后转嫁的程度成反比

B. 商品供给弹性越小，税负前转的程度越大

C. 竞争性商品的转嫁能力较强

D. 征税范围广的税种较易转嫁

12. ［单选］纳税人通过压低生产要素的进价从而将应缴纳的税款转嫁给生产要素的销售者或生产者负担的税负转嫁形式称为（　　）。

A. 前转　　B. 后转

C. 消转　　D. 税收资本化

学习笔记

Day 10

考点：税收管辖权

1. [单选] 甲国对乙国居民在甲国取得的利息收入征收所得税，对甲国居民在乙国取得的利息收入不征所得税的做法所遵循的原则是（　　）。

A. 属地主义原则　　B. 属人主义原则

C. 属地兼人主义原则　　D. 税收饶让原则

2. [单选] 甲国对乙国居民在甲国取得的利息收入不征收所得税，对甲国居民在乙国取得的利息收入征所得税的做法所遵循的原则是（　　）。

A. 属地主义原则　　B. 属人主义原则

C. 属地兼人主义原则　　D. 税收饶让原则

3. [单选] 目前多数国家对税收管辖权的选择是（　　）。

A. 只行使地域管辖权　　B. 只行使居民管辖权

C. 同时行使地域管辖权和居民管辖权　　D. 只行使公民管辖权

扫码听课

考点：国际重复征税的产生与免除

4. [单选] 甲国居民有来源于乙国所得 100 万元、丙国所得 100 万元，甲、乙、丙三国所得税税率分别为 40%、50%、30%，在综合抵免下，甲国应对上述所得征收所得税为（　　）万元。

A. 80　　B. 50

C. 10　　D. 0

5. [单选] 甲国居民有来源于乙国所得 100 万元、丙国所得 40 万元，甲、乙、丙三国所得税税率分别为 50%、40%、60%，在分国抵免下，甲国应对上述所得征收所得税为（　　）万元。

A. 6　　B. 52

C. 10　　D. 0

6. [单选] 甲国居民有来源于乙国经营所得 100 万元、特许权使用费所得 50 万元，甲、乙两国所得税税率分别为 50%、40%，甲、乙两国特许权使用费所得税税率分别为 10%、20%，在分项抵免下，甲国应对上述所得征收所得税为（　　）万元。

A. 55　　B. 15

C. 10　　D. 5

7. [单选] 甲国居民公司 A 在乙国所得 100 万元，甲乙两国的所得税税率分别为 20% 和 15%，两国均实行属人兼属地税收管辖权，甲国对境外两国实行抵免法，A 公司应向甲国缴纳所得税（　　）万元。

A. 0　　B. 5

C. 15　　D. 20

8. [单选] 关于税收饶让的说法，正确的是（　　）。

A. 税收饶让多发生在发达国家之间

B. 两国之间一般采取签订税收协定的方式确定税收饶让政策

C. 税收饶让主要是为了解决国际重复征税

D. 税收饶让会影响发达国家作为居住国行使居民管辖权的正当税收权益

考点：国际避税与反避税

9. ［单选］产生国际避税的外部条件是（　　）。

A. 各国统一征收所得税　　B. 国际资本的流动

C. 各国税收制度的差异　　D. 对利润的追求

10. ［单选］（　　）是国际避税产生的内在动机。

A. 跨国纳税人对利润的追求　　B. 各国税收制度的差别

C. 税法的缺陷　　D. 文化的差异

11. ［多选］下列属于国际反避税措施的有（　　）。

A. 税法的完善　　B. 加强税务管理

C. 加强国际多边合作　　D. 实行地方保护主义

E. 实施税收饶让制度

考点：国际税收协定

12. ［多选］国际上最重要、影响力最大的国际税收协定范本包括（　　）。

A.《OECD 协定范本》　　B.《欧盟协定范本》

C.《UN 协定范本》　　D.《东盟协定范本》

E.《IMF 协定范本》

学习笔记

本章学习检查表

知识点名称	初次学习		第一次复习		第二次复习	
	做对题目数/总题目数	学习日期	做对题目数/总题目数	复习日期	做对题目数/总题目数	复习日期
税收的本质						
税收的职能						
税收原则概述						
现代税收原则						
税法概述						
税制要素						
我国现行税收法律制度						
税收负担概述						
税收负担的影响因素						
税收负担的转嫁与归宿						
税收管辖权						
国际重复征税的产生与免除						
国际避税与反避税						
国际税收协定						

填写建议：

“做对题目数/总题目数”记录该知识点自己做题的情况，比如该知识点总题目数 10 题，做对了其中 7 题，记录为 7/10。

“学习日期”记录自己学习该知识点时的日期，建议把下一次进行复习的日期也写上。

备忘录

参考答案及解析

Day 7

1. B［**解析**］税收是国家强制、无偿地取得财政收入的一种规范形式，A项错误。税收的目的是国家取得财政收入，从而满足社会公共需要，C项错误。对于税收的产生、存在和发展，社会经济是内在的、根本的决定依据，国家的存在和对资金的需求则是一个必要的前提条件，D项错误。
2. ABCE［**解析**］政府依照国家权力机关（立法机关）及其授权的行政机关制定的税收法律，按照法定的标准，通过税收法律制度组织征税活动。故国家征税是依据税收法律，D项说法错误。
3. D［**解析**］税收是政府取得财政收入最佳、最有效的形式。故D项正确。
4. ABDE［**解析**］财政职能或称收入职能是税收首要的和基本的职能，故C项错误。
5. ABCE［**解析**］亚当·斯密的税收原则有平等原则、确定原则、便利原则和最少征收费用原则（经济原则）。
6. ABC［**解析**］威廉·配第提出的三条税收原则为公平、简便、节省。

●考点再现

Q 5-6 税收原则理论的形成和发展。

<table>
<tr><th>代表人物</th><th colspan="2">税收原则</th></tr>
<tr><td>威廉·配第
（在其所著的《赋税论》和《政治算术》中，第一次提出了税收原则）</td><td colspan="2">公平、简便、节省</td></tr>
<tr><td>亚当·斯密
（在其代表作《国民财富的性质和原因的研究》即《国富论》中提出了著名的税收四原则）</td><td colspan="2">（1）平等原则
（2）确定原则：各国税赋必须是确定的，不得随意变更
（3）便利原则
（4）最少征收费用原则，又称为“经济原则”</td></tr>
<tr><td rowspan="9">阿道夫·瓦格纳“四端九项”</td><td rowspan="2">财政政策原则</td><td>收入充分原则</td></tr>
<tr><td>收入弹性原则</td></tr>
<tr><td rowspan="2">国民经济原则</td><td>慎选税源的原则</td></tr>
<tr><td>慎选税种的原则</td></tr>
<tr><td rowspan="2">社会公平原则
（社会正义原则）</td><td>普遍原则</td></tr>
<tr><td>平等原则</td></tr>
<tr><td rowspan="3">税务行政原则</td><td>确定原则</td></tr>
<tr><td>便利原则</td></tr>
<tr><td>节约原则</td></tr>
</table>

7. BCE［解析］制定税收原则的依据主要包括：①政府公共职能；②社会生产力水平；③社会生产关系状况。

8. ABD［解析］A 项体现了税收财政原则中的充裕原则，B 项体现了税收财政原则中的弹性原则。D 项体现了税收财政原则中的便利原则。

9. D［解析］税收收入应能随着财政支出的需要进行调整，体现了税收的弹性原则。

●考点再现

$Q_{8\text{-}9}$ 税收的财政原则。

（1）充裕原则：应选择税源广大，收入稳定的征税对象。

（2）弹性原则：税收收入应随着财政支出的需要进行调整。

（3）便利原则：要使纳税人付出的“奉行费用”较少，必须确立尽可能方便纳税人纳税的税收制度。

（4）节约原则：要做到以尽可能少的税务行政费用，获取应得的税收收入。

10. D［解析］平等原则体现在两个方面：①横向公平（水平公平），即对相同境遇的纳税人课征相同的税收。②纵向公平（垂直公平），即对不相同境遇的纳税人课征不同的税收。故 D 项正确。

11. ABE［解析］测定纳税人纳税能力的标准包括收入、财产和消费支出。收入通常被认为是测定纳税人支付能力的最好尺度。

Day 8

1. ABC［解析］税法的正式渊源包括：①宪法；②税收法律；③税收法规；④部委规章和有关规范性文件；⑤地方性法规、地方政府规章和有关规范性文件；⑥自治条例和单行条例；⑦国际税收条约或协定。税法的非正式渊源包括习惯、判例、税收通告等。故 A、B、C 三项正确。

2. BCD［解析］立法解释、司法解释可作判案依据，行政解释不能作判案直接依据。

3. ABC［解析］在我国，税法的生效主要分为三种情况：①税法通过一段时间后开始生效。②税法自通过发布之日起生效。③税法公布后授权地方政府自行确定实施日期。故 A、B、C 三项正确。

4. ABC［解析］税率的基本形式有比例税率、累进税率、定额税率。

5. C［解析］征税对象超过起征点全额征税。故 C 项错误。

6. D［解析］A 项，累进税率中使用时间较长的是超额累进税率。B 项，对于累进税率而言，征税对象数额或相对比例越大，规定的等级税率越高。C 项，一般来说，税率的累进程度越大，纳税人的边际税率与平均税率的差距越大。

7. C［解析］对同一征税对象采用同一税率，按超额累进税率计算的应纳税额小于按全额累进税率计算的应纳税额。故 C 项错误。

8. B［解析］应纳税额＝2 000×10％＋（5 000－2 000）×20％＝800（元）。

9. AB［解析］财产税类包括房产税、契税、车船税。

10. D［解析］行为、目的税类包括环境保护税、印花税、城市维护建设税、车辆购置税、烟叶税、船舶吨税。

●考点再现

Q $_{9\text{-}10}$ 我国现行税收法律制度。

类别	主要内容
货物和劳务税类	包括增值税、消费税、关税
所得税类	包括企业所得税和个人所得税
财产税类	包括房产税、契税、车船税
资源税类	包括资源税、城镇土地使用税、耕地占用税、土地增值税
行为、目的税类	包括环境保护税、印花税、城市维护建设税、车辆购置税、烟叶税、船舶吨税

11. C［**解析**］《中华人民共和国增值税暂行条例》属于税收法规。

Day 9

1. ACE［**解析**］衡量宏观税收负担的指标包括国民生产总值（或国内生产总值）负担率、国民收入负担率。衡量微观税收负担的指标包括综合税收负担率、直接税收负担率、企业流转税税负率和企业所得税税负率。

2. B［**解析**］企业所得税税负率＝实际缴纳的所得税税额/同期实现的利润总额×100％＝30/200＝15％。

3. D［**解析**］税收负担是税收制度和税收政策的核心。故 D 项正确。

4. A［**解析**］国民生产总值（或国内生产总值）负担率＝税收总额/国民生产总值（或国内生产总值）×100％。

5. ACD［**解析**］影响税收负担的经济因素包括经济发展水平或生产力发展水平（决定性因素）、一国的政治经济体制和一定时期的宏观经济政策。

6. D［**解析**］若实行累进税率，则名义的边际税率与纳税人实际税负率是不同的，一般来说，税率累进的程度越大，纳税人的名义税率与实际税率，边际税率与平均税率的差距也越大。故 D 项错误。

7. A［**解析**］前转，亦称“顺转”，指纳税人在进行货物或劳务的交易时通过提高价格的方法将其应负担的税款向前转移给货物或劳务的购买者或最终消费者负担的形式。

8. A［**解析**］税收资本化，亦称“资本还原”，即生产要素购买者将购买的生产要素未来应纳税款，通过从购入价格中扣除的方法，向后转移给生产要素的出售者的一种形式。

●考点再现

Q $_{7\text{-}8}$ 税负转嫁的形式如下：

（1）前转，亦称“顺转”，指纳税人在进行货物或劳务的交易时通过提高价格的方法将其应负担的税款向前转移给货物或劳务的购买者或最终消费者负担的形式。前转是税负转嫁的最典型和最普通的形式，多发生在货物和劳务征税上。

（2）后转，亦称“逆转”，指纳税人通过压低生产要素的进价从而将应缴纳的税款转嫁给生产要素的销售者或生产者负担的形式。

（3）消转，亦称“税收转化”，即纳税人对其税收负担既不向前转嫁也不向后转嫁，而是通过改善经营管理或改进生产技术等方法，自行消化。

（4）税收资本化，亦称“资本还原”，即生产要素购买者将购买的生产要素未来应纳税款，通过从购入价格中扣除的方法，向后转移给生产要素的出售者的一种形式。税收资本化主要发生在某些资本品的交易中。

9. AD［解析］税负转嫁的条件包括商品经济的存在、自由的价格体制。故 A、D 两项正确。

10. C［解析］税负转嫁的一般规律为：①对供给弹性较大、需求弹性较小的商品的征税较易转嫁；②对垄断性商品课征的税较易转嫁；③流转税较易转嫁；④征税范围广的税种较易转嫁。所得税属于直接税，是对收益所得额征税，由纳税人负担，不能转嫁。

11. D［解析］商品需求弹性大小与税负向后转嫁的程度成正比，故 A 项错误。商品供给弹性大小和税负向前转嫁的程度成正比，故 B 项错误。对垄断性商品课征的税较易转嫁，竞争性商品转嫁能力相对较弱，故 C 项错误。

12. B［解析］后转亦称“逆转”，指纳税人通过压低生产要素的进价从而将应缴纳的税款转嫁给生产要素的销售者或生产者负担的形式。后转的发生一般是因为市场供求条件不允许纳税人提高商品价格，使之不能采取前转的方式转移税收负担所致。故 B 项符合题意。

Day 10

1. A［解析］属地主义原则是指以纳税人的收入来源地或经济活动所在地为标准确定国家行使管辖权的范围。

2. B［解析］属人主义原则是以纳税人的国籍和住所为标准确定国家行使税收管辖权范围的原则。即对该国的居民（包括自然人和法人）行使课税权力的原则。

3. C［解析］目前，多数国家包括我国，同时实行属人和属地两类税收管辖权，即同时行使地域管辖权和居民管辖权。

4. D［解析］

项目	境外所得（万元）
抵免限额	（100＋100）×40％＝80
实际缴纳税款	100×50％＋100×30％＝80
抵免额	80
补缴税款	80－80＝0

5. C［解析］

项目	乙国所得（万元）	丙国所得（万元）	合计（万元）
抵免限额	100×50％＝50	40×50％＝20	
实际缴纳税额	100×40％＝40	40×60％＝24	
抵免额	40	20	
补缴税款	50－40＝10	20－20＝0	10

6. C［解析］

项目	经营所得（万元）	特许权使用费所得（万元）	合计（万元）
抵免限额	100×50%=50	50×10%=5	
实际缴纳税款	100×40%=40	50×20%=10	
抵免额	40	5	
补缴税款	50－40=10	5－5=0	10

7. B［**解析**］

项目	计算过程（万元）
抵免限额	100×20%=20
实际缴纳税款	100×15%=15
抵免额	15
缴纳的税款	20－15=5

8. B［**解析**］税收饶让主要发生在发展中国家和发达国家之间，故A项错误。税收饶让是税收抵免的延伸，是以税收抵免的发生为前提的，但其意义已超出了解决国际重复征税的范围，主要是为了保障各国税收优惠措施的实际效果，故C项错误。两国之间一般采取签订税收协定的方式确定税收饶让政策，这样既利于作为非居住国的发展中国家利用外资，同时也不影响发达国家作为居住国行使居民管辖权的正当税收权益，故D项错误。
9. C［**解析**］各国税收的差别和税法的缺陷是产生国际避税的外部条件。
10. A［**解析**］跨国纳税人对利润的追求是国际避税产生的内在动机。
11. ABC［**解析**］国际反避税措施主要包括税法的完善、加强税务管理和加强国际多边合作。
12. AC［**解析**］国际上最重要、影响力最大的国际税收协定范本包括经济合作与发展组织的《关于对所得和财产避免双重征税的协定范本》，即《OECD协定范本》和联合国的《关于发达国家与发展中国家间避免双重征税的协定范本》，即《UN协定范本》。故A、C两项正确。

第 4 章　货物和劳务税制度

学习指导

本章常考的知识点有：增值税的征税范围、增值税的税率、增值税的计税依据、增值税应纳税额的计算、增值税的减免税、消费税应纳税额的计算、消费税的征收管理、关税的税收优惠等。本章历年考查分数在 24 分左右。

本章是货物和劳务税制度，虽然每个税种内容看似杂乱，但是都有其内在逻辑性，按照税制要素的内容进行理解记忆，理清税制要素的具体内容，对于本章税种的学习有很大帮助。

日期	考点
Day 11	➢增值税的纳税人和扣缴义务人 ➢增值税的征税范围 ➢增值税的税率
Day 12	➢增值税应纳税额的计算 ➢增值税的计税依据
Day 13	➢增值税的纳税义务发生时间 ➢增值税的纳税期限 ➢增值税的纳税地点 ➢增值税的减税、免税 ➢增值税的征收管理
Day 14	➢消费税的征税范围 ➢消费税的税率 ➢消费税的计税依据 ➢消费税应纳税额的计算 ➢消费税的征收管理
Day 15	➢关税的纳税人 ➢关税的完税价格和应纳税额的计算 ➢关税的税收优惠 ➢关税的征收管理

Day 11

考点：增值税的纳税人和扣缴义务人

1. ［单选］以下情形，不需要在我国缴纳增值税的是（　　）。

A. 在我国境内销售货物的企业

B. 在我国境内提供加工修理修配的企业

C. 在我国境内从事交通运输业的企业

D. 向美国某企业提供加工的企业

2. ［多选］关于增值税纳税人和扣缴义务人的说法，错误的有（　　）。

A. 企业租赁或承包给他人经营的，以承租人或承包人为纳税人

B. 境外的单位或个人在境内提供应税劳务，在境内未设有经营机构的，以其境内代理人为扣缴义务人

C. 境外的单位或个人在境内发生应税行为，在境内未设有经营机构的，不用缴纳增值税

D. 两个或两个以上的纳税人，经税务机关批准可视为一个纳税人合并纳税

E. 境外的单位或个人在境内提供应税劳务，在境内未设有经营机构且无代理人的，以购买方为扣缴义务人

扫码听课

考点：增值税的征税范围

3. ［单选］下列行为中，不属于销售无形资产的是（　　）。

A. 转让专利权

B. 转让建筑永久使用权

C. 转让网络虚拟道具

D. 转让采矿权

4. ［多选］下列各项中，属于物流辅助服务的有（　　）。

A. 航空运输服务　　B. 货物运输代理服务

C. 装卸搬运服务　　D. 收派服务

E. 仓储服务

5. ［单选］按照增值税法律制度的规定，纳税人发生的下列转让行为中，按照金融服务征收增值税的是（　　）。

A. 转让专利技术使用权　　B. 转让商标专用权

C. 转让土地使用权　　D. 转让有价证券

6. ［单选］下列各项中，应按照“销售服务——建筑服务”税目计缴增值税的是（　　）。

A. 平整土地　　B. 出售住宅

C. 出租办公楼　　D. 转让土地使用权

7. ［单选］下列选项中，不属于交通运输服务的是（　　）。

A. 陆路运输服务　　B. 航空运输服务

C. 管道运输服务　　D. 物流辅助服务

8. ［单选］对垃圾进行专业化处理后产生货物，且货物归属委托方，其收取的处理费用适用（　　）的增值税税率。

A. 6%　　B. 9%

C. 3%　　D. 13%

考点：增值税的税率

9. ［单选］纳税人现场制作食品并直接销售给消费者，应按（　　）缴纳增值税。

A. 6%　　B. 10%

C. 9%　　D. 13%

10. ［单选］一般纳税人销售自产的特殊货物，可选择按照简易办法计税，选择简易办法计

算缴纳增值税后一定期限内不得变更，该期限是（　　）个月。

A. 24　　B. 12

C. 36　　D. 18

11. ［单选］2019 年 8 月 11 日，赵某将 2016 年 1 月 1 日购买，位于北京南六环外的一套 250 平方米的房屋出售，该房屋购入价格为 600 万元，出售价格为 800 万元，已知个人出售住房适用的增值税征收率为 5%，则赵某出售该房屋应缴纳的增值税是（　　）万元。

A. 0　　B. 10

C. 9.52　　D. 40

12. ［单选］下列销售货物中，适用 13%的增值税税率的是（　　）。

A. 杂志　　B. 天然气

C. 农机零配件　　D. 二甲醚

学习笔记

Day 12

考点：增值税应纳税额的计算

1. ［多选］自 2020 年 3 月 1 日起，增值税一般纳税人取得 2017 年 1 月 1 日及以后开具的（　　），取消认证确认、稽核比对、申报抵扣的期限。

A. 增值税专用发票　　B. 海关进口增值税专用缴款书

C. 机动车销售统一发票　　D. 收费公路通行费增值税电子普通发票

E. 增值税普通发票

2. ［多选］根据增值税法律制度的规定，允许从销项税额中抵扣的进项税额包括（　　）。

A. 购进用于厂房建设的钢材取得的增值税专用发票上注明的增值税额

B. 进口货物取得海关增值税专用缴款书上注明的增值税额

C. 购进并发放给职工的保健品取得的增值税专用发票上注明的增值税额

D. 某家具厂因管理不善被大火烧毁的木材的进项税额

E. 购进办公楼取得的增值税专用发票上注明的增值税额

3. ［单选］甲公司为增值税一般纳税人，本月将一批新研制的高档美白化妆品赠送给老顾客使用，甲公司并无同类产品销售价格，其他公司也无同类货物，已知该批产品的生产成本为 10 万元，甲公司的成本利润率为 10%，高档化妆品的消费税税率为 15%，则甲公司当月该笔业务增值税销项税额是（　　）元。

A. 17 000　　B. 16 823.53

C. 18 700　　D. 16 260.87

4. ［单选］某大型水果超市为增值税一般纳税人，某日从农民手中收购一批苹果，农产品收购发票上注明的收购价款为 8 000 元，该超市对苹果做了清洗包装后，出售给了甲企业，开具增值税专用发票上注明的金额为 12 000 元。则该超市应缴纳的增值税是（　　）元。

A. 360　　B. 309.19　　C. 500.53　　D. 680

5. ［单选］某个体零售户于 2009 年 3 月份购进一批货物，含税进价为 11.3 万元。当月将其中一部分货物销售给某宾馆，开出的普通发票上注明的货款金额为 80 万元。则该个体零售户当月应缴纳的增值税为（　　）万元。

A. 4.52　　B. 3.08　　C. 2.82　　D. 2.33

6. ［单选］2019 年 9 月，甲公司销售产品取得含增值税价款 113 000 元，另收取包装物租金 7 020 元。已知增值税税率为 13%，则甲公司当月该笔业务增值税销项税额是（　　）元。

A. 23 271.32　　B. 13 807.61　　C. 19 890　　D. 21 083.42

7. ［单选］甲手机专卖店为增值税一般纳税人，2019 年 8 月采用以旧换新方式销售某型号手机 100 部，该型号新手机的含税销售单价为 3 276 元，回收的旧手机每台折价 234 元，已知增值税税率为 13%，则甲手机专卖店当月该笔业务增值税销项税额是（　　）元。

A. 37 688.5　　B. 55 692　　C. 44 200　　D. 51 714

8. ［单选］根据增值税法律制度的规定，增值税一般纳税人提供的下列服务中，不适用简易方法计征增值税的是（　　）。

A. 地铁公司提供的公共交通运输服务　　B. 快递公司提供的收派服务

C. 搬家公司提供的搬运服务　　D. 广告公司提供的广告制作服务

9. ［单选］某生产企业属于增值税小规模纳税人，2013 年 7 月对部分资产盘点后进行处理：销售边角废料，由税务机关代开增值税专用发票，取得不含税收入 80 000 元；销售自己使用过的小汽车 1 辆，取得含税收入 52 000 元（小汽车原值为 110 000 元）。该企业上述业务应缴纳增值税（　　）元。

A. 5 800.00　　B. 4 800.25　　C. 4 200.00　　D. 3 409.71

10. ［单选］下列行为中，进项税额允许从销项税额中抵扣的是（　　）。

A. 用于简易计税方法计税项目　　B. 非正常损失的购进货物
C. 购进国内旅客运输服务　　D. 非正常损失的不动产

11. ［单选］生活性服务业纳税人应当按照当期可抵扣进项税额的（　　）计提当期加计抵减额。

A. 10%　　B. 13%　　C. 15%　　D. 50%

12. ［单选］房地产开发企业采取预收款方式销售所开发的房地产项目，在收到预收款时按照（　　）的预征率预缴增值税。

A. 10%　　B. 8%　　C. 5%　　D. 3%

13. ［单选］自 2020 年 5 月 1 日至 2023 年 12 月 31 日，从事二手车经销业务的纳税人销售其收购的二手车，纳税人应按（　　）征收增值税。

A. 3%　　B. 5%　　C. 2%　　D. 0.5%

考点：增值税的计税依据

14. ［单选］甲快递公司（以下简称“甲公司”）为增值税一般纳税人。2019 年 8 月，甲公司购进小货车，取得的增值税专用发票已通过认证，发票上注明的税额为 17.76 万元；开具普通发票收取派送收入 823.62 万元（含增值税，增值税税率 6%）、陆路运输收入 116.6 万元（含增值税，增值税税率 9%）。甲公司当月上述业务应缴纳的增值税税额为（　　）万元。

A. 85.47　　B. 38.49　　C. 43.32　　D. 53.22

15. ［单选］甲酒店为增值税一般纳税人，2019 年 7 月，甲酒店销售住宿服务取得含税销售额 53 万元；出租上月购进的一处房产，取得不含税租金 10 万元。甲酒店当月的销项税额为（　　）万元。

A. 3.9　　B. 3.2　　C. 4.18　　D. 6.3

16. ［单选］某钢琴厂为增值税一般纳税人，本月采取“还本销售”方式销售钢琴，开了普通发票 20 张，共收取了货款 25 万元。企业扣除还本准备金后按规定 23 万元做为销售处理，则增值税计税销售额为（　　）万元。

A. 25　　B. 23　　C. 22.12　　D. 19.66

学习笔记

Day 13

考点：增值税的纳税义务发生时间

1. ［多选］根据增值税法律制度的规定，下列关于增值税纳税义务发生时间的表述中，正确的有（　　）。
   A. 将委托加工的货物无偿赠送他人的，为货物移送的当天
   B. 采取直接收款方式销售货物的，为货物发出的当天
   C. 委托他人销售货物的，为受托方售出货物的当天
   D. 进口货物，为报关进口的当天
   E. 从事金融商品转让的，为金融商品所有权转移的当天
2. ［单选］2019 年 5 月 8 日，甲公司与乙公司签订了买卖电脑的合同，双方约定总价款为 80 万元。6 月 3 日，甲公司就 80 万元货款全额开具了增值税专用发票，6 月 10 日，甲公司收到乙公司第一笔货款 45 万元，6 月 25 日，甲公司收到乙公司第二笔货款 35 万元。根据增值税法律制度的规定，甲公司增值税纳税义务发生时间为（　　）。
   A. 5 月 8 日　　B. 6 月 3 日　　C. 6 月 10 日　　D. 6 月 25 日

考点：增值税的纳税期限

3. ［单选］纳税人进口货物，应当自海关填发海关进口增值税专用缴款书之日起（　　）内缴纳税款。
   A. 3 日　　B. 7 日　　C. 10 日　　D. 15 日

考点：增值税的纳税地点

4. ［多选］关于增值税的纳税义务发生时间和纳税地点的说法，正确的有（　　）。
   A. 纳税人发生视同销售货物行为的，纳税义务发生时间为货物移送的当天
   B. 委托其他纳税人代销货物，未收到代销清单不发生纳税义务
   C. 固定业户到外县（市）提供应税劳务的，应向劳务发生地主管税务机关申报纳税
   D. 固定业户的分支机构与总机构不在县（市）的，应当分别向各自所在地主管税务机关申报纳税
   E. 非固定业户销售货物，应当向销售地主管税务机关申报纳税

考点：增值税的减税、免税

5. ［单选］关于增值税的减免，下列说法不正确的是（　　）。
   A. 对国产抗艾滋病病毒药品免征生产环节增值税，只征收流通环节增值税
   B. 对边销茶生产企业销售自产的边销茶及经销企业销售的边销茶免征增值税
   C. 纳税人取得的财政补贴收入与销售货物挂钩应按规定缴纳增值税
   D. “废玻璃”项目退税比例为 70%
6. ［单选］关于增值税的减免，下列说法错误的是（　　）。
   A. 纳税人将国有农用地出租给农业生产者用于农业生产，免征增值税
   B. 对经国务院批准对外开放的货物期货品种保税交割业务，暂免征收增值税
   C. 对注册在广州市的保险企业向注册在南沙自贸片区的企业提供国际航运保险业务取得

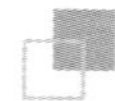

的收入，免征增值税

D. 自 2020 年 3 月 1 日至 12 月 31 日，对湖北省增值税小规模纳税人，适用 3%预征率的预缴增值税项目，减按 2%预征率预缴增值税

✔ **考点**：增值税的征收管理

7. ［单选］按照现行规定，下列各项中可以登记为一般纳税人的是（　　）。

A. 年不含税销售额 260 万元，会计核算制度不健全的餐厅

B. 年不含税销售额 900 万元的建材批发公司

C. 年售房收入 800 万元的个人

D. 年不含税销售额 1 000 万元的农场

8. ［案例］甲公司为增值税一般纳税人，主要从事货物运输服务，2019 年 8 月有关经济业务如下：

购进办公用小轿车 1 辆，取得增值税专用发票上注明的税额为 25 500 元；购进货车用柴油，取得增值税专用发票上注明的税额为 51 000 元。

购进职工食堂用货物，取得增值税专用发票上注明的税额为 8 500 元。

提供货物运输服务，取得含增值税价款 1 110 000 元，同时收取保价费 2 220 元。

提供货物装卸搬运服务，取得含增值税价款 31 800 元，因损坏所搬运货物，向客户支付赔偿款 5 300 元。

提供货物仓储服务，取得含增值税价款 116 600 元，另外收取货物逾期保管费21 200元。

已知：交通运输服务增值税税率为 9%，物流辅助服务增值税税率为 6%，上期留抵增值税税额 6 800 元，取得的增值税专用发票已通过税务机关认证。

根据以上资料，回答下列问题：

（1）甲公司下列增值税进项税额中，准予抵扣的是（　　）。

A. 购进柴油的进项税额 51 000 元　　B. 购进职工食堂用货物的进项税额 8 500 元

C. 上期留抵的增值税税额 6 800 元　　D. 购进小轿车的进项税额 25 500 元

（2）甲公司当月提供货物运输服务增值税销项税额是（　　）元。

A. 122 344.2　　B. 122 100　　C. 91 834.68　　D. 135 531

（3）甲公司当月提供货物装卸搬运服务增值税销项税额是（　　）元。

A. 1 590　　B. 1 908　　C. 1 800　　D. 1 500

（4）甲公司当月提供货物仓储服务增值税销项税额是（　　）元。

A. 7 415.76　　B. 6 996　　C. 8 268　　D. 7 800

9. ［单选］下列关于增值税专用发票电子化的说法中，不正确的是（　　）。

A. 电子专票由各省税务局监制，采用电子签名代替发票专用章，属于增值税专用发票

B. 电子专票的发票代码为 13 位

C. 税务机关按照电子专票和纸质专票的合计数为纳税人核定增值税专用发票领用数量

D. 纳税人开具增值税专用发票时，既可以开具电子专票，也可以开具纸质专票

学习笔记

Day 14

考点：消费税的征税范围

1. ［单选］根据现行税法，下列行为中，应同时征收增值税和消费税的是（　　）。

A. 批发环节销售啤酒

B. 零售环节销售金基合金首饰

C. 生产环节销售普通护肤护发品

D. 进口环节取得外国政府捐赠小汽车

2. ［单选］企业生产销售的下列产品中，属于消费税征税范围的是（　　）。

A. 电动汽车　　B. 体育用鞭炮药引线

C. 销售价格为 9 000 元的手表　　D. 铅蓄电池

考点：消费税的税率

3. ［多选］下列选项中，既适用比例税率又适用定额税率的有（　　）。

A. 白酒　　B. 小汽车　　C. 啤酒　　D. 雪茄烟

E. 甲类卷烟

4. ［单选］以蒸馏酒为酒基且酒精度低于 38 度的配制酒的消费税税率为（　　）。

A. 10%　　B. 15%

C. 20%　　D. 25%

扫码听课

考点：消费税的计税依据

5. ［多选］下列外购商品中已缴纳的消费税，可以从本企业应纳消费税中扣除的有（　　）。

A. 以外购的酒精加工白酒

B. 以外购的已税汽油为原料生产的汽油

C. 以外购的已税润滑油为原料生产的润滑油

D. 以外购的已税高尔夫球杆握把为原料生产的高尔夫球杆

E. 以外购的汽车轮胎生产的汽车

6. ［单选］某小汽车生产企业为增值税一般纳税人，6 月份将生产的某型号小汽车 10 辆，以每辆出厂价 12 000 元（不含增值税）给自设非独立核算的门市部；门市部又以每辆 18 000元（含增值税）售给消费者。小汽车生产企业 6 月份应缴纳消费税（　　）元。（小汽车适用消费税税率 5%）

A. 7 964.6　　B. 15.2

C. 13.2　　D. 11.2

7. ［单选］纳税人因销售应税消费品而出租出借包装物收取的押金，其正确的计税方法是（　　）。

A. 啤酒的包装物收取押金时就要征收增值税

B. 啤酒的包装物押金征收消费税

C. 黄酒的包装物押金征收消费税

D. 白酒的包装物押金既征收增值税，又征收消费税

8. [单选] 关于计税价格的说法，符合现行增值税与消费税规定的是（　　）。
A. 将进口的应税消费品用于抵偿债务，应当以最高售价计征消费税，但以同类消费品的平均价格计征增值税
B. 将自行生产的应税消费品用于连续生产非应税消费品，应以同类消费品的平均价格计征消费税与增值税
C. 将委托加工回收的应税消费品用于对外投资，应当以最高售价计征消费税，但以同类消费品的平均价格计征增值税
D. 将自行生产的应税消费品用于投资入股，应以纳税人同类消费品的最高售价计征消费税，但以同类消费品的平均价格计征增值税

9. [单选] 某酒厂以自产特制粮食白酒 2 000 斤春节前夕发放职工，每斤白酒成本 12 元，无同类产品售价。该啤酒厂应纳消费税（　　）元。(白酒消费税成本利润率为 10%)
A. 6 780　　B. 7 526
C. 7 690　　D. 7 850

10. [单选] 下列选项中，属于委托加工应税消费品的是（　　）。
A. 由委托方提供原料和主要材料，受托方只收取加工费和代垫部分辅助材料加工的应税消费品
B. 由受托方以委托方的名义购进原材料生产的应税消费品
C. 由受托方提供原材料生产的应税消费品
D. 受托方先将原材料卖给委托方，然后再接受加工的应税消费品

考点：消费税应纳税额的计算

11. [单选] 某化妆品厂销售一批化妆品，取得含税收入 5 650 元，已知化妆品消费税税率为 15%，则该笔收入应纳消费税为（　　）元。
A. 507.14　　B. 755
C. 750　　D. 850

12. [单选] 某化妆品公司将一批自产的化妆品用作职工福利，化妆品的成本为 8 000 元，该化妆品无同类产品市场销售价格，但已知其成本利润率为 5%，消费税税率为 15%。该批化妆品应缴纳的消费税税额是（　　）元。
A. 143.89　　B. 9 882.35
C. 1 482.35　　D. 1 567.45

13. [单选] 某鞭炮厂委托一加工厂加工一批焰火，鞭炮厂提供原材料成本为 12 万元，收回产品后，支付加工费 3 万元。加工厂没有同类消费品销售价格。鞭炮厂收回委托加工焰火后，将全部焰火用于生产最终应税消费品并销售，取得不含增值税销售额 20 万元。鞭炮厂应纳消费税税额是（　　）万元。
A. 0.35　　B. 14.78
C. 56.89　　D. 78.90

14. [单选] 某酒厂为增值税一般纳税人，11 月份销售自己生产的粮食白酒 15 吨，开具增值税专用发票注明销售额 100 万元，另外向购买方收取优质费 33.9 万元。已知白酒的

消费税税率为20%加0.5元/500克，该酒厂11月份应缴纳的消费税为（　　）万元。

A. 27.5　　B. 21.5

C. 26　　D. 22.1

15. ［单选］纳税人委托加工应税消费品，如果没有同类消费品销售价格的，应按照组成计税价格计算应纳税额，计算公式为（　　）。

A. 组成计税价格＝（成本＋利润）/（1－消费税税率）

B. 组成计税价格＝（材料成本＋加工费）/（1－消费税税率）

C. 组成计税价格＝（成本＋利润）/（1＋消费税税率）

D. 组成计税价格＝（材料成本＋加工费）/（1＋消费税税率）

考点：消费税的征收管理

16. ［多选］关于消费税纳税义务发生时间的说法，正确的有（　　）。

A. 某酒厂销售葡萄酒20箱，直接收取价款4 800元，其纳税义务发生时间为收款当天

B. 某汽车厂自产自用3台小汽车，其纳税义务发生时间为小汽车移送使用的当天

C. 某烟花企业采用托收承付结算方式销售焰火，其纳税义务发生时间为发出焰火并办妥托收手续的当天

D. 某化妆品厂采用赊销方式销售化妆品，合同规定收款日期为6月23日，7月20日收到货款，纳税义务发生时间为6月23日

E. 某高档手表厂采取预收货款方式销售高档手表，其纳税义务发生时间为销售合同规定的收款日期的当天

学习笔记

Day 15

考点：关税的纳税人

1. [单选] 属于关税法定纳税义务人的是（　　）。
   A. 进口货物的收货人
   B. 进口货物的代理人
   C. 出口货物的代理人
   D. 出境物品的携带人

2. [单选] 下列各项中，对于关税纳税义务人的说法，正确的是（　　）。
   A. 甲委托乙从境外购买一台数码相机，并由乙带回境内给甲，甲为关税纳税义务人
   B. 丙从境外邮寄化妆品给丁，并委托丁交给戊，戊为关税纳税义务人
   C. 小王给远在美国的小李邮寄了茶叶等家乡特产，小李为关税纳税义务人
   D. 天意公司以邮寄方式向德国某公司出口一批货物，天意公司为关税纳税义务人

考点：关税的完税价格和应纳税额的计算

3. [多选] 根据《中华人民共和国进出口关税条例》，下列说法正确的有（　　）。
   A. 出口货物的关税完税价格不包含出口关税
   B. 进口货物的保险费无法确定时，海关应按照售价的 5‰计算保险费
   C. 进口货物成交价格“FOB”的含义是“船上交货”的价格术语简称，又称“离岸价格”
   D. 进口货物成交价格“CFR”的含义是“到岸价格”的价格术语简称
   E. 进口货物成交价格“CIF”的含义是“成本加运费、保险费”的价格术语简称，又称“到岸价格”

4. [单选] 某公司 2013 年 6 月进口 10 箱卷烟（5 万支/箱），经海关审定，关税完税价格 22 万元/箱，关税税率 50%，消费税税率 56%，定额税率 150 元/箱。2013 年 6 月该公司进口环节应纳消费税（　　）万元。
   A. 1 183.64　　　　B. 420.34
   C. 288.88　　　　D. 100.80

5. [单选] 2015 年 5 月 1 日，某企业进口一台设备，享受免征进口关税优惠，海关审核的完税价格为 120 万元，海关监管期 5 年。2016 年 11 月 5 日，企业将该设备转让，转让收入 85 万元，已提折旧 12 万元。该企业转让设备应补缴关税（　　）万元。（设备关税税率 8%）
   A. 4.76　　　　B. 5.84
   C. 6.72　　　　D. 8.64

6. [单选] 境内一单位将一批货物运往境外加工，出境时向海关报明价值 1 000 元；支付境外加工费 600 元，料件费 500 元；支付复运进境的运输费 500 元和保险费 100 元。该货物适用关税税率 10%，则该单位应缴纳的进口关税为（　　）元。
   A. 170　　　　B. 110
   C. 250　　　　D. 390

7. ［单选］运往境外修理的机械器具、运输工具或其他货物，出境时已向海关报明，并在海关规定期限内复运进境的，应当以（　　）为关税完税价格。

A. 相同或类似货物的进口成交价格

B. 海关审定的境外修理费和料件费

C. 海关审定的境外修理费和料件费，以及该货物复运进境的运输费、保险费

D. 相同或类似货物在境内销售的价格

考点：关税的税收优惠

8. ［单选］根据现行关税政策，下列进口货物中享受法定减免税的是（　　）。

A. 关税税额在人民币500元以下的边境小额贸易进口的货物

B. 从保税区运往非保税区的货物

C. 国际组织无偿赠送的物资

D. 从国外进口用于生产保健品的生产设备

9. ［多选］根据关税的有关规定，进口货物中可享受法定免税的有（　　）。

A. 有商业价值的进口货样

B. 外国政府无偿赠送的物资

C. 科贸公司进口的科教用品

D. 贸易公司进口的残疾人专用品

E. 关税税额在人民币50元以下的一票货物

考点：关税的征收管理

10. ［单选］海关发现自缴纳税款或货物放行之日起（　　）年内补征关税。

A. 1　　　　B. 2

C. 3　　　　D. 4

11. ［多选］下列关于关税征收管理的说法，正确的有（　　）。

A. 进出境货物和物品放行后，海关发现少征或者漏征税款，应当自缴纳税款或者货物、物品放行之日起1年内，向纳税义务人补征

B. 因纳税人违反规定而造成的少征或者漏征的税款，自纳税人应缴纳税款之日起3年以内可以追征

C. 海关多征的税款，海关发现后应当立即退还

D. 因海关误征，多缴纳关税的，纳税人可以自缴纳税款之日起1年内，书面声明理由，连同原纳税收据向海关申请退税，但不得加算银行同期活期存款利息

E. 海关多征的税款，海关发现后应当1年内退还

学习笔记

本章学习检查表

知识点名称	初次学习		第一次复习		第二次复习	
	做对题目数/总题目数	学习日期	做对题目数/总题目数	复习日期	做对题目数/总题目数	复习日期
增值税的纳税人和扣缴义务人						
增值税的征税范围						
增值税的税率						
增值税应纳税额的计算						
增值税的计税依据						
增值税的纳税义务发生时间						
增值税的纳税期限						
增值税的纳税地点						
增值税的减税、免税						
增值税的征收管理						
消费税的征税范围						
消费税的税率						
消费税的计税依据						
消费税应纳税额的计算						
消费税的征收管理						
关税的纳税人						
关税的完税价格和应纳税额的计算						
关税的税收优惠						
关税的征收管理						

填写建议：

“做对题目数/总题目数”记录该知识点自己做题的情况，比如该知识点总题目数 10 题，做对了其中 7 题，记录为 7/10。

“学习日期”记录自己学习该知识点时的日期，建议把下一次进行复习的日期也写上。

备忘录

参考答案及解析

Day 11

1. D［解析］在我国境内销售货物或者提供加工、修理修配，销售服务、无形资产、不动产以及进口货物的单位和个人，为增值税的纳税人。故D项不需要在我国缴纳增值税。

2. CD［解析］境外的单位或个人在境内发生应税行为，在境内未设有经营机构的，以购买方为增值税扣缴义务人，C项错误。两个或两个以上的纳税人，经财政部和国家税务总局批准可视为一个纳税人合并纳税，D项错误。

3. B［解析］A项，转让专利权属于销售无形资产——技术；B项，转让建筑永久使用权属于销售不动产；C项，转让网络虚拟道具属于销售无形资产——其他权益性无形资产；D项，转让采矿权属于销售无形资产——自然资源使用权。

4. CDE［解析］物流辅助服务包括航空服务、港口码头服务、货运客运场站服务、打捞救助服务、装卸搬运服务、仓储服务和收派服务。商务辅助服务包括企业管理服务、经纪代理服务、人力资源服务、安全保护服务。A项属于销售服务——交通运输服务，B项属于现代服务——商务辅助服务。

5. D［解析］D项，属于金融商品转让，按照金融服务征收增值税。A、B、C三项，按照销售无形资产征收增值税。

6. A［解析］B项，出售住宅属于销售不动产；C项，出租办公楼属于现代服务——租赁服务；D项，转让土地使用权属于销售无形资产。

7. D［解析］交通运输服务是指利用运输工具将货物或者旅客送达目的地，使其空间位置得到转移的业务活动，包括陆路运输服务、水路运输服务、航空运输服务和管道运输服务。D项物流辅助服务属于现代服务。

8. D［解析］纳税人受托对垃圾、污泥、污水、废气等废弃物进行专业化处理，即运用填埋、焚烧、净化、制肥等方式，对废弃物进行减量化、资源化和无害化处理处置，按照以下规定适用增值税税率：①采取填埋、焚烧等方式进行专业化处理后未产生货物的，受托方属于提供“现代服务”中的“专业技术服务”，其收取的处理费用适用6%的增值税税率。②专业化处理后产生货物，且货物归属委托方的，受托方属于提供“加工劳务”，其收取的处理费用适用13%的增值税税率。③专业化处理后产生货物，且货物归属受托方的，受托方属于提供“专业技术服务”，其收取的处理费用适用6%的增值税税率。受托方将产生的货物用于销售时，适用货物的增值税税率。

9. A［解析］自2019年10月1日起，纳税人现场制作食品并直接销售给消费者，按照餐饮服务缴纳增值税，税率为6%。

10. C［解析］一般纳税人销售自产的特殊货物，可选择按照简易办法计税，选择简易办法计算缴纳增值税后一定期限内不得变更，该期限是36个月。

11. C［解析］该房屋应缴纳的增值税＝（800－600）/（1＋5%）×5%＝9.52（万元）。

12. C［解析］农机零配件不属于农机的范围，不适用9%的税率，应按13%的税率征收增值税。

Day 12

1. ABCD［解析］自 2020 年 3 月 1 日起，增值税一般纳税人取得 2017 年 1 月 1 日及以后开具的增值税专用发票、海关进口增值税专用缴款书、机动车销售统一发票、收费公路通行费增值税电子普通发票，取消认证确认、稽核比对、申报抵扣的期限。纳税人在进行增值税纳税申报时，应当通过各省（自治区、直辖市和计划单列市）增值税发票综合服务平台对上述扣税凭证信息进行用途确认。
2. ABE［解析］C 项，将外购货物用于职工福利，进项税额不得抵扣。D 项，购进货物发生非正常损失，进项税额不得抵扣。
3. B［解析］甲公司当月该笔业务增值税销项税额＝100 000×（1＋10%）/（1－15%）×13%＝16 823.53（元）。
4. A［解析］进项税额＝8 000×9%＝720（元）；销项税额＝12 000×9%＝1 080（元）；则应缴纳的增值税＝1 080－720＝360（元）。
5. D［解析］应纳增值税＝80/（1＋3%）×3%＝2.33（万元）。
6. B［解析］增值税销项税额＝（113 000＋7 020）/（1＋13%）×13%＝13 807.61（元）。
7. A［解析］纳税人采取以旧换新方式销售货物的（金银首饰除外），应按新货物的同期销售价格确定销售额。故增值税销项税额＝3 276×100/（1＋13%）×13%＝37 688.5（元）。
8. D［解析］小规模纳税人及一般纳税人的特定项目，如公共交通运输服务、装卸搬运服务、收派服务适用简易方法计税。
9. D［解析］应缴纳增值税＝80 000×3%＋52 000/1.03×2%＝2 400＋1 009.71＝3 409.71（元）。
10. C［解析］自 2019 年 4 月 1 日起，纳税人购进国内旅客运输服务，其进行税额允许从销项税额中抵扣。
11. C［解析］生活性服务业纳税人应当按照当期可抵扣进项税额的 15%计提当期加计抵减额。
12. D［解析］房地产开发企业采取预收款方式销售所开发的房地产项目，在收到预收款时按照 3%的预征率预缴增值税。
13. D［解析］自 2020 年 5 月 1 日至 2023 年 12 月 31 日，从事二手车经销业务的纳税人销售其收购的二手车，纳税人减按 0.5%征收率征收增值税，即应纳税额＝含税销售额/（1＋0.5%）×0.5%。
14. B［解析］“823.62 万元”“116.6 万元”题目明确交代为含增值税金额，应当价税分离。故甲公司应缴纳增值税＝823.62/（1＋6%）×6%＋116.6/（1＋9%）×9%－17.76＝38.49（万元）。
15. A［解析］本题“53 万元”是含税销售额，“10 万元”是不含税销售额，前者应作价税分离处理。因此，甲酒店当月的销项税额＝53/（1＋6%）×6%＋10×9%＝3.9（万元）。
16. C［解析］采取还本销售方式销售货物，其销售额就是货物的销售价格，不得从销售额中减除还本支出。故销售额＝25/（1＋13%）＝22.12（万元）。

Day 13

1. ADE［**解析**］B项，采取直接收款方式销售货物的，为收到销售款或者取得索取销售款凭证的当天；C项，委托其他纳税人代销货物，为收到代销单位的代销清单或者收到全部或者部分货款的当天。未收到代销清单及货款的，为发出代销货物满180天的当天。
2. B［**解析**］纳税人销售货物，提供应税劳务或者销售应税行为的，其增值税纳税义务发生时间为收讫销售款或者取得索取销售款凭据的当天；先开具发票的，为开具发票的当天。故B项正确。
3. D［**解析**］根据规定，纳税人进口货物，应当自海关填发海关进口增值税专用缴款书之日起15日内缴纳税款。
4. ADE［**解析**］委托其他纳税人代销货物，为收到代销单位的代销清单或者收到全部或者部分货款的当天。未收到代销清单及货款的，为发出代销货物满180天的当天。故B项错误。固定业户到外县（市）销售货物或者劳务，应向其机构所在地主管税务机关报告外出经营事项并申报纳税，故C项错误。
5. A［**解析**］自2019年1月1日至2020年12月31日，继续对国产抗艾滋病病毒药品免征生产环节和流通环节增值税，A项错误。
6. D［**解析**］自2020年3月1日至12月31日，对湖北省增值税小规模纳税人，适用3%征收率的应税销售收入，免征增值税；适用3%预征率的预缴增值税项目，暂停预缴增值税。除湖北省外，其他省、自治区、直辖市的增值税小规模纳税人，适用3%征收率的应税销售收入，减按1%征收率征收增值税；适用3%预征率的预缴增值税项目，减按1%预征率预缴增值税。故D项错误。
7. B［**解析**］A项，会计制度不健全，故错误。C项，年应税销售额超过规定标准的其他个人不得办理一般纳税人登记。D项，农场销售货物一般是免税的，这样的单位一般不会办理一般纳税人登记。
8. （1）ACD［**解析**］B项，购进货物用于集体福利、个人消费，对应的进项税额不得抵扣。

   （2）C［**解析**］甲公司提供货物运输服务同时收取的保价费，应作为价外费用处理。因此，甲公司当月提供货物运输服务应确认的增值税销项税额＝（1 110 000＋2 220）/（1＋9%）×9%＝91 834.68（元）。

   （3）C［**解析**］向客户“支付”（而非“收取”）的赔偿款，不属于甲公司的收入，不得从销售额中扣除。因此，甲公司当月提供货物装卸搬运服务应确认的增值税销项税额＝31 800/（1＋6%）×6%＝1 800（元）。

   （4）D［**解析**］甲公司收取的货物逾期保管费属于在保管逾期期间取得的货物仓储服务收入，应当依法并入提供货物仓储服务取得的销售额计算销项税额。因此，甲公司当月提供货物仓储服务应确认的增值税销项税额＝（116 600＋21 200）/（1＋6%）×6%＝7 800（元）。
9. B［**解析**］电子专票的发票代码为12位，B项错误。

Day 14

1. B［**解析**］增值税是以从事销售货物或者提供加工、修理修配劳务以及进口货物的单位和个人

取得的增值税额为征税对象征收的一种税。消费税是对特定的消费品和消费行为征收的一种税。A 项，批发环节销售的啤酒不征消费税；C 项，普通护肤护发品不属于消费税的征收范围；D 项，外国政府、国际组织无偿援助的进口物资和设备免交关税、增值税、消费税。

2. D［**解析**］电动汽车、体育用鞭炮药引线和价格低于 10 000 元的手表均不属于消费税征税范围。

3. AE［**解析**］既适用比例税率又适用定额税率的有甲类卷烟、乙类卷烟、白酒。

4. A［**解析**］以蒸馏酒或食用酒精为酒基，同时符合以下条件的配置酒，按消费税税目税率表“其他酒”10%适用税率征收消费税：①具有国家相关部门批准的国食健字或卫食健字文号；②酒精度低于 38 度（含）。

5. BCD［**解析**］销售额中扣除外购已税消费品已纳消费税的规定：①外购已税烟丝生产的卷烟；②外购已税化妆品生产的化妆品；③外购已税珠宝玉石生产的贵重首饰及珠宝玉石；④外购已税鞭炮、焰火生产的鞭炮、焰火；⑤以外购已税石脑油为原料生产的应税消费品；⑥以外购的已税润滑油为原料生产的润滑油；⑦以外购的已税杆头、杆身和握把为原料生产的高尔夫球杆；⑧以外购的已税木制一次性筷子为原料生产的木制一次性筷子；⑨以外购的已税实木地板为原料生产的实木地板；⑩以外购的已税汽油、柴油为原料连续生产的汽油、柴油；⑪单位和个人外购润滑油大包装经简单加工改成小包装或外购润滑油不经加工只贴商标的行为，视同应税消费品的生产行为，单位和个人发生的以上行为应当申报缴纳消费税，准予扣除外购润滑油已纳消费税税款；⑫外购电池、涂料大包装改成小包装或者外购电池、涂料不经加工只贴商标的行为，视同应税消费税品的生产行为。

6. A［**解析**］应纳税额＝销售额×税率＝18 000×10/（1＋13%）×5%＝7 964.6（元）。

7. D［**解析**］黄酒、啤酒及其他酒类产品的包装物押金征收增值税和消费税的规律。

产品	时点	增值税	消费税
黄酒、啤酒	收取时	不纳	不纳
	逾期时	换算为不含税销售额纳税	不纳（定额税率）
除黄酒、啤酒外的其他酒类产品	收取时	纳税	纳税
	逾期时	不纳	不纳

8. D［**解析**］A 项，将自产的应税消费品用于抵偿债务，应当以最高售价计征消费税，但以同类消费品的平均价格计征增值税。B 项，将自行生产的应税消费品用于连续生产非应税消费品，应以同类消费品的加权平均价格计征消费税与增值税。C 项，将自产的应税消费品用于对外投资，应当以最高售价计征消费税，但以同类消费品的平均价格计征增值税。

9. D［**解析**］从量征收的消费税＝2 000×0.5＝1 000（元）；从价征收的消费税＝［12×2 000×（1＋10%）＋1 000］/（1－20%）×20%＝6 850（元）；故应纳消费税＝1 000＋6 850＝7 850（元）。

10. A［**解析**］委托加工的应税消费品是指由委托方提供原料和主要材料，受托方只收取加工费和代垫部分辅助材料加工的应税消费品。

11. C［**解析**］本题中的含税收入是含增值税的收入，要换为不含税收入来计算。5 650/（1＋13%）×15%＝750（元）。

12. C［解析］组成计税价格＝成本×（1＋成本利润率）/（1－消费税税率）＝8 000×（1＋5％）/（1－15％）＝9 882.35（元）；应纳税额＝9 882.35×15％＝1 482.35（元）。
13. A［解析］委托加工的应税消费品，受托方因没有同类消费品的销售价格的，按照组成计税价格计算纳税，受托方代收代缴消费税。组成计税价格＝（材料成本＋加工费）/（1－消费税税率）＝（12＋3）/（1－15％）＝17.65（万元）。应纳消费税税额＝组成计税价格×适用税率＝17.65×15％＝2.65（万元）。鞭炮厂应缴纳消费税额＝20×15％－2.65＝0.35（万元）。
14. A［解析］应缴纳消费税＝［（1 000 000＋339 000/1.13）×20％＋15×2 000×0.5］/10 000＝27.5（万元）。
15. B［解析］委托加工应税消费品的组成计税价格＝（材料成本＋加工费）/（1－消费税税率）。
16. ABCD［解析］采取预收货款结算方式的，其纳税义务发生时间为发出应税消费品的当天，故E项错误。

Day 15

1. A［解析］关税法定纳税义务人包括货物的纳税人和物品的纳税人。其中，货物的纳税人是经营进出口货物的收货人、发货人。
2. D［解析］一般情况下，对于携带进境的物品，推定其携带人为所有人；对以邮递方式进境的物品，推定其收件人为所有人；以邮递或其他运输方式出境的物品，推定其寄件人或托运人为所有人。故D项正确。

●考点再现

$Q_{1\text{-}2}$ 关税的纳税人：

（1）货物的纳税人：经营进出口货物的收货人和发货人。

（2）物品的纳税人：入境时随身携带行李、物品的携带人；各种入境运输工具上携带自用物品的持有人；馈赠物品以及其他方式入境个人物品的所有人；进口个人邮件的收件人。

3. ACE［解析］进口货物的保险费无法确定时，海关应按照“货价加运费”的0.3％计算保险费，故B项错误。进口货物成交价格“CFR”的含义是“成本加运费”的价格术语简称，故D项错误。
4. B［解析］进口卷烟消费税组成计税价格＝（关税完税价格＋关税＋消费税定额税）/（1－进口卷烟消费税适用比例税率）。从量计征消费税应纳税额＝10×150＝1 500（元）＝0.15（万元）。从价计征消费税应纳税额＝［22×10×（1＋50％）＋0.15］/（1－56％）×56％＝420.19（万元）。进口环节的消费税＝0.15＋420.19＝420.34（万元）。
5. C［解析］免税进口的货物补税时，应当以海关审查确定的该货物原进口时的价格，扣除折旧部分价格作为完税价格。完税价格＝海关审查确定的该货物原进口时的价格×［1－补税时实际已经进口的时间/（监管年限×12）］＝120×［1－18/（5×12）］＝84（万元），应补缴关税＝84×8％＝6.72（万元）。

［注意］“补税时实际已经进口的时间”按月计算，不足1个月但超过15日的，按照1个月计算；不超过15日的，不予计算，所以本题补税时实际已经进口的时间为18个月。
6. A［解析］运往境外加工的货物，出境时已向海关报明，并在海关规定期限内复运进境的，无法得到原出境货物的到岸价格的，可用原出境货物在境外支付的工缴费加上运抵中

国关境输入地点起卸前的包装费、运费、保险费和其他劳务费等作为完税价格。应纳关税＝（600＋500＋500＋100）×10％＝170（元）。

7. B［**解析**］运往境外修理的机械器具、运输工具或其他货物，出境时已向海关报明，并在海关规定期限内复运进境的，应当以海关审定的境外修理费和料件费为关税完税价格。

8. C［**解析**］C 项，国际组织无偿赠送的物质可以减免关税。

9. BE［**解析**］A 项，无商业价值的进口货样减免关税。C、D 两项均征收关税。

●考点再现

Q8-9　下列进出口货物，免征关税：

（1）关税税额在人民币 50 元以下的一票货物。

（2）无商业价值的广告品和货样。

（3）外国政府、国际组织无偿赠送的物资。

（4）在海关放行前损失的货物。

（5）进出境运输工具装载的途中必需的燃料、物料和饮食用品。

10. A［**解析**］关税补征和追征情况关税规定：补征海关发现自缴纳税款或货物放行之日起 1 年内补征。追征海关发现在 3 年内追征。按日加收万分之五的滞纳金。

11. ABC［**解析**］D 项，因海关误征，多缴纳关税的，纳税义务人可以自缴纳税款之日起 1 年内，书面声明理由，连同原纳税收据向海关申请退税并加算银行同期活期存款利息。E 项，海关多征的税款，海关发现后应当立即退还。

第 5 章　所得税制度

学习指导

本章常考的知识点有：企业所得税的计税依据、企业所得税收入确认、企业所得税税前扣除、企业所得税资产的税务处理、企业所得税应纳税额的计算、企业所得税税收优惠、个人所得税税收优惠、个人所得税计税依据等。本章历年考查分数在 19 分左右。

本章是所得税制度，包括企业所得税和个人所得税两方面。个人所得税也是今年变动最大的部分，这部分与实际生活息息相关，因此建议大家结合实际生活学习本章内容。

日期	考点
Day 16	➢企业所得税征税对象 ➢企业所得税税率 ➢企业所得税计税依据 ➢企业所得税收入确认
Day 17	➢企业所得税税前扣除 ➢企业所得税资产的税务处理
Day 18	➢企业所得税应纳税额的计算
Day 19	➢企业所得税税收优惠 ➢企业所得税源泉扣缴 ➢企业所得税特别纳税调整 ➢企业所得税征收管理
Day 20	➢个人所得税纳税人 ➢个人所得税征税对象 ➢个人所得税计税依据及应纳税额的计算 ➢个人所得税税收优惠 ➢个人所得税征收管理

Day 16

考点：企业所得税征税对象

1. ［多选］根据企业所得税法，下列判断来源于中国境内、境外所得的原则中，正确的有（　　）。

A. 销售货物所得，按照生产货物所在地确定

B. 提供劳务所得，按照劳务发生地确定

C. 股息所得，按照投资企业所在地确定

D. 利息所得，按照负担、支付所得的企业或者机构、场所所在地确定

E. 不动产转让所得，按照不动产所在地确定

2. [单选] 根据企业所得税法律制度的规定，下列各项中按负担所得的所在地确定所得来源地的是（　　）。

A. 销售货物所得　　B. 提供劳务所得

C. 不动产转让所得　　D. 租金所得

扫码听课

考点：企业所得税税率

3. [单选] 境外甲企业在我国境内未设立机构、场所。2017 年 8 月，甲企业向我国居民纳税人乙公司转让了一项配方，取得转让费 1 000 万元。甲企业就该项转让费所得应向我国缴纳的企业所得税税额为（　　）万元。

A. 250　　B. 200

C. 150　　D. 100

4. [单选] 某企业是国家需要重点扶持的高新技术企业。2017 年度该企业的应纳税所得额为 200 万元，该企业 2017 年度应缴纳的企业所得税额为（　　）万元。

A. 50　　B. 40

C. 30　　D. 20

5. [单选] 对设在西部地区的鼓励类产业企业减按 15% 的税率征收企业所得税，该鼓励类产业企业的主营业务收入应占到其收入总额的（　　）以上。

A. 50%　　B. 60%

C. 70%　　D. 80%

6. [单选] 2019 年度某企业资产总额 2 000 万元，从业人数 100 人，主营业务收入 1 000 万元，相关成本费用成本 800 万元，应缴纳企业所得税（　　）万元。

A. 50　　B. 40

C. 20　　D. 12.5

扫码听课

考点：企业所得税计税依据

7. [多选] 在中国境内未设立机构、场所的非居民企业从中国境内取得的下列所得，应按收入全额计算征收企业所得税的有（　　）。

A. 股息　　B. 转让财产所得

C. 租金　　D. 特许权使用费

E. 红利

8. [单选] 国有企业 2007 年开始经营，当年亏损 30 万元，2008 年度盈利 10 万元，2009 年度亏损 5 万元，2010 年度亏损 15 万元，2011 年度盈利 8 万元，2012 年度盈利 6 万元，2013 年度盈利 40 万元，则该企业 2013 年度的应纳税所得额为（　　）万元。

A. 14　　B. 20

C. 26　　D. 40

考点：企业所得税收入确认

9. [多选] 根据企业所得税法律制度的规定，国务院规定的专项用途财政性资金可以作为不征税收入。这类财政性资金必须符合的条件有（　　）。

A. 企业从省级以上人民政府的财政部门或其他部门取得

B. 企业能够提供规定资金专项用途的资金拨付文件

C. 财政部门或其他拨付资金的政府部门对该资金有专门的资金管理办法或具体管理要求

D. 企业对该资金单独进行核算

E. 企业对该资金发生的支出单独进行核算

10. [单选] 企业收入总额中属于不征税收入的是（　　）。

A. 国债利息收入　　B. 技术转让收入

C. 股息、红利收入　　D. 财政拨款

11. [单选] 企业收入总额中属于免征税收入的是（　　）。

A. 国债利息收入　　B. 技术转让收入

C. 股息、红利收入　　D. 财政拨款

12. [多选] 根据企业所得税法律制度的规定，符合条件的非营利组织的收入为免税收入，这些收入包括（　　）。

A. 接受个人捐赠的收入

B. 税法规定的财政拨款

C. 向政府提供服务取得的收入

D. 不征税收入孳生的银行存款利息收入

E. 按照省级以上民政部、财政部规定收取的会费

13. [单选] 根据企业所得税法律制度的规定，企业从事建筑、安装、装配工程业务或者提供其他劳务等，持续时间超过 12 个月的，按照（　　）确认收入的实现。

A. 纳税年度内完工进度　　B. 合同约定的收款日期

C. 实际收款日期　　D. 工程或劳务全部完工日期

学习笔记

Day 17

考点： 企业所得税税前扣除

1. [单选] 根据企业所得税法律制度的规定，下列各项中，在计算应纳税所得额时准予按一定比例扣除的公益、救济性捐赠是（　　）。

A. 纳税人直接向某学校的捐赠

B. 纳税人通过企业向自然灾害地区的捐赠

C. 纳税人通过电视台向灾区的捐赠

D. 纳税人通过民政部门向贫困地区的捐赠

2. [单选] 某企业按照政府统一会计政策计算出利润总额 300 万元，当年直接向某学校捐赠 10 万元，通过公益性社会团体向贫困地区捐赠 30 万元，则该企业当年在计算应纳税所得额时可以在税前扣除的捐赠为（　　）万元。

A. 10　　B. 30

C. 36　　D. 40

3. [单选] 某汽车制造行业 2015 年实现销售（营业）收入 1 000 万元，实际发生广告费和业务宣传费支出 300 万元，则该企业 2015 年计算应纳税所得额时可以税前扣除的广告费和业务宣传费为（　　）万元。

A. 20　　B. 80

C. 150　　D. 300

4. [单选] 甲公司（高新技术企业）2019 年实发工资总额为 1 000 万元，发生职工教育经费支出 65 万元；2020 年实发工资总额 1 200 万元，发生职工教育经费支出 120 万元，年度利润总额 250 万元，假设无其他纳税调整事项，根据企业所得税法律制度的规定，该公司 2020 年应缴纳的企业所得税是（　　）万元。

A. 37.5　　B. 41.1

C. 68.5　　D. 95

考点： 企业所得税资产的税务处理

5. [多选] 以下各项中，最低折旧年限为 10 年的固定资产有（　　）。

A. 建筑物　　B. 生产设备

C. 飞机　　D. 电子设备

E. 火车

6. [多选] 根据企业所得税法律制度的规定，下列说法中不正确的有（　　）。

A. 固定资产的预计净残值一经确定，不得变更

B. 盘盈的固定资产，以同类固定资产的公允价值为计税基础

C. 外购商誉的支出，不得在所得税前扣除

D. 停止使用的固定资产，应当自停止使用月份的当月起停止计算折旧

E. 企业应当自生产性生物资产投入使用月份的次月起计算折旧

7. [单选] 企业重组的税务处理区分不同条件分别适用一般性税务处理规定和特殊性税务处理规定。其中，适用特殊性税务处理规定的企业重组，重组交易对价中非股权支付金额

不得高于交易支付总额的（　　）。

A. 15%　　B. 25%

C. 75%　　D. 85%

8. ［单选］某企业2019年4月20日购进一台机械设备，购入成本90万元，当月投入使用。按税法规定该设备按直线法折旧，期限为10年，残值率5%。2019年计提折旧额（　　）万元。

A. 4.5　　B. 5.7

C. 5.8　　D. 6.2

9. ［多选］根据企业所得税法律制度的规定，资产划转行为适用特殊性税务处理的条件有（　　）。

A. 100%间接控制的居民企业之间划转资产

B. 100%直接控制的非居民企业之间划转资产

C. 具有合理商业目的

D. 划出方企业在会计上确认损益

E. 资产划转后连续12个月内不改变被划转资产原来实质性经营活动

学习笔记

Day 18

考点：企业所得税应纳税额的计算

1. ［单选］某企业 2016 年度境内所得应纳税所得额为 200 万元，在全年已预缴税款 50 万元，来源于境外某国税前所得 100 万元，境外实纳税款 20 万元，该企业在我国适用的企业所得税税率是 25%，计算该企业当年汇算清缴应补（退）的税款为（　　）万元。

A. 10　　B. 12　　C. 5　　D. 79

2. ［单选］居民企业 2015 年境内应纳税所得额为 100 万元，适用 25% 的企业所得税税率。该企业当年从境外 A 国子公司分回税后收益 20 万元（A 国的企业所得税税率为 20%）。则该企业 2015 年度在境内实际缴纳的企业所得税为（　　）万元。

A. 25　　B. 26.25　　C. 30　　D. 31.25

3. ［案例］某跨地区经营汇总缴纳企业所得税的企业，总公司设在北京。在上海和南京分别设有一个分公司，2019 年 6 月共实现应纳税所得额 2 000 万元，假设企业按月预缴，企业所得税率为 25%。另外，上海分公司 2012 年度的营业收入、职工薪酬和资产总额分别为 400 万元、100 万元、500 万元；南京分公司 2018 年度的营业收入、职工薪酬和资产总额分别为 1 600 万元、300 万元、2 000 万元。营业收入、职工薪酬和资产总额的权重依次为 0.35、0.35 和 0.30。2019 年 7 月，该企业按规定在总机构和分支机构之间计算分摊税款就地预缴。

根据以上资料，回答下列问题：

（1）该企业 2019 年 6 月的应纳企业所得税额为（　　）万元。

A. 300　　B. 400　　C. 500　　D. 600

（2）总公司在北京就地分摊预缴的企业所得税款为（　　）万元。

A. 50　　B. 150　　C. 200　　D. 250

（3）上海分公司就地分摊预缴的企业所得税款为（　　）万元。

A. 54.375　　B. 75.000　　C. 87.500　　D. 125.000

（4）南京分公司就地分摊预缴的企业所得税款为（　　）万元。

A. 125.000　　B. 162.500

C. 175.000　　D. 195.625

（5）关于跨地区（指跨省、自治区、直辖市和计划单列市）经营汇总纳税企业所得税征收管理的说法，正确的有（　　）。

A. 总机构和二级分支机构，就地分摊缴纳企业所得税

B. 二级分支机构不就地分摊企业汇算清缴应缴应退税款

C. 企业所得税分月或者分季预缴，由总机构和二级分支机构所在地主管税务机关分别核定

D. 总机构应将本期企业应纳所得税额的 50% 部分，在每月或季度终了后 15 日内就地申报预缴

学习笔记

Day 19

考点：企业所得税税收优惠

1. ［单选］2015 年 6 月，某劳务派遣公司购置价值 4 000 元的电脑一台，作为固定资产处理，会计折旧年限 2 年，该公司 2015 年可在企业所得税前扣除电脑折旧（　　）元。

A. 1 000　　B. 2 000

C. 3 000　　D. 4 000

2. ［单选］某企业为创业投资企业。2017 年 8 月 1 日，该企业向境内未上市的中小高新技术企业投资 200 万元。2019 年度企业利润总额 890 万元；未经财税部门核准，提取风险准备金 10 万元。已知企业所得税税率为 25%。假定不考虑其他纳税调整事项，2019 年该企业应纳企业所得税额为（　　）万元。

A. 82.5　　B. 85

C. 187.5　　D. 190

3. ［多选］企业从事下列项目的所得，减半征收企业所得税的有（　　）。

A. 内陆养殖　　B. 远洋捕捞

C. 蔬菜、谷物的种植　　D. 农作物新品种的选育

E. 茶以及其他饮料作物的种植

4. ［单选］根据企业所得税法律制度的规定，下列行业的企业中，属于适用税前加计扣除政策的是（　　）。

A. 房地产业　　B. 建筑业

C. 娱乐业　　D. 零售业

5. ［单选］创业投资企业采取股权投资方式，投资于未上市的中小高新技术企业 2 年以上的，可按其投资额的一定比例抵扣该创业投资企业的企业所得税应纳税所得额。这一比例是（　　）。

A. 50%　　B. 60%　　C. 70%　　D. 80%

6. ［多选］根据企业所得税法律制度的规定，关于固定资产加速折旧的说法，正确的有（　　）。

A. 固定资产由于技术进步，确需加速折旧的，可以缩短折旧年限

B. 加速折旧不可以采取双倍余额递减法

C. 餐饮企业 2014 年 1 月 1 日后购进的固定资产，可以加速折旧

D. 互联网企业 2014 年 1 月 1 日后新购进的专门用于研发的设备，单位价格 120 万元，可一次性税前扣除

E. 采取缩短折旧年限方法的，最低折旧年限不得低于税法规定最低折旧年限的 60%

7. ［单选］一家专门从事符合条件的节能节水项目的企业，2012 年取得第一笔营业收入，2015 年实现应纳税所得额 100 万元（假设仅是节能节水项目所得），假设该企业适用 25%的企业所得税税率，不考虑其他因素，则该企业 2015 年应纳企业所得税额为（　　）万元。

A. 0　　B. 12.5

C. 20　　D. 25

考点：企业所得税源泉扣缴

8. ［单选］企业所得税法规定应当源泉扣缴所得税，但扣缴义务人未依法缴扣，纳税人也未依法缴纳的，税务机关可以从该纳税人在中国境内其他收入项目的支付人应付的款项中，追缴该纳税人的应纳税款，这种行为属于企业所得税源泉扣除的（　　）。

A. 法定扣缴　　B. 特定扣缴

C. 指定扣缴　　D. 商定扣缴

考点：企业所得税特别纳税调整

9. ［多选］税务机关可依法对存在以下避税安排的企业，启用一般反避税调查的有（　　）。

A. 滥用公司名称　　B. 滥用税收协定

C. 滥用公司组织形式　　D. 滥用税收优惠

E. 利用避税港避税

10. ［多选］企业与其关联方之间的业务往来，不符合独立交易原则而减少企业或者其关联方应纳税收入或者所得额的，税务机关有权按照合理方法调整。所谓合理方法，包括（　　）。

A. 自行定价法　　B. 再销售价格法

C. 成本加成法　　D. 交易净利润法

E. 利润分割法

11. ［单选］企业与其关联方之间的业务往来，不符合独立交易原则，或者企业实施其他不具有合理商业目的安排的，税务机关有权在该业务发生的纳税年度起（　　）年内，进行纳税调整。

A. 3　　B. 7

C. 8　　D. 10

考点：企业所得税征收管理

12. ［单选］决定企业之间合并缴纳企业所得税的权限集中在（　　）。

A. 财政部　　B. 国家税务总局

C. 国务院　　D. 全国人民代表大会常务委员会

13. ［多选］企业所得税的纳税年度可以是（　　）。

A. 自公历 1 月 1 日起至 12 月 31 日止　　B. 实际经营期

C. 清算期间　　D. 由主管税务机关确定

E. 以上都对

学习笔记

Day 20

考点：个人所得税纳税人

1. ［多选］根据个人所得税法律制度的规定，下列属于来源于中国境内的所得有（　　）。

A. 劳务报酬所得，实际提供劳务地在我国境内

B. 转让动产取得财产转让所得，转让行为发生在我国境内

C. 特许权使用费所得，特许权的使用地在我国境内

D. 利息、股息、红利所得，收到利息、股息、红利的企业在我国境内

E. 转让中国境内的不动产等财产取得的所得

考点：个人所得税征税对象

2. ［多选］下列各项中，应按特许权使用费所得项目征收个人所得税的有（　　）。

A. 提供商标权的使用权取得的所得　　B. 提供非专利技术的使用权取得的所得

C. 提供专利权的使用权取得的所得　　D. 稿酬所得

E. 劳务所得

3. ［单选］根据个人所得税法律制度的规定，下列各项中关于个人所得税征税项目的说法，正确的是（　　）。

A. 审稿收入按“稿酬所得”税目缴纳个人所得税

B. 翻译收入按“稿酬所得”税目缴纳个人所得税

C. 出版社专业作者发表文章按“工资、薪金所得”税目缴纳个人所得税

D. 报社记者在本单位报纸上发表文章按“工资、薪金所得”税目缴纳个人所得税

考点：个人所得税计税依据及应纳税额的计算

4. ［单选］李刚是我国公民，独生子、单身，在甲公司工作。2019 年取得工资收入 80 000 元，在某大学授课取得收入 40 000 元，出版著作一部，取得稿酬 60 000 元，转让商标使用权，取得特许权使用费收入 20 000 元。已知：李刚个人缴纳“三险一金”20 000 元，赡养老人支出税法规定的扣除金额为 24 000 元，假设无其他扣除项目，李刚本年应缴纳的个人所得税为（　　）元。

A. 57 600　　B. 45 690

C. 5 769　　D. 3 240

5. ［单选］取得经营所得的个人，没有综合所得的，计算其每一纳税年度的应纳税所得额时应当减除费用（　　）元、专项扣除、专项附加扣除以及依法确定的其他扣除。

A. 3 500　　B. 9 600

C. 60 000　　D. 48 000

6. ［单选］李刚 2019 年 2 月转让 2011 年购买的三居室精装修房屋一套，不含增值税售价 300 万元，转让过程中支付的除增值税外的相关税费为 13.8 万元。该套房屋的购进价为 100 万元，购房过程中支付的相关税费为 3 万元。所有税费支出均取得合法凭证。转让房屋所得应纳的个人所得税为（　　）元。

A. 34 450　　B. 23 900

C. 366 400　　D. 299 800

7. [单选] 2019 年 5 月，李刚花费 500 元购买体育彩票，一次中奖 30 000 元，将其中 1 000 元通过国家机关捐赠给甲小学，已知偶然所得个人所得税税率为 20%，李刚彩票中奖收入应缴纳个人所得税税额为（　　）元。

A. 6 700　　B. 9 800　　C. 5 800　　D. 5 600

考点：个人所得税税收优惠

8. [单选] 根据个人所得税法律制度的有关规定，下列各项中，不属于个人所得税免税项目的是（　　）。

A. 抚恤金　　B. 因自然灾害遭受重大损失的所得

C. 保险赔款　　D. 救济金

9. [单选] 根据个人所得税法律制度的规定，下列所得中，属于减征个人所得税的是（　　）。

A. 著名作家莫言获得的诺贝尔文学奖奖金　　B. 残疾、孤老人员和烈属的所得

C. 钱某取得的军人转业费　　D. 孙某退休后按月领取的退休工资

10. [单选] 下列所得中应纳个人所得税的是（　　）。

A. 县级人民政府发放的先进个人奖　　B. 保险赔款

C. 退休工资　　D. 抚恤金

11. [单选] 自 2020 年 1 月 1 日至 2024 年 12 月 31 日，对在海南自由贸易港工作的高端人才和紧缺人才，其个人所得税实际税负超过（　　）的部分，免征个人所得税。

A. 10%　　B. 15%　　C. 20%　　D. 25%

考点：个人所得税征收管理

12. [单选] 北京某公司职员李刚，2019 年每月应发工资均为 20 000 元，每月减除费用 5 000元，个人缴纳的三险一金合计为 4 500 元，李刚为独生子，父母现年龄为 65 岁，育有一子现年龄为 5 岁，名下无房，现租房居住，李刚 1 月应预扣预缴税额为（　　）元。

A. 180　　B. 120

C. 190　　D. 200

13. [单选] 下列关于 2020 年个人所得税综合所得汇算清缴的情形中，需要办理汇算清缴的是（　　）。

A. 年度汇算需补税但综合所得收入全年不超过 12 万元的

B. 年度汇算需补税金额不超过 400 元的

C. 已预缴税额与年度应纳税额一致或者不申请退税的

D. 已预缴税额大于年度应纳税额且申请退税的

学习笔记

本章学习检查表

知识点名称	初次学习		第一次复习		第二次复习	
	做对题目数/总题目数	学习日期	做对题目数/总题目数	复习日期	做对题目数/总题目数	复习日期
企业所得税征税对象						
企业所得税税率						
企业所得税计税依据						
企业所得税收入确认						
企业所得税税前扣除						
企业所得税资产的税务处理						
企业所得税应纳税额的计算						
企业所得税税收优惠						
企业所得税源泉扣缴						
企业所得税特别纳税调整						
企业所得税征收管理						
个人所得税纳税人						
个人所得税征税对象						
个人所得税计税依据及应纳税额的计算						
个人所得税税收优惠						
个人所得税征收管理						

填写建议：

“做对题目数/总题目数”记录该知识点自己做题的情况，比如该知识点总题目数10题，做对了其中7题，记录为7/10。

“学习日期”记录自己学习该知识点时的日期，建议把下一次进行复习的日期也写上。

备忘录

参考答案及解析

Day 16

1. BDE［**解析**］销售货物所得，按照交易活动发生地确定，A项错误。股息、红利等权益性投资所得，按照分配所得的企业所在地确定，C项错误。

2. D［**解析**］所得来源地的确定原则为：销售货物所得，按照交易活动发生地确定；提供劳务所得，按照劳务发生地确定；不动产转让所得，按照不动产所在地确定；利息所得、租金所得、特许权使用费所得，按照负担、支付所得的企业或者机构、场所所在地确定，或者按照负担、支付所得的个人住所地确定。

3. D［**解析**］非居民企业在我国境内未设立机构、场所的，减按10%的税率征收企业所得税，甲企业应纳企业所得税额＝1 000×10%＝100（万元）。

4. C［**解析**］根据规定，国家需要重点扶持的高新技术企业，减按15%的税率征收企业所得税，应缴纳企业所得税＝200×15%＝30（万元）。

5. B［**解析**］自2021年1月1日至2030年12月31日，对设在西部地区的鼓励类产业企业减按15%的税率征收企业所得税。鼓励类产业企业是指以《西部地区鼓励类产业目录》中规定的产业项目为主营业务，且其主营业务收入占企业收入总额60%以上的企业。

6. D［**解析**］符合条件的小型微利企业是指从事国家非限制和禁止行业，且同时符合年度应纳税所得额不超过300万元、从业人数不超过300人、资产总额不超过5 000万元等3个条件的企业。自2021年1月1日至2022年12月31日，对小型微利企业年应纳税所得额不超过100万元的部分，减按12.5%计入应纳税所得额，按20%的税率缴纳企业所得税；对年应纳税所得额超过100万元但不超过300万元的部分，减按50%计入应纳税所得额，按20%的税率缴纳企业所得税。本题中，应纳税所得额＝收入－成本费用＝1 000－800＝200（万元）。应缴纳企业所得税额＝［100×12.5%＋（200－100）×50%］×20%＝12.5（万元）。

7. ACDE［**解析**］股息、红利等权益性投资收益和利息、租金、特许权使用费所得，已收入全额为应纳税所得额。故A、C、D、E四项正确。

8. B［**解析**］2013年的盈利不能再弥补2007年的亏损，因为已经超过弥补期，只能用来弥补2009年和2010年的亏损，故应纳税额所得额＝40－15－5＝20（万元）。

9. BCDE［**解析**］国务院规定的专项用途财政性资金是指企业从县级以上各级人民政府财政部门及其他部门取得的应计入收入总额，且同时符合以下条件的财政性资金：①企业能够提供规定资金专项用途的资金拨付文件；②财政部门或其他拨付资金的政府部门对该资金有专门的资金管理办法或具体管理要求；③企业对该资金以及以该资金发生的支出单独进行核算。

10. D［**解析**］“不征税收入”本身即不构成应税收入，具体包括：①财政拨款；②依法收取并纳入财政管理的行政事业性收费；③依法收取并纳入财政管理的政府性基金；④国务院规定的专项用途财政性资金；⑤国务院规定的其他不征税收入。

11. A［**解析**］“免税收入”本身已构成应税收入但予以免除，具体包括：①国债利息收入；②地方政府债券利息收入；③符合条件的居民企业之间的股息、红利等权益性投资收益；④在中国境内设立机构、场所的非居民企业从居民企业取得与该机构、场所有实际联系的股息、红利等权益性投资收益；⑤符合条件的非营利组织的收入。
12. ADE［**解析**］符合条件的非营利组织的下列收入为免税收入：①接受其他单位或者个人捐赠的收入；②除税法规定的财政拨款以外的其他政府补助收入，但不包括因政府购买服务取得的收入；③按照省级以上民政、财政部门规定收取的会费；④不征税收入和免税收入孳生的银行存款利息收入；⑤财政部、国家税务总局规定的其他收入。
13. A［**解析**］企业受托加工制造大型机械设备、船舶、飞机，以及从事建筑、安装、装配工程业务或者提供其他劳务等，持续时间超过12个月的，按照纳税年度内完工进度或者完成的工作量确定收入的实现。

Day 17

1. D［**解析**］允许税前扣除的公益性捐赠，是指企业通过公益性社会团体或者县级以上人民政府及其部门，用于《中华人民共和国公益事业捐赠法》规定的公益事业的捐赠。故D项正确。
2. B［**解析**］企业直接向某学校捐赠10万元，不能在税前扣除；企业通过公益性社会团体向贫困地区捐赠的扣除限额＝300×12％＝36（万元）；由于通过公益性社会团体向贫困地区的捐赠30万元未超过扣除限额，所以可以全额在税前扣除。企业当年在计算应纳税所得额时可以在税前扣除的捐赠为30万元。
3. C［**解析**］企业发生的符合条件的广告费和业务宣传费，不超过当年销售（营业）收入15％的部分，准予扣除。1 000×15％＝150（万元）。
4. B［**解析**］2019年度准予扣除的职工教育经费＝1 000×8％＝80（万元），实际支出65万元，当年可以全部扣除。2020年度准予扣除的职工教育经费＝1 200×8％＝96（万元），实际支出120万元，纳税调增120－96＝24（万元），250＋24＝274（万元），应纳税额＝274×15％＝41.1（万元）。
5. BCE［**解析**］最低折旧年限为10年的固定资产有飞机、火车、轮船、机器、机械和其他生产设备。A项建筑物的最低折旧年限为20年。D项电子设备的最低折旧年限为3年。
6. BCD［**解析**］B项，盘盈的固定资产，以同类固定资产的重置完全价值为计税基础；C项，外购商誉的支出，在企业整体转让或者清算时，准予扣除；D项，停止使用的固定资产，应当自停止使用月份的次月起停止计算折旧。
7. A［**解析**］企业重组同时符合下列条件的，适用特殊性税务处理规定：①具有合理的商业目的，且不以减少、免除或者推迟缴纳税款为主要目的（重组是商业必须的，不是为了避税而故意为之）；②被收购、合并或分立部分的资产或股权比例符合规定的比例；③企业重组后的连续12个月内不改变重组资产原来的实质性经营活动；④重组交易对价中涉及股权支付金额不低于交易支付总额的85％，即重组交易对价中非股权支付金额不得高于交易支付总额的15％；⑤企业重组中取得股权支付的原主要股东，在重组后连续12个月

内，不得转让所取得的股权。

8. B［解析］税法规定可扣除的折旧额为 90×（1－5%）/10/12×8＝5.7（万元）。

9. CE［解析］股权、资产划转行为适用特殊性税务处理的条件有：①对 100%直接控制的居民企业之间，以及受同一或相同多家居民企业 100%直接控制的居民企业之间按账面净值划转股权或资产。②凡具有合理商业目的，不以减少、免除或者推迟缴纳税款为主要目的，股权或资产划转后连续 12 个月内不改变被划转股权或资产原来实质性经营活动，且划出方企业和划入方企业均未在会计上确认损益。

Day 18

1. C［解析］可抵免税额＝100×25%＝25（万元）；由于实际缴纳税款 20 万元，故抵免税额为 20 万元，该企业汇总纳税应纳税额 ＝（200＋100）×25%＝75（万元）；汇总纳税应纳所得税额＝75－20－50＝5（万元）。

2. B［解析］企业境外应纳税所得额＝20/（1－20%）＝25（万元）；实际在境外缴纳的税款＝25×20%＝5（万元）；境外所得的抵免限额＝（100＋25）×25%×25/（100＋25）＝25×25%＝6.25（万元），在境外实际缴纳的税款未超过抵免限额，可以全部抵免。该企业 2015 年度在境内实际缴纳的企业所得税＝（100＋25）×25%－5＝26.25（万元）。

3. （1）C［解析］应纳税额按照应纳税所得额的 25%计算缴纳。2 000×25%＝500（万元）。

（2）D［解析］总机构分摊 50%的应纳税所得额＝500×50%＝250（万元）。

（3）A［解析］某二级分支机构分摊比例＝0.35×（该二级分支机构营业收入/各二级分支机构营业收入之和）＋0.35×（该二级分支机构职工薪酬/各二级分支机构职工薪酬之和）＋0.30×（该二级分支机构资产总额/各二级分支机构资产总额之和）。本题中各数据如下表。

二级分支机构	营业收入（0.35）	职工薪酬（0.35）	资产总额（0.3）	分配比例	分配税额
上海分支机构	400	100	500	0.217 5	54.375
南京分支机构	1 600	300	2 000	0.782 5	195.625
合计金额	2 000	400	2 500	1	250

则有上海分公司分摊比例＝0.35×［400/（400＋1 600）］＋0.35×［100/（100＋300）］＋0.30×［500/（500＋2 000）］＝0.07＋0.087 5＋0.06＝0.217 5＝21.75%；因此，上海分公司应预缴企业所得税＝250×21.75%＝54.375（万元）。

（4）D［解析］南京分公司分摊比例＝0.35×［1 600/（400＋1 600）］＋0.35×［300/（100＋300）］＋0.30×［2 000/（500＋2 000）］＝0.28＋0.262 5＋0.24＝0.782 5＝78.25%；因此，南京分公司应预缴企业所得税＝250×78.25%＝195.625（万元）。

（5）AD［解析］B 项，二级分支机构应当就地分摊企业汇算清缴应缴应退税款。C 项，企业所得税分月或者分季预缴，由总机构所在地主管税务机关具体核定。

Day 19

1. D［解析］自 2014 年 1 月 1 日起，对所有行业企业持有的单位价值不超过 5 000 元的固

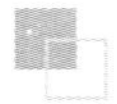

定资产，允许一次性计入当期成本费用在计算应纳税所得额时扣除，不再分年度计算折旧。

2. D［**解析**］创业投资企业采取股权投资方式投资于未上市的中小高新技术企业2年以上的，可以按照投资额的70%在股权持有满2年的当年抵扣该创业投资企业的应纳税所得额；当年不足抵扣的，可以在以后纳税年度结转抵扣；未经核定的准备金支出，属于企业所得税前禁止扣除项目。因此，2019年该企业应纳企业所得税税额＝［（890＋10）－200×70%］×25%＝190（万元）。
3. AE［**解析**］从事税法规定的农作物、中药材和林木种植、农作物新品种选育、牲畜和家禽饲养、林产品采集、远洋捕捞以及农林牧渔服务项目的所得，免征企业所得税。从事花卉、茶以及其他饮料作物和香料作物种植；海水和内陆养殖项目的所得，减半征收企业所得税。A、E两项属于减半征收企业所得税的项目，B、C、D三项属于免征企业所得税的项目。
4. B［**解析**］不适用税前加计扣除政策的企业包括烟草制造业、住宿和餐饮业、批发和零售业、房地产业、租赁和商务服务业、娱乐业、财政部和国家税务总局规定的其他行业。
5. C［**解析**］创业投资企业采取股权投资方式投资于未上市的中小高新技术企业2年以上的，可以按照其投资额的70%在股权持有满2年的当年抵扣该创业投资企业的应纳税所得额；当年不足抵扣的，可以在以后纳税年度结转抵扣。
6. AE［**解析**］采取加速折旧方法的，可以采取双倍余额递减法或者年数总和法，B项错误。对生物药品制造业，专用设备制造业，铁路、船舶、航空航天和其他运输设备制造业，计算机、通信和其他电子设备制造业，仪器仪表制造业，信息传输、软件和信息技术服务业等6个行业的企业2014年1月1日后新购进的固定资产，可以采用缩短折旧年限或采取加速折旧的方法，C项错误。对所有行业企业2014年1月1日后新购进的专门用于研发的仪器、设备，单位价值不超过100万元，允许一次性计入当期成本费用在计算应纳税所得额时扣除，不再分年度计算折旧，D项错误。
7. B［**解析**］企业从事符合条件的环境保护、节能节水项目的所得，自项目取得第一笔生产经营收入所属纳税年度起，第1年至第3年免征企业所得税，第4年至第6年减半征收企业所得税。该企业2015年应纳企业所得税额＝100×25%×50%＝12.5（万元）。
8. B［**解析**］特定扣缴是规定应当依法扣缴所得税，但扣缴义务人未依法缴扣，纳税人也未依法缴纳的，税务机关可以从该纳税人在中国境内其他收入项目的支付人应付的款项中，追缴该纳税人的应纳税款。
9. BCDE［**解析**］税务机关可依法对存在以下避税安排的企业，启用一般反避税调查：①滥用税收优惠；②滥用税收协定；③滥用公司组织形式；④利用避税港避税；⑤其他不具有合理商业目的的安排。
10. BCDE［**解析**］企业与其关联方之间的业务往来，不符合独立交易原则而减少企业或者其关联方应纳税收入或者所得额的，税务机关有权按照合理方法调整。所谓合理方法，包括可比非受控价格法、再销售价格法、成本加成法、交易净利润法、利润分割法和其他符合独立交易原则的方法。

11. D［解析］企业与其关联方之间的业务往来，不符合独立交易原则，或者企业实施其他不具有合理商业目的的安排的，税务机关有权在该业务发生的纳税年度起 10 年内，进行纳税调整。

12. C［解析］除国务院另有规定外，企业之间不得合并缴纳企业所得税。

13. ABC［解析］纳税年度自公历 1 月 1 日起至 12 月 31 日止。企业在一个纳税年度中间开业，或者终止经营活动，使该纳税年度的实际经营期不足 12 个月的，应当以其实际经营期为一个纳税年度。企业依法清算时，应当以清算期间作为一个纳税年度。

Day 20

1. ABCE［解析］A、B、C、E 四项均为来源于中国境内的所得。D 项，以支付所得企业的所在地为所得来源地。

2. ABC［解析］特许权使用费所得，是指个人提供专利权、商标权、著作权、非专利技术以及其他特许权的使用权取得的所得，不包括稿酬所得。故 A、B、C 三项正确。

3. D［解析］A、B 两项，按“劳务报酬所得”征收个人所得税，C 项，按照“稿酬所得”征收个人所得税。

4. D［解析］工资薪金、劳务报酬、稿酬、特许权使用费为综合所得；劳务报酬所得、稿酬所得、特许权使用费所得以收入减除 20%的费用后的余额为收入额。稿酬所得的收入额减按 70%计算。故应纳税所得额＝80 000＋40 000×（1－20%）＋60 000×（1－20%）×70%＋20 000×（1－20%）－60 000－20 000－24 000＝57 600（元）。应纳税额＝57 600×10%－2 520（速算扣除数）＝3 240（元）。

5. C［解析］取得经营所得的个人，没有综合所得的，计算其每一纳税年度的应纳税所得额时应当减除费用 6 万元、专项扣除、专项附加扣除以及依法确定的其他扣除。

6. C［解析］财产转让所得，以转让财产的收入额减去财产原值和合理费用后的余额，为应纳税所得额。故转让房屋所得应纳的个人所得税＝（3 000 000－1 000 000－30 000－138 000）×20%＝366 400（元）。

7. C［解析］扣除限额＝30 000×30%＝9 000（元）＞1 000 元，可以全额扣除。应缴纳个人所得税＝（30 000－1 000）×20%＝5 800（元）。

8. B［解析］因自然灾害遭受重大损失的所得属于减征个人所得税项目。

9. B［解析］A 项，属于外国组织、国际组织颁发的科学、教育、技术、文化、卫生、体育、环境保护等方面的奖金免交个人所得税。B 项，残疾、孤老人员和烈属的所得是减征个人所得税。C 项，军人的转业费、复员费免交个人所得税。D 项，个人领取原提存的退休工资免征个人所得税。

10. A［解析］保险赔偿、退休工资、抚恤金属于免征个人所得税项目。

11. B［解析］下列高端紧缺人才所得，免征个人所得税：①自 2019 年 1 月 1 日至 2023 年 12 月 31 日，广东省、深圳市按内地与香港个人所得税税负差额对在大湾区工作的境外（含港澳台）高端人才和紧缺人才给予补贴，该补贴免征个人所得税。②自 2020 年 1 月 1 日至 2024 年 12 月 31 日，对在海南自由贸易港工作的高端人才和紧缺人才，其个人所得税实际税负超过 15%的部分，免征个人所得税。

12. A［**解析**］累计减除费用＝5 000（元）；专项扣除（三险一金）＝4 500（元）；专项附加扣除＝1 000（子女教育）＋1 500（住房租金）＋2 000（赡养老人）＝4 500（元）；扣除项合计＝5 000＋4 500＋4 500＝14 000（元）；应纳税所得额＝20 000－14 000＝6 000（元），适用税率为3％；故李刚1月应预扣预缴税额＝6 000×3％＝180（元）。

13. D［**解析**］无须办理2020年度汇算的情形包括：①年度汇算需补税但综合所得收入全年不超过12万元的；②年度汇算需补税金额不超过400元的；③已预缴税额与年度应纳税额一致或者不申请退税的。需要办理2020年度汇算的情形包括：①已预缴税额大于年度应纳税额且申请退税的；②综合所得收入全年超过12万元且需要补税金额超过400元的。

第 6 章　其他税收制度

学习指导

本章常考的知识点有：房产税、契税、车船税、城镇土地使用税、印花税、环境保护税等。本章历年考查分数在 17 分左右。

本章主要讲述的是各种税的相关税收制度。在学习本章内容时切忌急躁，对于税种的学习需要根据税制要素的内容分类对比记忆，避免由于税种太多记忆混淆。可以通过题目的练习来加强记忆。

日期	考点
Day 21	➢房产税
Day 22	➢契税
Day 23	➢车船税
Day 24	➢资源税 ➢城镇土地使用税
Day 25	➢耕地占用税 ➢土地增值税
Day 26	➢印花税 ➢城市维护建设税
Day 27	➢教育费附加 ➢烟叶税 ➢船舶吨税 ➢环境保护税

Day 21

扫码听课

考点：房产税

1. ［单选］下列机构和个人中，属于房产税纳税人的是（　　）。

A. 产权不明的房屋的使用人　　B. 拥有农村房产的农民

C. 允许他人无租使用房产的房管部门　　D. 房屋的出典人

2. ［单选］李某在北京拥有一套临街商铺，由于急需用钱将商铺卖给王某，由于王某长期居住在天津，随即将商铺交给其朋友刘某使用，目前该商铺的房产税纳税人是（　　）。

A. 李某　　B. 王某

C. 刘某　　D. 王某和刘某

3. ［多选］符合经财政部批准免征房产税的房产有（　　）。

A. 房地产开发企业未出售的商品房

B. 经鉴定已停用的危房

C. 老年服务机构自用的房产

D. 权属有争议的房产

E. 大修停用 3 个月以上的房产

4. ［单选］下列房产中，应征收房产税的是（　　）。

A. 企业无租使用免税单位的房产　　B. 宗教寺庙自用的房产

C. 老年服务机构自用的房产　　D. 税务机关办公用房

5. ［多选］下列关于房产税的说法中，正确的有（　　）。

A. 农村地区自用房产不需要缴纳房产税，如是出租房屋则需要按租金的 4％缴纳房产税

B. 公园自用的房产不需要缴纳房产税

C. 自收自支的事业单位不享受免房产税的照顾

D. 对个人所有的用房均给予免税

E. 军队自用房产应缴纳房产税

6. ［单选］房产税是以房屋为征税对象，以（　　）为计税依据，向房屋产权所有人征收的一种财产税。

A. 房屋计税总值　　B. 房屋的计税余值或租金收入

C. 房屋总市值　　D. 以上答案均正确

7. ［案例］居民甲有两套住房，将其中一套住房出售给居民乙，成交价格为 200 万元。将另一套住房与居民丙交换，换得一套三室两厅两卫住房，同时，居民甲向居民丙支付差价款 100 万元。此后，居民甲将此三室两厅两卫住房出租给居民丁居住，2018 年全年租金为 5 万元（与市场租金水平相当）。居民丙取得房屋后，将此房屋等价交换给居民丙的同事。（假设该省规定按房产原值一次扣除 30％后的余值计税，契税税率为 3％）

根据以上资料，回答下列问题：

（1）应缴纳契税的居民有（　　）。

A. 甲　　B. 乙　　C. 丙　　D. 丁

（2）甲与丙交换得到一套三室两厅两卫住房，并将其出租给丁居住，则（　　）。

A. 2018 年丁无需缴纳房产税

B. 2018 年丁缴纳的房产税为 0.6 万元

C. 2018 年丁缴纳的房产税为 0.24 万元

D. 2018 年丁缴纳的房产税为 0.2 万元

（3）甲出租房屋应缴纳的房产税为（　　）万元。

A. 0　　B. 0.2　　C. 0.3　　D. 0.6

（4）上述居民缴纳的契税合计为（　　）万元。

A. 1.8　　B. 4.8　　C. 9　　D. 10.8

学习笔记

Day 22

扫码听课

考点：契税

1. ［单选］下列属于契税的纳税义务人的是（　　）。
   A. 转让房屋的企业
   B. 捐赠房屋的事业单位
   C. 转让土地的事业单位
   D. 购买土地的企业
2. ［单选］下列行为不属于契税征税范围的是（　　）。
   A. 国有土地使用权的出让
   B. 土地使用权转让
   C. 房屋买卖
   D. 农村集体土地承包经营权的转让
3. ［单选］关于房屋附属设施涉及契税政策的说法，错误的是（　　）。
   A. 对于承受与房屋有关的附属设施所有权的行为，应征收契税
   B. 对于承受与房屋有关的附属设施土地使用权的行为，应征收契税
   C. 采用分期付款方式购买房屋附属设施土地使用权的，应按照合同规定的总价款计征契税
   D. 承受的房屋附属设施权属单独计价的，适用与房屋相同的契税税率
4. ［多选］纳税人在购买房屋时，下列与房屋相关的附属设施应属于契税征收范围的有（　　）。
   A. 自行车库
   B. 储藏室
   C. 停车位
   D. 顶层阁楼
   E. 制冷设备
5. ［单选］下列项目属于免征契税的是（　　）。
   A. 土地、房屋被县级以上人民政府征用、占用后，重新承受土地、房屋权属的
   B. 纳税人承受荒山、荒沟、荒丘、荒滩土地使用权，用于农、林、牧、渔业生产的
   C. 因不可抗力丧失住房而重新购买住房的
   D. 城镇职工按规定第二次购买公有住房的
6. ［单选］某公司 2018 年发生两笔互换房产业务，并已办理了相关手续。其中，第一笔业务换出的房产价值 500 万元，换进的房产价值 800 万元，并向对方支付差额 300 万元；第二笔业务换出的房产价值 600 万元，换进的房产价值 300 万元，并收取差额 300 万元。已知当地人民政府规定的契税税率为 3%，该公司上述两笔互换房产业务应缴纳契税（　　）万元。
   A. 0
   B. 9
   C. 18
   D. 33
7. ［单选］王先生 2015 年 5 月份首次购买 90 平方米的普通住房一处，价款 65 万元（未含装修费 10 万元），采用分期付款方式，分 10 年支付，假定 2015 年支付 7.5 万元，王先生购房应缴纳的契税为（　　）万元。
   A. 6
   B. 6.5

C. 0.6　　D. 0.75

8. ［单选］A市的李某在城东有住宅一套，价值82万元。刘某在城西有住宅一套，价值86万元。两人进行房屋交换，李某以现金支付差价部分。已知契税适用税率为3%，李某应缴纳的契税税额为（　　）万元。

A. 0.12　　B. 2.40

C. 2.16　　D. 4.20

9. ［单选］契税实行的幅度比例税率是（　　）。

A. 1%—3%　　B. 3%—5%

C. 5%—8%　　D. 8%—10%

10. ［单选］下列关于契税税收优惠的说法中，不正确的是（　　）。

A. 对国家石油储备基地第一期项目建设过程中涉及的契税予以免征

B. 对金融租赁公司开展售后回租业务，承受承租人房屋、土地权属的免征契税

C. 承受房屋、土地用于提供社区养老、托育、家政服务的，免征契税

D. 个人首次购买90平方米以下改造安置住房，按1%的税率计征契税

学习笔记

Day 23

考点：车船税

1. [单选] 关于车船税计税依据的说法，错误的是（　　）。

A. 蓄力车采用以辆为计税依据

B. 船舶采用以净吨位为计税依据

C. 摩托车采用以辆为计税依据

D. 电车采用以自重吨位为计税依据

2. [单选] 下列交通工具中，以整备质量每吨为车船税计税标准的是（　　）。

A. 摩托车

B. 低速货车

C. 船舶

D. 乘用车

3. [单选] 根据车船税法律制度的规定，下列不属于车船税计税依据的是（　　）。

A. 辆

B. 载重

C. 整备质量

D. 净吨位

4. [多选] 下列车船中，应以“辆”作为车船税计税依据的有（　　）。

A. 电车

B. 摩托车

C. 微型客车

D. 半挂牵引车

E. 三轮汽车

5. [多选] 下列车船中免征车船税的有（　　）。

A. 警用车船

B. 军队、武警专用的车船

C. 载货汽车

D. 国家机关的自用车船

E. 捕捞、养殖渔船

6. [单选] 下列车船中，应减半征收车船税的是（　　）。

A. 自行车

B. 警用车船

C. 人力车

D. 节能汽车

7. [单选] 境内单位和个人租入外国国籍船舶的，相应车船的车船税应（　　）。

A. 正常征收

B. 减半征收

C. 不征收

D. 省人民政府根据当地实际情况决定是否征收

学习笔记

Day 24

考点：资源税

1. ［多选］下列各项中，属于资源税纳税人的有（　　）。

A. 开采应税矿产品的国有企业　　B. 生产盐的个体工商户

C. 进口矿产品的股份制企业　　D. 经营已税矿产品的私有企业

E. 进口盐的社会团体

2. ［单选］下列不属于现行资源税税率形式的是（　　）。

A. 固定比例税率　　B. 幅度比例税率

C. 定额税率　　D. 累进税率

3. ［单选］某煤炭公司2021年1月销售原煤3万吨，每吨450元，开具增值税专用发票取得的销售额为1 350万元，增值税税额为175.5万元，该煤炭公司1月应缴纳的资源税为（　　）万元。（适用税率为10%）

A. 152.55　　B. 135　　C. 17.5　　D. 175.5

4. ［单选］某油田2021年开采原油100万吨，当年销售80万吨，非生产自用4万吨，该油田每吨原油不含税售价为6 000元，该油田应缴纳资源税（　　）万元。（原油税率为6%）

A. 3.024　　B. 1.512

C. 2.88　　D. 0.144

5. ［单选］下列不属于免征资源税的是（　　）。

A. 开采原油以及在油田范围内运输原油过程中用于加热的原油、天然气

B. 煤炭开采企业因安全生产需要抽采的煤成（层）气

C. 对青藏铁路公司及其所属单位运营期间自采自用的砂、石等材料

D. 从低丰度油气田开采的原油、天然气

6. ［多选］下列关于减征资源税的说法，正确的有（　　）。

A. 从低丰度油气田开采的原油、天然气，减征20%资源税

B. 高含硫天然气减征40%资源税

C. 稠油、高凝油减征40%资源税

D. 从衰竭期矿山开采的矿产品，减征20%资源税

E. 对增值税小规模纳税人可以在50%的税额幅度内减征资源税

考点：城镇土地使用税

7. ［多选］城镇土地使用税的纳税人不包括（　　）。

A. 土地的实际使用人　　B. 农用耕地的承包人

C. 拥有土地使用权的单位　　D. 土地使用权共有的各方

E. 林地的承包人

8. ［多选］下列关于城镇土地使用税纳税人的表述，正确的有（　　）。

A. 城镇土地使用税仅由单位和个人纳税

B. 土地使用权权属发生纠纷的，由土地实际使用人纳税

C. 土地使用权共有的，由所占份额大的一方纳税

D. 对外商投资企业和外国企业暂不适用城镇土地使用税

E. 城镇土地使用税由拥有土地使用权的单位和个人缴纳

9. ［单选］根据城镇土地使用税暂行条例，免于征税的项目是（　　）。

A. 坐落在市区的商场用地

B. 坐落在县城的房地产公司别墅小区开发用地

C. 坐落于市区的游乐场用地

D. 为社区提供养老服务机构的自有土地

10. ［单选］某市一大型水电站的下列用地应免予征收城镇土地使用税的是（　　）。

A. 生产用地　　B. 水库库区用地

C. 生活用地　　D. 境内厂房用地

11. ［单选］位于市区的 A 楼，占用土地面积为 5 000 平方米，建筑使用面积为 20 000 平方米，甲公司和乙国家机关共同使用 A 楼办公，占用面积比例为 4∶1。已知 A 楼所在地城镇土地使用税年单位税额为每平方米 5 元，有关甲公司每年应缴纳的城镇土地使用税，下列计算正确的是（　　）元。

A. 25 000　　B. 20 000

C. 100 000　　D. 80 000

12. ［单选］下列有关城镇土地使用税的说法中，正确的是（　　）。

A. 外商投资企业不适用城镇土地使用税，但外国企业同样适用城镇土地使用税

B. 非营利性医疗机构自用的土地减半征收城镇土地使用税

C. 房地产公司经批准开发建设的经济适用房可减免城镇土地使用税

D. 如存在土地使用权权属纠纷未解决的，由原拥有土地使用权的单位纳税

学习笔记

Day 25

考点：耕地占用税

1. ［单选］下列各项中，可以按照当地适用税额减半征收耕地占用税的是（　　）。
   A. 供电部门占用耕地新建变电站
   B. 农村居民占用耕地新建住宅
   C. 市政部门占用耕地新建自来水厂
   D. 国家机关占用耕地新建办公楼

2. ［多选］下列各项中，可以减征耕地占用税的有（　　）。
   A. 军事设施占用耕地
   B. 航道占用耕地
   C. 农村居民占用耕地新建住宅
   D. 学校占用耕地
   E. 医院占用耕地

3. ［多选］下列各项中，免征耕地占用税的有（　　）。
   A. 学校占用耕地
   B. 幼儿园占用耕地
   C. 养老院占用耕地
   D. 医院占用耕地
   E. 农民占用耕地建房

4. ［单选］下列各项中，不属于耕地占用税征税范围的是（　　）。
   A. 占用菜地开发花圃
   B. 占用菜地建造住宅区
   C. 占用耕地兴建食品加工厂
   D. 占用养殖的滩涂修建飞机场跑道

5. ［单选］某农户有一处花圃，占地 1 200 平方米，2017 年 3 月将其中的 1 100 平方米改造为果园，其余 100 平方米建造住宅。已知该地适用的耕地占用税的定额税率为每平方米 25 元。则该农户应缴纳的耕地占用税为（　　）元。
   A. 1 250
   B. 2 500
   C. 15 000
   D. 30 000

6. ［单选］下列关于耕地占用税的说法，错误的是（　　）。
   A. 耕地占用税是以纳税人实际占用耕地面积为计税依据，按照规定税额一次性征收
   B. 耕地占用税实行地区差别幅度比例税率
   C. 占用果园、桑园、竹园、药材种植园等园地从事非农业建设应照章征税
   D. 个人占用耕地建房应缴纳耕地占用税

考点：土地增值税

7. ［多选］下列关于土地增值税税收优惠的表述，正确的有（　　）。
   A. 建造普通标准住宅出售，其增值额未超过扣除项目金额 20％的，予以免税。增值额超过扣除项目金额 20％的，应就其全部增值额按规定计税
   B. 对企事业单位、社会团体以及其他组织转让旧房作为改造安置住房房源、且增值额未超过扣除项目金额 20％的，免征土地增值税
   C. 因国家建设需要依法征用、收回的房地产，免征土地增值税
   D. 对居民个人转让住房一律免征土地增值税
   E. 建造普通标准住宅出售，其增值额未超过扣除项目金额 20％的，予以免税。增值额

超过扣除项目金额 20%的，应就其增值额超过 20%的部分征收增值税

8. ［单选］关于土地增值税税收优惠的说法，正确的是（　　）。

A. 因城市实施规划、国家建设的需要而搬迁，由纳税人自行转让原房地产的，免征土地增值税

B. 纳税人建造普通标准住宅出售，增值额未超过扣除项目金额 30%的，免征土地增值税

C. 纳税人建造普通标准住宅出售，增值额未超过扣除项目金额 20%的，应就其全部增值额按规定计税

D. 对于纳税人员既建造普通标准住宅，又建造其他房地产开发的，不用分开进行核算

9. ［单选］某有限公司转让商品楼收入 1 000 万元，计算土地增值额准予扣除项目金额 200 万元，则适用税率为（　　）。

A. 30%　　B. 40%

C. 50%　　D. 60%

10. ［单选］纳税人建造普通标准住宅（高级公寓、别墅、度假村不属于普通标准住宅）出售，增值额未超过扣除项目金额（　　）的，免征土地增值税。

A. 5%　　B. 10%

C. 15%　　D. 20%

学习笔记

Day 26

扫码听课

考点：印花税

1. ［单选］王某以下行为中，需要缴纳印花税的是（　　）。
   A. 与房地产管理部门订立的生活居住用房的租房合同
   B. 将个人财产捐赠给学校所立书据
   C. 商品储备管理公司及其直属资金账簿
   D. 销售住房

2. ［多选］下列应税凭证中，应缴纳印花税的有（　　）。
   A. 无息、贴息贷款合同
   B. 合同的正本
   C. 房地产管理部门与个人订立的生活居住房租赁合同
   D. 财产所有人将财产赠送给学校所立的书据
   E. 外国政府或国际金融组织向我国企业提供优惠贷款所书立的合同

3. ［多选］甲企业与乙企业签订货物购销合同，丙企业为合同担保人，丁先生为中间人，戊企业为保证人，则该购销合同印花税纳税人为（　　）。
   A. 甲企业　　B. 乙企业
   C. 丙企业　　D. 丁先生
   E. 戊企业

4. ［多选］下列凭证中，属于印花税应税范围的有（　　）。
   A. 无息贷款合同　　B. 记载资金的营业账簿
   C. 权利许可照　　D. 企业因改制签订的产权转移书据
   E. 建筑工程勘察设计合同

5. ［单选］A公司向B汽车运输公司租入5辆载重汽车，双方签订的合同规定，5辆载重汽车的总价值为240万元，租期为3个月，租金总计为12.80万元。A公司应当缴纳印花税（　　）元。
   A. 32　　B. 128
   C. 600　　D. 2 400

6. ［单选］根据印花税条例，按定额税率征收印花税的是（　　）。
   A. 产权转移书据　　B. 借款合同
   C. 房屋产权证　　D. 建筑安装工程承包合同

考点：城市维护建设税

7. ［单选］某县城一生产企业为增值税一般纳税人。本期进口原材料一批，向海关缴纳进口环节增值税20万元；本期在国内销售甲产品缴纳增值税34万元、消费税46万元，由于缴纳消费税时超过纳税期限，被罚滞纳金0.46万元。该企业本期应缴纳城市维护建设税（　　）万元。
   A. 4　　B. 4.5
   C. 5.02　　D. 5.6

8. ［多选］下列关于城市维护建设税减免规定的表述，正确的有（　　）。

A. 城市维护建设税原则上不单独减免

B. 海关对进口产品代征的增值税、消费税，不征收城市维护建设税

C. 对于因减免税而需要进行“两税”退库的，城市维护建设税不可同时退库

D. 对“两税”实行先征后返、先征后退、即征即退办法的，除另有规定外，城市维护建设税一律给予退（返）还

E. 城市维护建设税按减免后实际缴纳的“两税”税额计征，即随“两税”的减免而减免

9. ［多选］城市维护建设税的征税范围与（　　）的征税范围一致。

A. 关税　　B. 增值税

C. 土地增值税　　D. 印花税

E. 消费税

10. ［单选］纳税人所在地在县城的，其城市维护建设税税率为（　　）。

A. 7%　　B. 6%

C. 5%　　D. 1%

学习笔记

Day 27

考点：教育费附加

1. [单选] 下列各项中，教育费附加可以减免的是（　　）。
   A. 对海关进口的产品征收的增值税
   B. 对出口产品退还的消费税
   C. 对出口产品退还的增值税
   D. 对海关进口的产品征收的关税

2. [单选]（　　）是以缴纳增值税、消费税的单位和个人为缴纳人来征收的，凡缴纳这两税的单位和个人都应缴纳。
   A. 资源税　　B. 教育费附加
   C. 城镇土地使用税　　D. 印花税

3. [单选] 某市一企业 2013 年 6 月被查补增值税 50 000 元，所得税 60 000 元，被加收的滞纳金为 1 000 元。该企业应补缴的城市维护建设税和教育费附加为（　　）元。
   A. 5 000　　B. 7 000
   C. 8 000　　D. 10 000

4. [单选] 下列税额税款中，属于教育费附加的征收依据的是（　　）。
   A. 销售产品征收的增值税税额　　B. 国家重大水利工程建设基金
   C. 出口产品征收的消费税税额　　D. 出口产品征收的增值税税额

5. [单选] 根据规定，现行教育费附加的征收比率为（　　）。
   A. 1%　　B. 2%
   C. 3%　　D. 5%

考点：烟叶税

6. [单选] 烟叶税实行比例税率，税率统一为（　　）。
   A. 10%　　B. 15%
   C. 20%　　D. 25%

考点：船舶吨税

7. [多选] 下列船舶中，免征船舶吨税的有（　　）。
   A. 养殖渔船　　B. 非机动驳船
   C. 军队征用的船舶　　D. 应纳税额为人民币 100 元的船舶
   E. 吨税执照期满后 48 小时内不上下客货的船舶

8. [单选] B 国某运输公司一艘货轮驶入我国某港口，该货轮净吨位为 30 000 吨，货轮负责人已向我国该海关领取了吨税执照，在港口停留期为 30 天，B 国已与我国签订有相互给予船舶税最惠国待遇条款。则该货轮负责人应向我国海关缴纳的船舶吨税为（　　）元。
   A. 25 900　　B. 88 000
   C. 99 000　　D. 34 890

✔ 考点：环境保护税

9. ［单选］下列各项中，不暂予免征环境保护税的是（　　）。

A. 农业生产（不包括规模化养殖）排放应税污染物的

B. 机动车等流动污染源排放应税污染物的

C. 依法设立的城乡污水集中处理、生活垃圾集中处理场所排放应税污染物的

D. 纳税人综合利用的固体废物，符合国家和地方环境保护标准的

10. ［多选］下列选项，免于征收环境保护税的有（　　）。

A. 规模化养殖排放应税污染物的

B. 船舶和航空器等流动污染源排放应税污染物

C. 学校直接向环境排放污水

D. 纳税人综合利用的固体废物，符合国家和地方环境保护标准

E. 机动车放应税污染物的

学习笔记

本章学习检查表

知识点名称	初次学习		第一次复习		第二次复习	
	做对题目数/总题目数	学习日期	做对题目数/总题目数	复习日期	做对题目数/总题目数	复习日期
房产税						
契税						
车船税						
资源税						
城镇土地使用税						
耕地占用税						
土地增值税						
印花税						
城市维护建设税						
教育费附加						
烟叶税						
船舶吨税						
环境保护税						

填写建议：

“做对题目数/总题目数”记录该知识点自己做题的情况，比如该知识点总题目数 10 题，做对了其中 7 题，记录为 7/10。

“学习日期”记录自己学习该知识点时的日期，建议把下一次进行复习的日期也写上。

备忘录

参考答案及解析

Day 21

1. A［解析］B 项，房产税征税范围不包括农村。C 项，无租使用的其他房产由房产使用人纳税。D 项，产权出典的由承典人纳税。
2. C［解析］产权所有人不在房屋所在地的由使用人纳税，因此是刘某纳税。

●考点再现

Q 1-2 征税范围包括房产税在城市、县城、建制镇和工矿区征收，不包括农村。房产税的纳税人具体规定如下表。

产权	纳税人
产权属全民所有的	由经营管理单位纳税
产权属集体和个人所有的	由集体单位和个人纳税
产权出典的	由承典人纳税
产权所有人、承典人不在房屋所在地的	由房产代管人或者使用人纳税
产权未确定及租典纠纷未解决的	由房产代管人或者使用人纳税
无租使用其他房产的	由房产使用人依照房产余值代缴纳房产税
融资租赁的房产	由承租人按照房产的余值缴纳房产税：①融资租赁的房产，由承租人自融资租赁合同约定开始日的次月起依照房产余值缴纳房产税；②合同未约定开始日的，由承租人自合同签订的次月起依照房产余值缴纳房产税

3. ABC［解析］D 项，权属有争议的由房产代管人或使用人纳税。E 项，纳税人因房屋大修导致连续停用半年以上的，在房屋大修期间免征房产税，免征税额由纳税人在申报缴纳房产税时自行计算扣除。
4. A［解析］企业无租使用免税单位的房产应征收房产税，A 项正确。B、C、D 三项免征房产税。
5. BC［解析］A 项，房产税的征税范围不包括农村。D 项，个人所有的非营业用房免税。E 项，军队自用的房产免征房产税。

●考点再现

Q 3-5 房产税的减免规定：

（1）国家机关、人民团体、军队自用的房产，免征房产税。

（2）由国家财政部门拨付事业经费的单位自用的房产，免征房产税。

（3）宗教寺庙、公园、名胜古迹自用的房产，免征房产税。

（4）个人自有自用的非营业用房产给予免税。

（5）经财政部批准免税的其他房产。

1）为社区提供养老、托育、家政等服务的机构自有或其通过承租、无偿使用等方式取得并用于提供社区养老、托育、家政服务的房产，免征房产税。

2）经有关部门核实属危房，不准使用的房产，可免征房产税。

3）自 2004 年 8 月 1 日起，对军队空余房产租赁收入暂免征收房产税；此前已征收税款不予退还，未征税款不再补征。

4）凡是在基建工地为基建工地服务的各种工棚、材料棚、休息棚和办公室、食堂、茶炉房、汽车房等临时性房屋，在施工期间，一律免征房产税。但是，如果在基建工程结束以后，施工企业将这种临时性房屋交还或者估价转让给基建单位的，应当从基建单位接收的次月起，依照规定征收房产税。

5）纳税人因房屋大修导致连续停用半年以上的，在房屋大修期间免征房产税，免征税额由纳税人在申报缴纳房产税时自行计算扣除。纳税人需要免征房产税，应在房屋大修前向税务机关报送证明材料。

6）纳税单位与免税单位共同使用的房屋，按各自使用的部分划分，分别征收或免征房产税。

7）老年服务机构自用的房产，免征房产税。

8）对非营利性医疗机构、疾病控制机构和妇幼保健机构等卫生机构自用的房产，免征房产税。

9）对从原高校后勤管理部门剥离出来而成立的进行独立核算并有法人资格的高校后勤经济实体，免征房产税。

10）房地产开发企业开发的商品房在出售前，不征收房产税。但对出售前房地产开发企业已使用或出租、出借的商品房应按规定征收房产税。

11）自 2016 年 1 月 1 日起，国家机关、军队、人民团体、财政补助事业单位、居民委员会、村民委员会拥有的体育场馆，用于体育活动的房产，免征房产税。

6. B［**解析**］房产税是以房屋为征税对象，以房屋的计税余值或租金收入为计税依据，向房屋产权所有人征收的一种财产税。

7. （1）AB［**解析**］契税为购买房产者缴纳，房屋交换的，由支付差价者缴纳。故 A、B 两项正确。

（2）A［**解析**］丁不是房屋的所有者，所以不用缴纳房产税。

（3）B［**解析**］出租用于居住的住房，减按 4% 的税率征收房产税。5×4%＝0.2（万元）。

（4）C［**解析**］契税合计＝200×3%＋100×3%＝9（万元）。

Day 22

1. D［**解析**］契税的纳税人，是指在我国境内承受土地、房屋权属转移的单位和个人。故本题 D 项正确。

2. D［**解析**］契税征税范围包括：①国有土地使用权出让；②土地使用权转让（不包括农村集体土地承包经营权的转移）；③房屋买卖；④房屋赠与；⑤房屋交换；⑥房屋附属设施有关契税政策。

3. D［解析］承受的房屋附属设施权属单独计价的，应按当地确定的适用税率征收契税，D项错误。

4. ABCD［解析］与房屋相关的附属设施包括停车位、汽车库、自行车库、顶层阁楼和储藏室。故A、B、C、D四项正确。

●考点再现

$Q_{3\text{-}4}$ 房屋附属设施有关的契税政策：

（1）对于承受与房屋相关的附属设施（包括停车位、汽车库、自行车库、顶层阁楼和储藏室）所有权或土地使用权的行为，要按契税法律、法规的规定征收契税；如果不涉及土地使用权和房屋所有权转移变动的，不征收契税。

（2）利用分期付款方式购买房屋附属设施土地使用权、房屋所有权的，要按合同规定的总价款计征契税。

（3）承受的房屋附属设施权属单独计价的，应该按当地的适用税率征收契税；与房屋统一计价的，适用与房屋相同的契税税率。

5. B［解析］减免契税的基本规定：①国家机关、事业单位、社会团体、军事单位承受土地、房屋用于办公、教学、医疗、科研和军事设施的，免征契税；②城镇职工按规定第一次购买公有住房的，免征契税；③单位和个人承受荒山、荒沟、荒丘、荒滩土地使用权，并用于农、林、牧、渔业生产的，免征契税；④因不可抗力丧失住房而重新购买住房的，酌情减免；⑤土地、房屋被县级以上人民政府征用、占用后，重新承受土地、房屋权属的，由省、自治区、直辖市人民政府确定是否减免。

6. B［解析］应缴纳契税300×3%=9（万元）。房屋交换，其价值不相等的，按超出部分由支付差价方缴纳契税。

7. D［解析］采取分期付款方式购买房屋附属设施土地使用权、房屋所有权的，应按合同规定的总价款计征契税，买卖装修的房屋，装修费用应包括在内；自2008年11月1日起，对个人首次购买90平方米及以下普通住房的，契税税率统一下调到1%。因此王先生应缴纳契税=（65+10）×1%=0.75（万元）。

8. A［解析］房屋交换，以所交换房屋的价格差额为计税依据。李某应缴纳的契税=（86−82）×3%=0.12（万元）。

9. B［解析］契税实行幅度比例税率，为3%—5%。

10. B［解析］对金融租赁公司开展售后回租业务，承受承租人房屋、土地权属的，照章征税。对售后回租合同期满，承租人回购原房屋、土地权属的，免征契税。B项错误。

Day 23

1. D［解析］电动车采用以辆为计税标准，D项错误。

2. B［解析］A项，摩托车以辆为计税标准；C项，船舶以净吨位为计税标准；D项，乘用车以辆为计税标准。采用以整备质量为计税标准的有载货汽车、挂车、三轮汽车和低速货车。

3. B［解析］车船税计税依据有辆、整备质量、净吨位、艇身长度，不包括载重。

4. ABC［解析］半挂牵引车和三轮车以整备质量为计税依据。

●考点再现

Q$_{1\text{-}4}$ 车船税的计税依据：

（1）电（汽）车、摩托车、自行车、人力车、蓄力车以辆为计税标准。

（2）载货汽车、挂车、三轮汽车和低速货车以整备质量为计税标准。

（3）船舶以净吨位为计税标准。

（4）游艇以艇身长度为计税标准。

5. ABE［**解析**］C项，载货汽车不免征车船税；D项，只有军队、武装警察部队专用的车船才免征车船税。

6. D［**解析**］对节能汽车，减半征收车船税。

7. C［**解析**］境内单位和个人租入外国国籍船舶的，不征收车船税。

●考点再现

Q$_{5\text{-}7}$ 车船税减免的基本规定如下：

（1）捕捞、养殖渔船免征车船税。

（2）军队、武警专用的车船免征车船税。

（3）警用车船免征车船税。

（4）对节能汽车减半征收车船税；对新能源车船，免征车船税。

（5）国家综合性消防车辆由部队车牌改挂应急专用号牌，一次性免征改挂当年车船税。

（6）省、自治区、直辖市人民政府根据当地实际情况，对城市、农村公共交通车船给予定期减税、免税。

（7）依照法律规定应当予以免税的外国驻华使馆、国际组织驻华代表机构及其有关人员的车船。

（8）境内单位和个人租入外国国籍船舶的，不征收车船税。境内单位和个人将船舶出租到境外的，应依法征收车船税。

Day 24

1. AB［**解析**］资源税的纳税人是在中华人民共和国领域及管辖海域开采应税矿产品或者生产盐的单位和个人。其中“单位”是指国有企业、集体企业、私有企业、股份制企业、其他企业和行政单位、事业单位、军事单位、社会团体及其他单位。“个人”是指个体工商户及其他个人。除上述单位和个人以外，进口矿产品或盐以及经营已税矿产品或盐的单位和个人均不属于资源税纳税人。

2. D［**解析**］现行资源税实行固定比例税率、幅度比例税率和定额税率。

3. B［**解析**］应纳税额＝1 350×10％＝135（万元）。

4. A［**解析**］应纳税额＝0.6×（80＋4）×6％＝3.024（万元）。

5. D［**解析**］从低丰度油气田开采的原油、天然气，减征20％资源税，D项错误。

6. ACE［**解析**］高含硫天然气、三次采油和从深水油气田开采的原油、天然气，减征30％资源税，B项错误。从衰竭期矿山开采的矿产品，减征30％资源税，D项错误。

●考点再现

Q$_{5\text{-}6}$ 资源税的减免：

1. 免征资源税

(1) 开采原油以及在油田范围内运输原油过程中用于加热的原油、天然气。

(2) 煤炭开采企业因安全生产需要抽采的煤成（层）气。

(3) 对青藏铁路公司及其所属单位运营期间自采自用的砂、石等材料。

2. 减征资源税

(1) 从低丰度油气田开采的原油、天然气，减征 20%资源税。

(2) 高含硫天然气、三次采油和从深水油气田开采的原油、天然气，减征 30%资源税。

(3) 稠油、高凝油，减征 40%资源税。

(4) 从衰竭期矿山开采的矿产品，减征 30%资源税。

7. BE［**解析**］城镇土地使用税的纳税人是在城市、县城、建制镇、工矿区范围内使用土地的单位和个人，不包括农村。

8. BE［**解析**］A 项说法不全面。C 项，土地使用权共有的，由共有各方分别纳税。D 项，外商投资企业和外国企业适用城镇土地使用税。

●考点再现

Q$_{7\text{-}8}$ 城镇土地使用税的纳税人包括在城市、县城、建制镇、工矿区范围内使用土地的单位和个人（以实际占用土地单位的面积），不包括农村。其中“单位”包括国有企业、集体企业、私营企业、股份制企业、外商投资企业、外国企业以及其他企业和事业单位、社会团体、国家机关、军队以及其他单位；“个人”包括个体工商户以及其他个人。具体规定如下：

(1) 城镇土地使用税由拥有土地使用权的单位或个人缴纳。

(2) 土地使用权未确定或权属纠纷未解决的，由实际使用人纳税。

(3) 土地使用权共有的，由共有各方分别纳税。

(4) 承租集体所有建设用地的，由直接从集体经济组织承租土地的单位和个人纳税。

9. D［**解析**］为社区提供养老、托育、家政等服务的机构自有或其通过承租、无偿使用等方式取得并且用于提供社区养老、托育、家政服务的土地，免征城镇土地使用税。

10. B［**解析**］企业内部用地都不能免征城镇土地使用税。水库库区用地，属于“其他用地”的范围，免征土地使用税。

11. B［**解析**］城镇土地使用税的计税依据为实际占用的土地面积，而非建筑使用面积；国家机关自用的土地免税，甲公司仅就自己占用的部分缴纳城镇土地使用税即可。因此本题中城镇土地使用税=5 000×4/5×5=20 000（元）。

12. C［**解析**］城镇土地使用税的纳税人包括外商投资企业和外国企业，A 项错误。对非营利性医疗机构自用的土地免征城镇土地使用税，B 项错误。土地使用权未确定或权属纠纷未解决的，由实际使用人纳税，D 项错误。

Day 25

1. B［解析］农村居民占用耕地新建住宅，按照当地适用税额减半征收耕地占用税。
2. BC［解析］注意题目问的是“减征”，A、D、E三项都属于免征范围。
3. ABCD［解析］E项属于减半征收。

●考点再现

$Q_{1\text{-}3}$ 耕地占用税的税收优惠：

（1）占用耕地建设农田水利设施的，不缴纳耕地占用税。耕地是指用于种植农作物的土地。

（2）军事设施、学校、幼儿园、社会福利机构、医疗机构占用耕地，免征耕地占用税。

（3）铁路线路、公路线路、飞机场跑道、停机坪、港口、航道、水利工程占用耕地，减按每平方米2元的税额征收耕地占用税。

（4）农村居民在规定用地标准以内占用耕地新建自用住宅，按照当地适用税额减半征收耕地占用税；其中农村居民经批准搬迁，新建自用住宅占用耕地不超过原宅基地面积的部分，免征耕地占用税。

（5）农村烈士遗属、因公牺牲军人遗属、残疾军人以及符合农村最低生活保障条件的农村居民，在规定用地标准以内新建自用住宅，免征耕地占用税。

（6）纳税人因建设项目施工或者地质勘查临时占用耕地，应当依照规定缴纳耕地占用税。纳税人在批准临时占用耕地期满之日起1年内依法复垦，恢复种植条件的，全额退还已经缴纳的耕地占用税。

（7）根据国民经济和社会发展的需要，国务院可以规定免征或者减征耕地占用税的其他情形，报全国人民代表大会常务委员会备案。

4. A［解析］耕地占用税的征税范围包括建房或从事其他非农业建设而占用的国家所有和集体所有的耕地。“耕地”是指种植农业作物的土地，包括菜地、园地；其中，园地包括花圃、苗圃、茶园、果园、桑园和其他种植经济林木的土地。菜地和花圃都属于耕地，占用菜地开发花圃不属于耕地占用税的征税范围。
5. A［解析］该农户将花圃改造为果园的占地不征收耕地占用税，新建住宅按照当地使用税额减半征收耕地占用税。故该农户应缴纳的耕地占用税＝100×25×50%＝1 250（元）。
6. B［解析］耕地占用税实行地区差别定额税率，B项错误。
7. ABCD［解析］E项，建造普通标准住宅出售，其增值额未超过扣除项目金额20%的，予以免税。增值额超过扣除项目金额20%的，应就其全部增值额按规定计税。
8. A［解析］建造普通标准住宅出售，其增值额未超过扣除项目金额20%的，予以免税，B项错误。纳税人建造普通标准住宅出售，增值额超过扣除项目金额20%的，应就其全部增值额按规定计税，C项错误。对纳税人既建普通标准住宅，又建造其他房地产的，应当分别核算增值额，D项错误。

●考点再现

$Q_{7\text{-}8}$ 土地增值税的税收优惠：

（1）建造普通标准住宅出售，其增值额未超过扣除项目金额 20%的，予以免税。增值额超过扣除项目金额 20%的，应就其全部增值额按规定计税。

对纳税人既建普通标准住宅，又建造其他房地产的，应当分别核算增值额。不分别核算增值额或不能准确核算增值额的，其建造的普通标准住宅不能适用这一免税规定。

（2）对企事业单位、社会团体以及其他组织转让旧房作为改造安置住房房源，且增值额未超过扣除项目金额 20%的，免征土地增值税。

（3）因国家建设需要依法征用、收回的房地产，免征土地增值税。

（4）因城市实施规划、国家建设需要而搬迁，由纳税人自行转让原房地产的，免征土地增值税。

（5）对因中国邮政集团公司邮政速递物流业务重组改制，中国邮政集团公司向中国邮政速递物流股份有限公司、各省邮政公司向各省邮政速递物流有限公司转移房地产产权应缴纳的土地增值税，予以免征。已缴纳的应予免征的土地增值税，予以退税。

（6）自 2008 年 11 月 1 日起，对居民个人销售住房免征土地增值税。

9. D［**解析**］增值税扣除项目金额比例＝（1 000－200）/200×100%＝400%，适用第 4 级税率，即 60%。

10. D［**解析**］纳税人建造普通标准住宅（高级公寓、别墅、度假村不属于普通标准住宅）出售，增值额未超过扣除项目金额 20%的免征土地增值税。

Day 26

1. D［**解析**］A 项，房地产管理部门与个人订立的房租合同，凡房屋属于生活居住用房的，暂免贴花。B 项，财产所有人将财产赠给学校所立的书据，免征印花税。C 项，对商品储备管理公司及其直属库资金簿免征印花税。

2. BE［**解析**］B 项，已缴纳印花税的凭证副本或抄本免征印花税；E 项，外国政府或国际金融组织向我国政府及国家金融机构提供优惠贷款所书立的合同免征印花税。

3. AB［**解析**］凡在我国境内书立、领受属于征税范围内所列应税经济凭证的单位和个人，都是印花税的纳税人。所称单位和个人，包括各类企业、事业、机关、团体、部队，以及中外合资经营企业、合作经营企业、外资企业、外国公司企业和其他经济组织及其在华机构等单位和个人。按照征税项目划分的具体纳税人有立合同人、立账簿人、立据人、领受人和使用人。此题中的担保人、中间人、保证人都不是印花税的纳税人。

4. BCE［**解析**］A 项，无息贷款合同免税；D 项，企业因改制签订的产权转移书据是免税的。

5. B［**解析**］财产租赁合同以租赁金额为计税依据、适用 1‰的印花税税率，应纳印花税＝128 000×1‰＝128（元）。

6. C［**解析**］按比例税率征收的应税项目包括各种合同及具有合同性质的凭证、记载资金的账簿和产权转移书据等。故 A、B、D 错误。使用定额税率的是权利、许可证照（包括政府部门发给的房屋产权证、工商营业执照、商标注册证、土地使用证等）和营业账簿中除记载资金账簿以外的其他账簿，采取按件规定的规定税额，单位税额均为每件 5 元。

7. A［解析］应纳税额＝（34＋46）×5%＝4（万元）。

8. ABE［解析］对于因减免税而需要进行“两税”退库的，城市维护建设税也可同时退库，C 项错误。对“两税”实行先征后返、先征后退、即征即退办法的，除另有规定外，城市维护建设税一律不予退（返）还，D 项错误。

9. BE［解析］由于城市维护建设税是对从事工商经营活动的单位和个人，就其实际缴纳的增值税、消费税的税额计征的，所以其征税范围与增值税、消费税的征税范围一致。

10. C［解析］纳税人所在地在县城、镇的，其城市维护建设税税率为 5%。

Day 27

1. A［解析］教育费附加的减免包括：①对海关进口的产品征收的增值税、消费税，不征收教育费附加。②对由于减免增值税、消费税而发生的退税，可同时退还已征收的教育费附加。但对出口产品退还增值税、消费税的，不退还已征的教育费附加。③经国务院批准，为支持国家重大水利工程建设，对国家重大水利工程建设基金免征教育费附加。

2. B［解析］教育费附加是以缴纳增值税、消费税的单位和个人为缴纳人来征收的，凡缴纳这两税的单位和个人都应缴纳。

3. A［解析］应缴纳的城市维护建设税和教育费附加＝50 000×7%＋50 000×3%＝5 000（元）。

4. A［解析］B 项免征教育费附加。对缴纳增值税、消费税的单位和个人就其实际缴纳的“两税”税额为计税依据，C、D 两项对海关出口的产品征收的增值税、消费税，不征收教育费附加。

5. C［解析］现行教育费附加的征收比率为 3%。

6. C［解析］烟叶税实行比例税率，税率统一为 20%。

7. AC［解析］B 项，免征船舶吨税的是非机动船舶，不包括非机动驳船。D 项，应纳税额为人民币 50 元以下的船舶，免征船舶吨税。E 项，吨税执照期满后 24 小时内不上下客货的船舶。故选择 A、C 两项。

8. C［解析］根据船舶吨税的相关规定，该货轮应享受优惠税率，每净吨位为 3.3 元。故应纳船舶吨税＝30 000×3.3＝99 000（元）。

9. C［解析］依法设立的城乡污水集中处理、生活垃圾集中处理场所排放相应应税污染物，不超过国家和地方规定的排放标准的，暂予免征环境保护税；依法设立的城乡污水集中处理、生活垃圾集中处理场所超过国家和地方规定的排放标准向环境排放应税污染物的，应当缴纳环境保护税。

10. BDE［解析］A 项，农业生产（不包括规模化养殖）排放应税污染物的，暂予免征环境保护税；C 项，学校直接向环境排放污水需要缴纳环境保护税。

第 7 章　税务管理

学习指导

本章常考的知识点有：税务登记、账簿、凭证管理、发票管理、纳税申报、减免税的管理、出口退税的管理等。本章历年考查分数在 9 分左右。

本章税务管理多为文字性内容，其中税务登记的分类，账簿、凭证管理，发票管理是历年常考点。税款征收的管理中税收保全措施和税收强制执行措施同样也是历年考查的重点。在学习本章的过程中，注意理解关键词，用习题巩固理解，加强记忆。

日期	考点
Day 28	➢税务登记 ➢账簿、凭证管理
Day 29	➢发票管理 ➢纳税申报
Day 30	➢税款征收的管理 ➢减免税的管理 ➢出口退税的管理 ➢经济税源调查分析与报告

Day 28

考点：税务登记

1. [单选] 下列各项中，关于“五证合一、一照一码”登记制度的说法，错误的是（　　）。
   A. 新设企业领取由国家市场监督管理部门核发的统一社会信用代码营业执照
   B. 实行五证合一后，原税务登记的法律地位消失
   C. 司法部门批准设立的主体暂不纳入“五证合一、一照一码”办理范围
   D. 个体工商户实行营业执照和税务登记证“两证整合”登记制度

2. [单选] 税务机关应当于（　　）办理变更税务登记。
   A. 受理之日起 30 日内　　B. 受理之日起 15 日内
   C. 受理当日　　D. 受理之日起 5 个工作日内

3. [单选] 纳税人被国家市场监督管理机关吊销的营业执照，应当自营业执照被吊销之日起（　　）日内，向原税务登记机关申请办理注销税务登记。
   A. 15　　B. 30
   C. 45　　D. 60

4. ［单选］从事生产、经营的纳税人未办理工商营业执照也未经有关部门批准设立的，应当自纳税义务发生之日起（　　）申报办理税务登记，税务机关发放临时税务登记证及副本。

A. 30 日内　　B. 15 日内

C. 当日　　D. 5 个工作日内

5. ［多选］企业因法人资格被依法终止，在办理注销税务登记之前，应履行的手续有（　　）。

A. 缴销发票　　B. 结清应纳税款

C. 结清税收滞纳金　　D. 缴纳税收罚款

E. 缴销企业所得税纳税申报表

6. ［单选］从事下列活动不需要持有税务登记证件的是（　　）。

A. 领购发票　　B. 申请开具外出经营活动税收管理证明

C. 开立银行账户　　D. 设置账簿

7. ［单选］下列关于税务登记法律责任的说法，错误的是（　　）。

A. 纳税人不办理税务登记的，税务机关应当自发现之日起 5 日内责令其限期改正

B. 纳税人不办理税务登记，且逾期不改正的，处 2 000 元以下的罚款

C. 纳税人通过提供虚假的证明资料等手段，骗取税务登记证的，处 2 000 元以下的罚款

D. 纳税人、扣缴义务人违反规定，拒不接受税务机关处理的，税务机关可以收缴其发票或者停止向其发售发票

考点：账簿、凭证管理

8. ［单选］纳税人设置账簿的时间应是（　　）。

A. 自领取税务登记证件之日起 10 日内

B. 自领取营业执照之日起 15 日内

C. 自领取税务登记证件之日起 1 个月内

D. 自领取营业执照之日起 1 个月内

9. ［单选］关于账簿设置的说法，正确的是（　　）。

A. 纳税人、扣缴义务人的会计制度健全，能够通过计算机正确、完整计算其收入和所得或者代扣代缴、代收代缴税款情况的，其计算机储存的会计记录视同会计账簿，不必打印成书面资料

B. 账簿、收支凭证粘贴簿、进销货登记簿等资料，除另有规定者外，至少要保存 5 年

C. 扣缴义务人应当自税收法律、行政法规规定的扣缴义务发生之日起 15 日内，按照所代扣、代收的税种，分别设置代扣代缴、代收代缴税款账簿

D. 生产、经营规模小又确无建账能力的纳税人，若聘请专业机构或者人员有实际困难的，经县以上税务机关批准，可以按照规定建立收支凭证粘贴簿、进货销货登记簿或使用税控装置

10. ［多选］按照记账凭证所记录的经济内容的不同，可分为（　　）。

A. 分录凭证　　B. 付款凭证

C. 收款凭证　　D. 转账凭证

E. 原始凭证

11. ［单选］下列凭证中，属于自制原始凭证的是（　　）。

A. 进账单　　B. 汇款单

C. 运费发票　　D. 领料单

12. ［多选］税收凭证通常分为（　　）。

A. 完税凭证类　　B. 原始凭证类

C. 记账凭证类　　D. 分录凭证类

E. 综合凭证类

13. ［多选］下列财务资料中，除另有规定者外，至少要保存 10 年的有（　　）。

A. 账簿　　B. 发票的存根联

C. 收支凭证粘贴簿　　D. 发票登记簿

E. 进销货登记簿

14. ［单选］下列关于账簿、凭证管理法律责任的说法，错误的是（　　）。

A. 纳税人未按照规定设置、保管账簿或者保管记账凭证和有关资料的，由税务机关责令限期改正，可以处 1 000 元以下的罚款

B. 纳税人未按照规定设置、保管账簿或者保管记账凭证和有关资料的，由税务机关责令限期改正，情节严重的，处 2 000 元以上 10 000 元以下的罚款

C. 扣缴义务人未按照规定设置、保管代扣代缴、代收代缴税款账簿或者保管代扣代缴、代收代缴税款记账凭证及有关资料的，由税务机关责令限期改正，可以处 2 000 元以下的罚款

D. 扣缴义务人未按照规定设置、保管代扣代缴、代收代缴税款账簿或者保管代扣代缴、代收代缴税款记账凭证及有关资料的，由税务机关责令限期改正，情节严重的，处 2 000 元以上 5 000 元以下的罚款

学习笔记

Day 29

扫码听课

✔ **考点**：发票管理

1. ［单选］增值税专用发票全国统一由（　　）委托中国人民银行印钞造币总公司印制。
   A. 国务院税务主管部门　　B. 本省、自治区、直辖市
   C. 财政部门　　D. 审计机关

2. ［单选］需要领购发票的单位和个人，税务机关工作人员在一定期限内发给领购人发票领购簿，该期限是（　　）个工作日。
   A. 3　　B. 5
   C. 7　　D. 30

3. ［单选］纳税人领购发票，须先将已使用完的发票存根联，交税务机关审核无误后，再购领发票，这种方式称为（　　）。
   A. 验旧购新　　B. 批量供应
   C. 交旧领新　　D. 定额供应

4. ［单选］关于发票管理的说法，正确的是（　　）。
   A. 税务机关是发票的主管机关，负责发票的印制、领购、开具、取得、保管、缴销的管理及监督
   B. 可在境外印制发票
   C. 发票登记簿应该保存 3 年
   D. 发票可以跨省、直辖市、自治区使用

5. ［单选］下列行为中，属于违反发票管理办法的规定，由税务机关责令限期改正，可处 1 万元以下罚款，有违法所得予以没收的情形的是（　　）。
   A. 私自印制发票的
   B. 跨规定区域开具发票的
   C. 非法代开发票的
   D. 转借、转让、介绍他人转让发票、发票监制章和发票防伪专用品的

6. ［单选］下列检查方法中，不属于发票检查方法的是（　　）。
   A. 盘存法　　B. 对照检查法
   C. 票面逻辑推理法　　D. 发票真伪鉴别法

7. ［单选］关于发票印制管理的说法，正确的是（　　）。
   A. 发票应当套印全国统一发票监制章
   B. 发票实行定期换版制度
   C. 发票只能使用中文印制
   D. 在境外从事生产经营活动的企业，经批准可以在境外印制发票

✔ **考点**：纳税申报

8. ［多选］在我国，通行的纳税申报方式有（　　）。
   A. 直接申报　　B. 邮寄申报
   C. 汇总申报　　D. 委托代理申报

E. 数据电文申报

9. [单选] 下列关于纳税申报期限的说法，不正确的是（　　）。

A. 纳税申报期限的最后一天是法定节假日的，以休假日期满的次日为期限的最后一天

B. 按照我国现行的税收法律、法规、部门规章以及延期申报的实践，延期的具体期限一般是一个申报期限内，最长不超过 1 个月

C. 纳税人、扣缴义务人因不可抗力，不能按期办理纳税申报或者报送代扣代缴、代收代缴税款报告表的，可以延期办理

D. 地震灾害属于不能按时纳税申报的不可抗力因素

10. [单选] 关于纳税申报对象的说法，错误的是（　　）。

A. 负有纳税义务的单位和个人应及时办理纳税申报

B. 取得临时应税收入的纳税人要立即办理纳税申报

C. 享有免税待遇的纳税人，可以不办理纳税申报

D. 扣缴义务人必须按规定报送相关资料

11. [单选] 纳税人未按照规定的期限办理纳税申报和报送纳税资料的，或扣缴义务人未按照规定的期限向税务机关报送代扣代缴、代收代缴税款报告和有关资料的，由税务机关责令限期改正，可以处（　　）元罚款。

A. 2 000—5 000　　B. 2 000—10 000

C. 2 000—20 000　　D. 2 000—30 000

12. [单选] 在纳税申报时，不应该使用财产和行为纳税申报表的税种是（　　）。

A. 资源税　　B. 烟叶税

C. 城市维护建设税　　D. 耕地占用税

13. [单选] 按照我国现行的税收法律、行政法规、部门规章以及延期申报的时间，延期申报的具体期限一般是一个申报期内，最长不得超过（　　）个月。

A. 1　　B. 3

C. 6　　D. 12

学习笔记

Day 30

考点：税款征收的管理

1. ［多选］下列措施中，属于税款征收措施的有（　　）。

A. 限额征收

B. 查定征收

C. 查验征收

D. 定期定额征收

E. 查账征收

2. ［单选］甲公司为大型国有企业，财务会计制度健全，能够如实核算和提供生产经营情况，并能正确计算应纳税款和如实履行纳税义务，其适用的税款征收方式是（　　）。

A. 定期定额征收

B. 查账征收

C. 查定征收

D. 查验征收

3. ［单选］下列措施中，不符合税收征收管理法有关规定的是（　　）。

A. 采取税收保全措施时，冻结的存款金额相当于纳税人应纳税款的数额

B. 采取税收强制执行措施时，被执行人未缴纳的滞纳金必须同时执行

C. 税收强制执行的适用范围不仅限于从事生产、经营的纳税人，也包括扣缴义务人

D. 税收保全措施的适用范围不仅限于从事生产、经营的纳税人，也包括扣缴义务人

4. ［多选］关于税收征收管理法对税款追征制度的说法，正确的有（　　）。

A. 对偷税行为，税务机关可以无限期追征

B. 因纳税人失误造成的未缴或少缴税款，追征期一般为 5 年

C. 因纳税人计算错误造成少缴税款的，追征期一般为 3 年

D. 因纳税人责任致使纳税人未缴或少缴税款的，追征期为 5 年，不加收滞纳金

E. 因税务机关责任，造成未缴或少缴税款的，税务机关有权追征税款和滞纳金

5. ［多选］关于税务机关实施税收保全措施的说法，正确的有（　　）。

A. 税收保全措施仅限于从事生产、经营的纳税人

B. 只有在事实全部查清，取得充分证据的前提下才能进行

C. 冻结纳税人的存款时，其数额要以相当于纳税人应纳税款的数额为限

D. 个人及其抚养家属维持生活必需的住房和用品，不在税收保全措施的范围之内

E. 税务机关对单价 10 000 元以下的其他生活用品，不采取税收保全措施

6. ［单选］下列关于纳税人未缴少缴税款的表述，正确的是（　　）。

A. 因纳税人计算错误等失误造成的，可以不加收滞纳金

B. 对纳税人未缴少缴的税款，税务机关在追征时，不一定加收滞纳金

C. 因税务机关的责任造成的，税务机关可以在 3 年内追征税款、滞纳金

D. 对纳税人未缴少缴的税款，税务机关可以在 3 年内追征税款，特殊情况可以延长到 5 年

考点：减免税的管理

7. ［多选］减免税种类包括（　　）。

A. 法定减免

B. 特案减免

C. 临时减免

D. 公开减免

E. 强制减免

8. ［单选］用特别的、专门的法规文件规定的减税、免税是指（　　）。

A. 法定减免　　B. 特案减免
C. 临时减免　　D. 特困减免

9. ［多选］国家税务总局对“六税一费”享受优惠有关资料实行留存备查管理方式，其中属于“六税一费”的有（　　）。

A. 增值税　　B. 房产税
C. 城镇土地使用税　　D. 耕地占用税
E. 教育费附加

考点：出口退税的管理

10. ［多选］出口退税的形式主要包括（　　）。

A. 不征不退　　B. 先征后退
C. 免、抵、退　　D. 征税不免税
E. 只征不退

11. ［多选］出口退税涉及的税种有（　　）。

A. 进口关税　　B. 消费税
C. 增值税　　D. 资源税
E. 契税

12. ［单选］某具有出口经营权的电器生产企业（增值税一般纳税人）自营出口自产货物，2016 年 5 月末未退税前计算出的期末留底税款为 19 万元，当期免、抵、退税额为 15 万元，当期免抵税额为（　　）万元。

A. 0　　B. 6　　C. 9　　D. 15

考点：经济税源调查分析与报告

13. ［多选］经济税源调查分析的方法有（　　）。

A. 进度分析　　B. 趋势分析
C. 因素分析　　D. 财务分析
E. 季节变动分析

学习笔记

本章学习检查表

知识点名称	初次学习		第一次复习		第二次复习	
	做对题目数/总题目数	学习日期	做对题目数/总题目数	复习日期	做对题目数/总题目数	复习日期
税务登记						
账簿、凭证管理						
发票管理						
纳税申报						
税款征收的管理						
减免税的管理						
出口退税的管理						
经济税源调查分析与报告						

填写建议：

“做对题目数/总题目数”记录该知识点自己做题的情况，比如该知识点总题目数 10 题，做对了其中 7 题，记录为 7/10。

“学习日期”记录自己学习该知识点时的日期，建议把下一次进行复习的日期也写上。

备忘录

参考答案及解析

Day 28

1. B［解析］“五证合一”登记制度改革并非是将税务登记取消了，税务登记的法律地位依然存在，只是政府简政放权将此环节简化。故 B 项错误。
2. C［解析］税务机关应当于受理之日办理变更税务登记。
3. A［解析］纳税人被国家市场监督管理机关吊销营业执照或者被其他机关予以撤销登记的，应当自营业执照被吊销或者被撤销登记之日起 15 日内，向原税务登记机关申报办理注销税务登记。
4. A［解析］从事生产、经营的纳税人未办理工商营业执照也未经有关部门批准设立的，应当自纳税义务发生之日起 30 日内申报办理税务登记，税务机关发放临时税务登记证及副本。
5. ABCD［解析］纳税人在办理注销税务登记前，应当向税务机关提交相关证明文件和资料，结清应纳税款、多退（免）税款、滞纳金和罚款，缴销发票、税务登记证件和其他税务证件，经税务机关核准后，办理注销税务登记手续。
6. D［解析］纳税人办理下列事项时，必须提供税务登记证件：①开立银行账户；②领购发票；③申请减税、免税、退税；④申请办理延期申报、延期缴纳税款；⑤申请开具外出活动税收管理证明；⑥办理停业、歇业；⑦其他有关税务事项。
7. A［解析］纳税人不办理税务登记的，税务机关应当自发现之日起 3 日内责令其限期改正，A 项错误。
8. B［解析］一般的纳税人应根据国务院财政、税务主管部门的规定和税收征管法的要求，自领取营业执照或者发生纳税义务之日起 15 日内设置账簿，根据合法、有效凭证记账，进行核算。
9. D［解析］A 项，纳税人、扣缴义务人的会计制度健全，能够通过计算机正确、完整计算收入和所得或者代扣代缴、代收代缴税款情况的，其计算机输出的完整的书面会计记录，可视为会计账簿，必须打印成书面资料。B 项，账簿、收支凭证粘贴簿、进销货登记簿等资料，除另有规定者外，至少要保存 10 年。C 项，扣缴义务人，自发生扣缴义务之日起 10 日内，按照所代扣、代缴的税种，分别设置代扣代缴、代收代缴税款账簿。
10. BCD［解析］按照记账凭证所记录的经济内容的不同，可分为付款凭证、收款凭证、转账凭证。
11. D［解析］外来原始凭证包括进货发票、进账单、汇款单、运费发票等。自制原始凭证包括各种报销和支付款项的凭证，其中对外自制凭证包括现金收据、实物收据等；对内自制凭证有收料单、领料单、支出证明单、差旅费报销单、成本计算单等。
12. AE［解析］税收凭证通常分为完税凭证类、综合凭证类。
13. ACE［解析］账簿、收支凭证粘贴簿和进销货登记簿至少要保存 10 年。
14. A［解析］纳税人未按照规定设置、保管账簿或者保管记账凭证和有关资料的，由税务机关责令限期改正，可以处 2 000 元以下的罚款，A 项错误。

Day 29

1. A［解析］增值税专用发票由国务院税务主管部门确定的企业印制。

2. B［解析］主管税务机关根据领购单位和个人的经营范围和规模，确认领购发票的种类、数量以及领购方式，在5个工作日内发给领购人发票领购簿。

3. A［解析］验旧购新是指纳税人领购发票，须先将已使用完的发票存根联，交税务机关审核无误后，再购领发票。交旧领新是指用票单位和个人交回已填开的发票存根联，经税务机关审核后留存，允许领购新发票。批量供应主要是针对领购自用发票的纳税人采取的购票方式，大部分是按月供应或按季供应。故A项正确。

4. A［解析］B项，禁止在境外印制发票。C项，发票登记簿应该保存5年。D项，发票不可以跨省、直辖市、自治区使用。

5. B［解析］违反发票管理办法的规定，有下列情形之一的，由税务机关责令改正，可以处1万元以下的罚款；有违法所得的予以没收：①应当开具而未开具发票，或者未按照规定的时限、顺序、栏目，全部联次一次性开具发票，或者未加盖发票专用章的；②使用税控装置开具发票，未按期向主管税务机关报送开具发票的数据的；③使用非税控电子器具开具发票，未将非税控电子器具使用的软件程序说明资料报主管税务机关备案，或者未按照规定保存、报送开具发票的数据的；④拆本使用发票的；⑤扩大发票使用范围的；⑥以其他凭证代替发票使用的；⑦跨规定区域开具发票的；⑧未按照规定缴销发票的；⑨未按照规定存放和保管发票的；⑩未按照规定作废发票或开具红字发票的。

6. A［解析］发票检查方法包括对照检查法、票面逻辑推理法、顺向检查法和逆向检查法。增值税专用发票的一般检查方法包括鉴别真伪、逻辑审核、就地调查、交叉传递和双重稽核。盘存法不属于发票检查法，故选择A项。

7. A［解析］发票实行不定期换版制度，故B项错误。发票应当使用中文印制。民族自治地方的发票，可以加印当地一种通用的民族文字。有实际需要的，也可以同时使用中外两种文字印制，故C项错误。按我国法律法规规定，禁止在境外印制发票，故D项错误。

8. ABDE［解析］纳税申报方式包括直接申报（上门申报）、邮寄申报、数据电文申报和委托代理申报。

9. B［解析］按照我国现行的税收法律、法规、部门规章以及延期申报的实践，延期的具体期限一般是一个申报期限内，最长不超过3个月，B项错误。

10. C［解析］享有减税、免税待遇的纳税人，在减税、免税期间也应当依法办理纳税申报，C项错误。

11. B［解析］纳税人未按照规定的期限办理纳税申报和报送纳税资料的，或扣缴义务人未按照规定的期限向税务机关报送代扣代缴、代收代缴税款报告和有关资料的，由税务机关责令限期改正，可以处2 000元以下的罚款，情节严重的，可以处2 000—10 000元罚款。

12. C［解析］自2021年6月1日起，全面推行财产和行为税合并申报，纳税人申报缴纳城镇土地使用税、房产税、车船税、印花税、耕地占用税、资源税、土地增值税、契税、环境保护税、烟叶税中一个或多个税种时，使用“财产和行为税纳税申报表”。

13. B［解析］延期的具体期限一般是一个申报期限内，最长不超过 3 个月。

Day 30

1. BCDE［解析］税款征收措施包括查账征收、查定征收、查验征收和定期定额征收。
2. B［解析］查账征收一般适用于财务会计制度较为健全、能够认真履行纳税义务的纳税单位。

●考点再现

$Q_{1\text{-}2}$ 税款征收的方式包括查账征收、查定征收、查验征收和定期定额征收。

（1）查账征收：适用于财务会计制度较为健全、能够认真履行纳税义务的纳税单位。

（2）查定征收：适用于生产经营规模较小、产品零星、税源分散、会计账册不健全，但能控制原材料或进销货的纳税单位。

（3）查验征收：适用于经营品种比较单一，经营地点、时间和商品来源不固定的纳税人。

（4）定期定额征收：适用于无完整考核依据的纳税人。

3. D［解析］税收保全措施的适用范围仅限于从事生产、经营的纳税人，D 项错误。
4. AC［解析］因纳税人、扣缴义务人失误，导致少缴税款，税务机关在 3 年内可追征税款、滞纳金，特殊情况可延长追征期至 5 年，B、D 两项错误。因税务机关的责任，致使纳税人、扣缴义务人未缴或者少缴税款的，税务机关在 3 年内可以要求纳税人、扣缴义务人补缴税款，但是不得加收滞纳金，E 项错误。
5. ACD［解析］B 项，税务机关有根据认为从事生产、经营的纳税人有逃避纳税义务行为的，可以在规定的纳税期之前，责令限期纳税；在限期内发现纳税人有明显转移、隐匿其应纳税的商品、货物以及其他财产迹象的，税务机关应责令提供纳税担保。如果未提供担保的，经县级以上税务局局长批准，税务机关可以采取保全措施。E 项，单价 5 000 元以下的其他生活用品，不采取税收保全措施和强制执行措施。经批准，税务机关可以采取保全措施。
6. B［解析］由于税务机关的责任，产生的税款的追征，税务机关在 3 年内可要求纳税人、扣缴义务人补缴税款，但不得加收滞纳金。由于纳税人、扣缴义务人的责任，产生的税款的追征：①由于纳税人和扣缴义务人计算错误的，税务机关在 3 年内可以追征税款、滞纳金；有特殊情况的，追征期可以延长到 5 年。②由于纳税人和扣缴义务人偷税、抗税、骗税产生税款追征的，税务机关需要追征其未缴或少缴的税款、滞纳金或其骗取的税款，实行无限期追征。
7. ABC［解析］减免税分为法定减免、特案减免、临时减免。
8. B［解析］特案减免是指用特别的、专门的法规文件规定的减税、免税。

●考点再现

$Q_{7\text{-}8}$ 减免税分为法定减免、特案减免、临时减免。

（1）法定减免是指在税收法律和行政法规中明确规定的减税、免税。

（2）特案减免是指用特别的、专门的法规文件规定的减税、免税。

（3）临时减免是指为照顾纳税人生产、生活以及其他特殊困难而临时批准给予的减税、免税。

9. BCDE［**解析**］《国家税务总局关于城镇土地使用税等“六税一费”优惠事项资料留存备查的公告》（国家税务总局公告2019年第21号）规定，为贯彻落实党中央、国务院关于优化税务执法方式、深化“放管服”改革、改善营商环境的决策部署，切实减轻纳税人、缴费人负担，对城镇土地使用税、房产税、耕地占用税、车船税、印花税、城市维护建设税、教育费附加（简称“六税一费”）享受优惠有关资料实行留存备查管理方式。

10. ABC［**解析**］出口退税的形式包括：①不征不退的形式；②免、抵、退的形式；③先征后退的形式。

11. ABC［**解析**］出口退税是为鼓励出口而给予纳税人的税款退还，可退予进口关税、消费税、增值税。

12. A［**解析**］当期期末留抵税额大于当期免、抵、退税额时，当期应退税额＝当期免抵退税额，当期免抵税额＝0。

13. ABCE［**解析**］经济税源调查分析的方法包括：①进度分析；②趋势分析；③结构分析；④因素分析；⑤季节变动分析；⑥相关指标分析。

第 8 章　纳税检查

学习指导

本章常考的知识点有：纳税检查的基本方法、增值税会计科目的设置、销项税额的检查、进项税额的检查、销售收入的检查、税前准予扣除项目的检查、不得税前扣除项目的检查等。本章历年考查分数在 19 分左右。

本章需要掌握纳税检查的方法、账务调整的方法。增值税、消费税、企业所得税是纳税检查的重点对象，由于不同税种的检查要点不一样，因此要结合教材记忆。

日期	考点
Day 31	➢纳税检查的概念、必要性及范围 ➢纳税检查的基本方法 ➢会计凭证、会计账簿和会计报表的检查
Day 32	➢账务调整的基本方法 ➢增值税会计科目的设置
Day 33	➢销项税额的检查 ➢进项税额的检查 ➢销售收入的检查 ➢销售数量的检查
Day 34	➢年度收入总额的检查 ➢税前准予扣除项目的检查 ➢不得税前扣除项目的检查

Day 31

考点：纳税检查的概念、必要性及范围

1. ［单选］纳税检查的主体为（　　）。

A. 税务机关　　B. 纳税人　　C. 扣缴义务人　　D. 财政机关

2. ［多选］纳税检查的客体包括（　　）。

A. 纳税人　　B. 负税人

C. 代扣代缴义务人　　D. 代收代缴义务人

E. 纳税担保人

3. ［单选］纳税检查的对象是（　　）。

A. 纳税人所从事的经济活动和各种应税行为，以及履行纳税义务的情况

B. 扣缴义务人所从事的经济活动和各种应税行为，以及履行纳税义务的情况

C. 纳税人所从事的经济活动

D. 扣缴义务人所从事的经济活动

4. ［单选］税务机关查询案件涉嫌人员的储蓄存款时，需要履行的程序是（　　）。

A. 经税务所所长批准

B. 经县级税务局（分局）局长批准

C. 经稽查局局长批准

D. 经设区的市、自治州以上税务局（分局）局长批准

考点：纳税检查的基本方法

5. ［单选］按照检查的范围、内容、数量和查账粗细的不同，纳税检查的基本方法可以分为（　　）。

A. 顺查法与逆查法　　B. 比较分析法与推理分析法

C. 联系查法与侧面查法　　D. 详查法与抽查法

6. ［单选］按照查账的顺序的不同，纳税检查的基本方法可以分为（　　）。

A. 顺查法与逆查法　　B. 比较分析法与推理分析法

C. 联系查法与侧面查法　　D. 详查法与抽查法

7. ［单选］按照与检查资料之间的相互关系，纳税检查的基本方法可以分为（　　）。

A. 顺查法与逆查法　　B. 比较分析法与推理分析法

C. 联系查法与侧面查法　　D. 详查法与抽查法

8. ［单选］采用（　　）发现的问题，不宜作为定案的依据。

A. 详查法　　B. 抽查法　　C. 顺查法　　D. 分析法

9. ［单选］对企业的投入与产出分析一般采用（　　）法。

A. 推理分析　　B. 控制分析　　C. 比较分析　　D. 盘存分析

考点：会计凭证、会计账簿和会计报表的检查

10. ［多选］下列凭证中，属于自制原始凭证的有（　　）。

A. 进账单　　B. 汇款单　　C. 差旅费报销单　　D. 运费发票

E. 成本计算单

11. ［多选］下列凭证中，属于外来原始凭证的有（　　）。

A. 进账单　　B. 汇款单　　C. 差旅费报销单　　D. 运费发票

E. 成本计算单

12. ［单选］纳税检查中对会计报表检查时，不包括在损益表的检查分析中的项目内容是（　　）。

A. 主营业务收入　　B. 各项存货项目

C. 主营业务成本　　D. 销售费用

学习笔记

Day 32

考点：账务调整的基本方法

1. ［单选］当发现漏计会计账目时，可以采用的账务调整方法为（　　）。

A. 红字冲销法　　　　B. 补充登记法

C. 综合账务调整法　　D. 反向记账法

2. ［单选］一般适用于错用会计科目的情况，而且主要用于所得税纳税检查后的账务调整方法是（　　）。

A. 红字冲销法　　　　B. 补充登记法

C. 综合账务调整法　　D. 反向记账法

3. ［单选］在纳税检查中发现某企业当期有一笔属于职工福利费的费用支出 30 000 元记入到财务费用之中，对此应做的会计账务调整分录为（　　）。

A. 借：财务费用　30 000
　　贷：银行存款　30 000

B. 借：应付职工薪酬　30 000
　　贷：银行存款　30 000

C. 借：应付职工薪酬　30 000
　　贷：财务费用　30 000

D. 借：财务费用　30 000
　　贷：应付工资　30 000

4. ［单选］某企业当期应摊销无形资产 1 000 元，实际摊销 500 元。应作的账务调整分录为（　　）。

A. 借：管理费用　1 000
　　贷：累计摊销　1 000

B. 借：管理费用　500
　　贷：累计摊销　500

C. 借：累计摊销　500
　　贷：管理费用　500

D. 借：累计摊销　1 000
　　贷：管理费用　1 000

5. ［多选］在纳税检查中若发现以前年度有多计费用、少计收入的现象，正确的会计处理方法有（　　）。

A. 对于多计的费用，应调增“本年利润”科目的借方金额

B. 对于多计的费用，应调增“以前年度损益调整”科目的贷方金额

C. 对于少计的收入，应调增“本年利润”科目的借方金额

D. 对于少计的收入，应调增“以前年度损益调整”科目的贷方金额

E. 对于少计的收入，应调增“以前年度损益调整”科目的借方金额

考点：增值税会计科目的设置

扫码听课

6. ［单选］（　　）专栏，记录纳税人当月已交纳的应交增值税额。

A. 已交税金　　B. 预交增值税

C. 未交增值税　　D. 代扣代交增值税

7. ［单选］（　　）明细科目，核算当月交纳以前期间未交的增值税额。

A. 已交税金　　B. 预交增值税

C. 未交增值税　　D. 代扣代交增值税

8. ［多选］增值税一般纳税人应在“应交税费——应交增值税”明细账内设置（　　）专栏。

A. 进项税额　　B. 转出未交增值税

C. 减免税款　　D. 未交增值税

E. 待抵扣进项税额

9. ［单选］（　　）明细科目，核算一般纳税人已取得增值税扣税凭证并经税务机关认证，按照现行增值税制度规定准予以后期间从销项税额中抵扣的进项税额。

A. 待认证进项税额　　B. 待抵扣进项税额

C. 进项税额转出　　D. 进项税额

10. ［单选］当企业收到购货单位汇来的预付款时，其正确的账务处理是（　　）。

A. 借：银行存款
　　贷：主营业务收入

B. 借：银行存款
　　贷：主营业务收入
　　　　应交税费——应交增值税（销项税额）

C. 借：银行存款
　　贷：库存商品

D. 借：银行存款
　　贷：预收账款

11. ［单选］月份终了，将当月多交的增值税额转入“未交增值税”科目的会计处理是（　　）。

A. 借：应交税费——未交增值税
　　贷：应交税费——应交增值税（转出多交增值税）

B. 借：应交税费——应交增值税（转出未交增值税）
　　贷：应交税费——未交增值税

C. 借：应交税费——未交增值税
　　贷：应交税费——预交增值税

D. 借：应交税费——未交增值税
　　贷：银行存款

12. ［多选］一般纳税人发生的下列业务中所涉及的增值税，应通过“应交税费——应交增值税（进项税额转出）”科目核算的有（　　）。

A. 外购货物改变用途，用于集体福利

B. 外购货物由于自然灾害毁损

C. 外购货物改变用途，用于赠送

D. 外购货物由于管理不善被盗

E. 外购货物改变用途，用于分配

13. ［多选］需要通过“应交税费——预交增值税”核算的情形包括（　　）。

A. 提供建筑服务

B. 提供不动产经营租赁服务

C. 转让不动产

D. 7 月 15 日预缴 7 月 1 日至 10 日的应纳增值税

E. 房地产开发企业销售开发产品收到预收款时

学习笔记

Day 33

考点：销项税额的检查

1. ［单选］一般情况下，企业采用预收货款销售方式销售货物，收到货款时的正确账务处理为（　　）。

A. 借：银行存款
　　贷：预收账款

B. 借：银行存款
　　贷：主营业务收入

C. 借：银行存款
　　贷：主营业务收入
　　　　应交税费——应交增值税（销项税额）

D. 借：预收账款
　　贷：主营业务收入
　　　　应交税费——应交增值税（销项税额）

2. ［单选］某企业为增值税一般纳税人，2008 年 5 月 30 日采用缴款提货方式销售一批货物，收到货款 100 000 元、增值税税款 13 000 元，货物尚未发出，但发票和提货单已经交给购货方。则企业所作的账务处理中正确的是（　　）。

A. 借：银行存款　113 000
　　贷：主营业务收入　100 000
　　　　应交税费——应交增值税（销项税额）　13 000

B. 借：银行存款　113 000
　　贷：应付账款　113 000

C. 借：银行存款　113 000
　　贷：库存商品　113 000

D. 借：银行存款　113 000
　　贷：应付账款　100 000
　　　　应交税费——应交增值税（销项税额）　13 000

3. ［单选］如果延期收取的货款具有融资性质，确定应纳税收入的金额为（　　）。

A. 合同价款的公允价值

B. 合同约定的收款金额

C. 合同约定价款的价值

D. 商品现销价格

4. ［单选］某企业新试制一批高档化妆品用于职工奖励，无同类产品的对外售价，已知其生产成本为 20 000 元，成本利润率为 5%，消费税税率为 15%。企业计提消费税的正确会计分录为（　　）。

A. 借：应付职工薪酬　3 000
　　贷：应交税费——应交消费税　3 000

B. 借：管理费用 3 000
　　贷：应交税费——应交消费税 3 000

C. 借：税金及附加 3 705.88
　　贷：应交税费——应交消费税 3 705.88

D. 借：应付职工薪酬 3 705.88
　　贷：应交税费——应交消费税 3 705.88

考点：进项税额的检查

5. [单选] 某增值税一般纳税人购进一批原材料，取得增值税专用发票，但尚未认证，其进项税额应通过（　　）核算。

A. 应交税费——待认证进项税额

B. 应交税费——待抵扣进项税额

C. 应交税费——应交增值税（进项税额）

D. 原材料

6. [多选] 下列业务的会计核算中，需要通过“应交税费——应交增值税（进项税额转出）”科目核算的有（　　）。

A. 一般纳税人将外购货物改变用途，用于集体福利

B. 一般纳税人将自产产品用于非增值税基建工程

C. 一般纳税人将自产产品用于股东分配

D. 一般纳税人的产成品发生了因管理不善造成的非正常损失

E. 一般纳税人将委托加工收回的货物用于个人消费

考点：销售收入的检查

7. [单选] 下列业务中，属于酒厂受托加工业务的是（　　）。

A. 由委托方提供原料和主要材料，酒厂只收取加工费和代垫部分辅助材料加工的应税消费品

B. 由酒厂以委托方的名义购进原材料生产的应税消费品

C. 由酒厂提供原材料生产的应税消费品

D. 酒厂先将原材料卖给委托方，然后再接受加工的应税消费品

8. [单选] 委托加工应税消费品于受托方交货时由受托方代收代缴消费税，采用按组成计税价格计税，组成计税价格的公式为（　　）。

A. （材料成本－利润）/（1－消费税税率）

B. （材料成本－加工费）/（1－增值税税率）

C. （材料成本＋加工费）/（1－消费税税率）

D. （材料成本＋加工费）/（1＋增值税税率）

9. [单选] 企业发生视同销售行为，没有同类消费品销售价格时，消费税的计税价格为（　　）。

A. （成本－利润）/（1－增值税税率）

B. （成本－利润）/（1－消费税税率）

C. （成本＋利润）/（1－消费税税率）

D. （成本＋利润）/（1－增值税税率）

考点：销售数量的检查

10. ［单选］甲企业5月份账面记载A产品销售数量1 000件，不含税销售单价为200元。已知A产品月初结存数量100件，本月完工入库数量1 500件，通过实地盘点得知A产品月末库存数量为300件，甲企业应调增销售收入（　　）元。

A. 20 000　　　　B. 50 000

C. 60 000　　　　D. 100 000

11. ［单选］下列关于从量计征消费税计税依据确定方法的表述，错误的是（　　）。

A. 销售应税消费品的，为应税消费品的销售数量

B. 进口应税消费品的，为海关核定的应税消费品数量

C. 以应税消费品投资入股的，为应税消费品移送使用数量

D. 委托加工应税消费品的，为加工完成的应税消费品数量

学习笔记

Day 34

✔ 考点：年度收入总额的检查

1. ［多选］根据企业所得税法律制度的规定，销售收入确认的条件包括（　　）。
   A. 收入的金额能够可靠地计量
   B. 已发生或将发生的销售方的成本能够可靠地核算
   C. 企业已在财务账上作销售处理
   D. 相关经济利益流入
   E. 销售合同已签订，并将商品所有权相关的主要风险和报酬转移给购货方
2. ［多选］根据企业所得税法律制度的规定，下列收入的确认时间正确的有（　　）。
   A. 权益性投资收益，按照投资方取得投资收益的日期确认收入的实现
   B. 利息收入，按照收付利息的日期确认收入的实现
   C. 租金收入，按照实际收取租金的日期确认收入的实现
   D. 特许权使用费收入，按照合同约定的特许权使用人应付特许权使用费的日期确认收入的实现
   E. 接受捐赠收入，按照实际收到的捐赠资产的日期确认收入的实现
3. ［多选］根据企业所得税法律制度的规定，下列收入中属于免税收入的有（　　）。
   A. 国债利息收入
   B. 财政拨款
   C. 居民企业直接投资于其他居民企业 12 个月以上取得的投资收益
   D. 依法收取并纳入财政管理的行政事业性收费、政府性基金
   E. 汇兑收益

✔ 考点：税前准予扣除项目的检查

4. ［单选］制造产品所耗用的直接材料费用，应记入的会计账户为（　　）。
   A. 生产成本——基本生产成本　　B. 生产成本——辅助生产成本
   C. 制造费用　　D. 管理费用
5. ［单选］为制造产品或提供劳务而发生的成本是（　　）。
   A. 工资成本　　B. 制造费用成本
   C. 劳务成本　　D. 生产成本

✔ 考点：不得税前扣除项目的检查

6. ［单选］纳税人发生的下列捐赠中，不允许在税前扣除的是（　　）。
   A. 通过红十字会对地震灾区的物资捐赠
   B. 直接对福利院的捐款
   C. 通过县政府对某小学的捐款
   D. 通过政府部门捐款给西部地区，用于修建道路的款项
7. ［多选］某企业被工商部门处以罚款 10 000 元，正确的涉税会计处理有（　　）。
   A. 计入“营业外支出”科目

B. 不得在税前扣除

C. 计入“利润分配”科目

D. 不超过利润总额12%的部分，可以税前扣除

E. 冲减“营业外收入”科目

8. [单选] 下列项目中可以计入企业工资总额的是（　　）。

A. 年终加薪　　B. 雇员向企业投资而分配的股息所得

C. 劳动保护支出　　D. 独生子女补贴

9. [案例] 甲公司为增值税一般纳税人，生产并销售A产品，适用增值税税率为13%。2019年5月有关涉税资料如下：

销售A产品给小规模纳税人，价税合计收取113 000元，款项已收到。

销售A产品给一般纳税人，取得不含税价款200 000元，税款26 000元。同时收取包装物押金10 000元。

从小规模纳税人处购进原材料，取得普通发票，发票上注明金额50 000元，款项以银行存款支付。

企业转让一栋陈旧库房，取得转让收入1 000 000元，该库房的账面净值100 000元，转让过程中发生税费支出55 500元。

根据以上资料，回答下列问题：

(1) 甲企业销售A产品给小规模纳税人，正确的会计账务处理为（　　）。

A. 借：银行存款　113 000
　　贷：主营业务收入　113 000

B. 借：银行存款　113 000
　　贷：主营业务收入　100 000
　　　　应交税费——应交增值税（销项税额）　13 000

C. 借：银行存款　117 000
　　贷：主营业务收入　113 592.23
　　　　应交税费——应交增值税（销项税额）　3 407.77

D. 借：银行存款　113 000
　　贷：其他应付款　113 000

(2) 甲企业销售A产品给一般纳税人所收取的包装物押金，正确处理为（　　）。

A. 应通过“其他应付款”科目核算

B. 应计算缴纳增值税

C. 应通过“主营业务收入”科目核算

D. 应通过“其他业务收入”科目核算

(3) 从小规模纳税人处购进的原材料，正确的会计账务处理为（　　）。

A. 借：原材料　50 000
　　应缴税费——应交增值税（进项税额）　6 500
　　贷：银行存款　56 500

B. 借：原材料　　50 000
　　应缴税费——应交增值税（进项税额）　　1 500
　　贷：银行存款　　51 500

C. 借：原材料　　48 543.69
　　应缴税费——应交增值税（进项税额）　　1 456.31
　　贷：银行存款　　50 000

D. 借：原材料　　50 000
　　贷：银行存款　　50 000

（4）企业转让库房，正确的处理为（　　）。

A. 应缴纳消费税

B. 应缴纳增值税

C. 转让过程中发生的税收支出应通过“固定资产清理”科目核算

D. 转让净收入应转入“营业外收入”科目

学习笔记

本章学习检查表

知识点名称	初次学习		第一次复习		第二次复习	
	做对题目数/总题目数	学习日期	做对题目数/总题目数	复习日期	做对题目数/总题目数	复习日期
纳税检查的概念、必要性及范围						
纳税检查的基本方法						
会计凭证、会计账簿和会计报表的检查						
账务调整的基本方法						
增值税会计科目的设置						
销项税额的检查						
进项税额的检查						
销售收入的检查						
销售数量的检查						
年度收入总额的检查						
税前准予扣除项目的检查						
不得税前扣除项目的检查						

填写建议：

“做对题目数/总题目数”记录该知识点自己做题的情况，比如该知识点总题目数 10 题，做对了其中 7 题，记录为 7/10。

“学习日期”记录自己学习该知识点时的日期，建议把下一次进行复习的日期也写上。

备忘录

参考答案及解析

Day 31

1. A［**解析**］纳税检查的主体是税务机关，故 A 项正确。
2. ACDE［**解析**］纳税检查的客体是纳税人，同时包括代扣代缴义务人、代收代缴义务人、纳税担保人等。A、C、D、E 四项正确。
3. A［**解析**］纳税检查的对象是纳税人所从事的经济活动和各种应税行为，以及履行纳税义务的情况，A 项正确。

●考点再现

Q $_{1-3}$ 纳税检查的相关概念。

（1）纳税检查的主体：税务机关。

（2）纳税检查的客体：纳税人，还包括代扣代缴义务人、代收代缴义务人、纳税担保人等。

（3）纳税检查的对象：纳税人所从事的经济活动和各种应税行为，以及履行纳税义务的情况。

（4）纳税检查的依据：国家的各种税收法规、会计法规、企业财务制度。

4. D［**解析**］经县以上税务局（分局）局长批准，税务检查人员可凭全国统一格式的检查存款账户许可证明，查询从事生产、经营的纳税人、扣缴义务人在银行或者其他金融机构的存款账户。税务机关在调查税收违法案件时，经设区的市、自治州以上税务局（分局）局长批准，可以查询案件涉嫌人员的储蓄存款。故 D 项正确。
5. D［**解析**］按照检查的范围、内容、数量和查账粗细的不同，纳税检查的基本方法可以分为详查法和抽查法。
6. A［**解析**］按照查账的顺序的不同，纳税检查的基本方法可以分为顺查法和逆查法。
7. C［**解析**］按照与检查资料之间的相互关系，纳税检查的基本方法可以分为联系查法和侧面查法。

●考点再现

Q $_{5-7}$ 纳税检查的基本方法。

分类标准	类型	具体内容
按照检查的范围、内容、数量和查账粗细不同划分	详查法	适用于经济业务比较简单、会计核算制度不健全和财务管理比较混乱的企业
	抽查法	抽查效果的好坏，关键在于抽查对象的确定
按照查账的顺序不同划分	顺查法	按照凭证、账簿、报表、纳税情况的顺序进行检查
	逆查法	按照报表、账簿、凭证的反向顺序检查
按照与检查资料之间的相互关系划分	联系查法	主要包括账证之间、账账之间、账表之间进行相互对照检查，包括账内联系法和账外联系法
	侧面查法	根据平时掌握的征管、信访资料和职工群众反映的情况，对有关账簿记录进行核查的一种检查方法

8. D［解析］分析法仅能揭露事物内部的矛盾，不宜作为查账定案结论的依据。
9. B［解析］控制分析法是指一般运用于对生产企业的投入与产出、耗用与补偿的分析。

●考点再现

$Q_{8\text{-}9}$ 分析法是针对企业的会计资料，运用数理统计和逻辑思维推理对一般事物现象进行客观分析判断的一种纳税检查方法。仅能揭露事物内部的矛盾，不宜作为查账定案的依据。分析法的分类如下表。

分类	具体内容
比较分析法	根据企业会计报表中的账面数据，同企业的有关计划指标、历史资料或同类企业的相关数据进行动态和静态对比的一种分析方式
推理分析法	一般应用于企业资产变动与负债及所有者权益变动平衡关系的分析
控制分析法	一般运用于对生产企业的投入与产出、耗用与补偿的控制分析

10. CE［解析］进账单、汇款单、运费发票都是外来原始凭证。
11. ABD［解析］差旅费报销单、成本计算单都是自制原始凭证。

●考点再现

$Q_{10\text{-}11}$ 原始凭证分为外来原始凭证和自制原始凭证：

（1）外来原始凭证包括进货发票、进账单、汇款单、运费发票等。

（2）自制原始凭证包括各种报销和支付款项的凭证，其中对外自制凭证包括现金收据、实物收据等；对内自制凭证包括收料单、领料单、支出证明单、差旅费报销单、成本计算单等。

12. B［解析］纳税检查中对会计报表检查时，不包括在损益表的检查分析中的项目内容是各项存货项目。

Day 32

1. B［解析］发现漏计会计账目可以用补充登记法，故B项正确。
2. C［解析］综合账务调整法一般适用于错用会计科目的情况，而且主要用于所得税纳税检查后的账务调整。故C项正确。

●考点再现

$Q_{1\text{-}2}$ 账务调整的基本方法。

（1）红字冲销法适用于会计科目用错及会计科目正确但核算金额错误的情况。

（2）补充登记法适用于漏计或错账所涉及的会计科目正确，但核算金额小于应计金额的情况。

（3）综合掌握调整法适用于错用会计科目的情况，而且主要用于所得税纳税检查后的账务调整。

3. C［解析］正确的账务处理为：

借：应付职工薪酬　　30 000

　　贷：银行存款　　30 000

错误的账务处理为：

借：财务费用　　30 000

　　贷：银行存款　　30 000

账务调整如下：

借：应付职工薪酬　　30 000

　　贷：财务费用　　30 000

4. B［**解析**］正确的账务处理为：

借：管理费用　　1 000

　　贷：累计摊销　　1 000

错误的账务处理为：

借：管理费用　　500

　　贷：累计摊销　　500

账务调整如下：

借：管理费用　　500

　　贷：累计摊销　　500

5. BD［**解析**］对于影响上年度的所得可以直接调整“以前年度损益调整”账户。多计的收入，少计的费用调整“以前年度损益调整”的借方；少计的收入，多计的费用调整“以前年度损益调整”的贷方。故 B、D 两项正确。

6. A［**解析**］记录纳税人当月已交纳的应交增值税在“已交税金”专栏，故 A 项正确。

7. C［**解析**］核算当月交纳以前期间未交的增值税额是“未交增值税”科目。故 C 项正确。

●考点再现

Q $_{6\text{-}7}$ 增值税会计科目的设置。

（1）“已交税金”专栏，记录纳税人当月已交纳的应交增值税额。

（2）“预交增值税”明细科目，核算纳税人转让不动产、提供不动产经营租赁服务、提供建筑服务、采用预收款方式销售自行开发的房地产项目等，以及其他按现行增值税制度规定应预缴的增值税额。

（3）“未交增值税”明细科目，核算纳税人月度终了从“应交增值税”或“预交增值税”明细科目转入当月应交未交、多交或预缴的增值税额，以及当月交纳以前期间未交的增值税额。

（4）“代扣代交增值税”明细科目，核算纳税人购进在境内未设经营机构的境外单位或个人在境内的应税行为代扣代缴的增值税。

8. ABC［**解析**］增值税一般纳税人应在“应交增值税”明细账内设置“进项税额”“销项税额抵减”“已交税金”“转出未交增值税”“减免税款”“出口抵减内销产品应纳税额”“销项税额”“出口退税”“进项税额转出”等专栏。未交增值税、待抵扣进项税额是应交税费的二级明细科目。

9. B［**解析**］“待抵扣进项税额”明细科目，核算一般纳税人已取得增值税扣税凭证并经税务机关认证，按照现行增值税制度规定准予以后期间从销项税额中抵扣的进项税额。

10. D［**解析**］采用预收货款方式销售产品（商品），于企业发出产品（商品）时，确认销售实现。企业收到货款时，账务处理为：

借：银行存款

  贷：预收账款

11. A［**解析**］(1) 月份终了，将当月应交未交增值税额从“应交税费——应交增值税”科目转入“未交增值税”科目，会计处理为：

借：应交税费——应交增值税（转出未交增值税）

  贷：应交税费——未交增值税

(2) 月份终了，将当月多交的增值税额自“应交税费——应交增值税”科目转入“未交增值税”科目，会计处理为：

借：应交税费——未交增值税

  贷：应交税费——应交增值税（转出多交增值税）

(3) 月份终了，将当月预缴的增值税额自“应交税费——预交增值税”科目转入“未交增值税”科目，会计处理为：

借：应交税费——未交增值税

  贷：应交税费——预交增值税

(4) 当月交纳以前期间未交的增值税额，会计处理为：

借：应交税费——未交增值税

  贷：银行存款

12. AD［**解析**］B项，因自然灾害毁损的外购货物不需要进项税额转出；C、E两项属于视同销售应计算销项税额，其对应进项税额可以抵扣，不需要转出处理。

13. ABCE［**解析**］“预交增值税”核算纳税人转让不动产、提供不动产经营租赁服务、提供建筑服务、采用预收款方式销售自行开发的房地产项目等，以及其他按规定应预缴的增值税额。

Day 33

1. A［**解析**］一般情况下，企业采用预收货款销售方式销售货物，收到货款时的账务处理：

借：银行存款

  贷：预收账款

2. A［**解析**］在缴款提货销售的情况下，如货款已经收到，发票账单和提货单已经交给买方，无论商品是否已经发出，都作为销售的实现。

3. A［**解析**］如果延期收取的货款具有融资性质，其实质是企业向购买方提供免息的信贷时，企业应当按照应收的合同或协议价款的公允价值确定收入金额。

4. C［**解析**］题目中的行为属于自产自用行为，按照税法的有关规定，企业要视同销售计算增值税、消费税。该产品无同类产品的对外售价，因此要按组成计税价格计算。经查该产品生产成本为20 000元，成本利润率为5%，消费税税率为15%，其组成计税价格的计算公式为：组成计税价格＝（成本＋利润）/（1－消费税税率）＝（20 000＋20 000×5%）/（1－15%）＝21 000 /85% ≈24 705.88（元）。故应纳消费税＝24 705.88×15%

≈3 705.88（元）。

5. A［解析］某增值税一般纳税人购进一批原材料，取得增值税专用发票，但尚未认证，其进项税额应通过“应交税费——待认证进项税额”核算。故 A 项正确。

6. AD［解析］B、C、E 三项属于税法规定视同销售的情形，其进项税额可以抵扣，不需要转出处理。

7. A［解析］委托加工的应税消费品是指由委托方提供原料和主要材料，受托方只收取加工费和代垫部分辅助材料加工的应税消费品。故 A 项正确。

8. C［解析］委托加工应税消费品于受托方交货时由受托方代收代缴消费税，采用按组成计税价格计税，组成计税价格的公式为（材料成本＋加工费）/（1－消费税税率）。

9. C［解析］企业发生视同销售行为，没有同类消费品销售价格时，消费税的计税价格为（成本＋利润）/（1－消费税税率）。

10. C［解析］本期产品销售数量＝上期产品结存数量＋本期产品完工数量－本期产品结存数量＝100＋1 500－300＝1 300（件），甲企业应调增销售收入＝（1 300－1 000）×200＝60 000（元）。

11. D［解析］委托加工应税消费品的，为纳税人收回的应税消费品数量，D 项错误。

Day 34

1. ABE［解析］企业销售货物同时满足下列条件的，应确认收入的实现：①商品销售合同已经签订，企业已将商品所有权相关的主要风险和报酬转移给购货方；②企业对已售出的商品既没有保留通常与所有权相联系的继续管理权，也没有实施有效控制；③收入的金额能够可靠地计量；④已发生或将发生的销售方的成本能够可靠地核算。

2. DE［解析］A 项，权益性投资收益，按照被投资方做出利润分配决定的日期确认收入的实现；B 项，利息收入，按照合同约定的债务人应付利息的日期确认收入的实现；C 项，租金收入，按照合同约定的承租人应付租金的日期确认收入的实现。

3. AC［解析］财政拨款、依法收取并纳入财政管理的行政事业性收费、政府性基金属于不征税收入；汇兑收益属于征税的收入。

4. A［解析］直接材料的归集应遵循的原则如下表。

不同情况的直接材料	归集原则
属于制造产品耗用的直接材料费用	计入“生产成本——基本生产成本”
属于辅助生产车间为进行产品或劳务生产而耗用的直接材料费用	计入“生产成本——辅助生产成本”
属于几种产品共同耗用的直接材料费用（由于在领用时没有办法确定每种产品耗用的数量，应按照一定标准在各种产品之间进行分配，然后根据分配环节和对象进行归集）	计入“生产成本——基本生产成本”或“生产成本——辅助生产成本”

5. D［解析］生产成本，是指为制造产品或提供劳务而发生的成本。

6. B［解析］非公益救济性捐赠是不允许在税前扣除的，要区分“公益救济性捐赠”和“非公益救济性捐赠”。公益性捐赠，是指企业通过公益性社会团体或者县级以上人民政府及其部门，用于《中华人民共和国公益事业捐赠法》规定的公益事业的捐赠。B项直接捐款，是非公益救济性捐赠，因此不允许在税前扣除。故选择B项。

7. AB［**解析**］税收滞纳金、罚金、罚款，现行会计制度允许企业将该项支出在“营业外支出”科目中核算，但计算应纳税所得额时不得扣除。

8. A［**解析**］工资薪金，是指企业每一纳税年度支付给在本企业任职或者受雇的员工的所有现金形式或者非现金形式的劳动报酬，包括基本工资、奖金、津贴、补贴、年终加薪、加班工资，以及与员工任职或者受雇有关的其他支出。企业发生的合理的工资薪金支出，准予扣除。必须是实际发放的才能扣除，计提的不能扣除。

9. （1）B［**解析**］甲企业销售A产品给小规模纳税人的会计财务处理为：

借：银行存款　　113 000
　　贷：主营业务收入　　100 000
　　　　应交税费——应交增值税（销项税额）　　13 000

（2）A［**解析**］企业收取的包装物押金，通过“其他应付款——包装物押金”科目核算。

（3）D［**解析**］从小规模纳税人处购进原材料的会计财务处理为：

借：原材料　　50 000
　　贷：银行存款　　50 000

（4）BCD［**解析**］企业转让库房，发生税费支出会计处理为：

借：固定资产清理
　　贷：应交税费——应交增值税

转让净收入计入“营业外收入”，转让净支出计入“营业外支出”，故B、C、D三项正确。

第 9 章 公债

学习指导

本章常考的知识点有：公债制度、公债市场的功能、直接隐性债务和或有债务的概念、我国直接隐性债务和或有债务。本章历年考查分数在 4 分左右。

本章内容较少，考点也比较突出，需要重点掌握本章仅有的几个考点，尤其是公债市场的概念及其分类、我国政府直接隐性债务和或有债务。掌握典型例题，本章内容并不难。

日期	考点
Day 35	➢公债的含义 ➢公债制度 ➢公债市场的概念及其分类
Day 36	➢公债市场的功能 ➢直接隐性债务和或有债务的概念 ➢我国政府直接隐性债务和或有债务

Day 35

考点：公债的含义

1. [多选] 公债产生具备的两个基本条件包括（　　）。

A. 财政支出需要　　B. 财政收入需要

C. 社会闲置资金的存在　　D. 社会保障制度的健全

E. 社会相关法律制度的完善

2. [单选] 国家信用筹资的主要方式是（　　）。

A. 公债　　B. 税收

C. 罚款　　D. 规费

考点：公债制度

3. [单选] 发行公债不应导致证券市场的巨大波动，特别是要维持债券市场价格的稳定的公债发行原则是（　　）。

A. 景气发行原则　　B. 稳定市场秩序原则

C. 发行成本最小原则　　D. 发行有度原则

4. [多选] 下列选项中，属于公债偿还来源的有（　　）。

A. 通过预算安排　　B. 设置偿债基金

C. 举借新债　　D. 政府资金

E. 行政收费

5. ［单选］发行主体不预先确定发行条件，而是委托发行网点和代理销售机构相机确定，且可随时调整发行条件，调节发行流量，这种公债发行方式是（　　）。

A. 直接发行方式　　B. 承购包销方式
C. 公募招标方式　　D. 连续发行方式

6. ［单选］根据预算法，我国对地方政府发行公债管理权限的规定是（　　）。

A. 地方政府可自行发行公债
B. 地方政府发行公债的规模经国务院确定
C. 地方政府所属部门可根据实际情况发行公债
D. 地方公债用于解决本地区财政经费的不足

考点：公债市场的概念及其分类

7. ［单选］公债二级市场一般是（　　）之间的交易场所。

A. 政府与证券承销机构　　B. 公债承购机构与认购者
C. 公债持有者与政府　　D. 公债发行者与公债认购者

8. ［单选］关于公债市场的说法，错误的是（　　）。

A. 公债市场是证券市场的一个组成部分
B. 公债的发行市场是一级市场
C. 公债的发行市场是流通市场存在的前提条件
D. 流通市场是公债的发行市场存在的前提条件

9. ［多选］下列关于公债发行市场与公债流通市场的表述，正确的有（　　）。

A. 公债发行市场以公债流通市场为前提
B. 只有在公债发行市场才能创造出新的资产
C. 公债流通市场分为证券交易所交易和场外交易
D. 公债流通市场是公债交易的第二阶段
E. 证券交易所交易是指在指定的交易所营业厅和证券公司柜台从事的交易

学习笔记

Day 36

考点：公债市场的功能

1. ［多选］公债市场的功能有（　　）。
   A. 实现公债发行　　B. 实现公债偿还
   C. 调节资金总量　　D. 调节社会资金的运行
   E. 调节收入分配

2. ［多选］公债市场具有调节社会资金的运行、提高社会资金效率的功能，这种功能具体表现在（　　）。
   A. 公债市场是一国金融市场的重要组成部分
   B. 公债市场拓宽了居民的投资渠道
   C. 公债市场的发展有利于商业银行资本结构的完善
   D. 公债市场是连接货币市场和资本市场的渠道
   E. 公债市场的发展扩大商业银行的贷款规模

考点：直接隐性债务和或有债务的概念

3. ［单选］从债务风险的角度看，由财政直接承担的债务是（　　）。
   A. 直接显性债务　　B. 直接隐性债务
   C. 或有显性债务　　D. 或有隐性债务

考点：我国政府直接隐性债务和或有债务

4. ［多选］下列属于直接显性债务的有（　　）。
   A. 欠发职工工资而形成的债务
   B. 粮食收购和流通中的亏损挂账
   C. 社会保障资金缺口所形成的债务
   D. 公共部门的债务
   E. 金融机构不良资产

5. ［多选］政府直接显性债务包括（　　）。
   A. 公共部门的债务　　B. 乡镇财政债务
   C. 欠发公办学校教师工资　　D. 金融机构不良资产
   E. 国债

6. ［多选］下列属于直接隐性债务的有（　　）。
   A. 失业救济
   B. 粮食收购和流通中的亏损挂账
   C. 社会保障资金缺口所形成的债务
   D. 公共部门的债务
   E. 金融机构不良资产

7. ［多选］政府或有隐性债务包括（　　）。
   A. 政策性金融债券　　B. 乡镇财政债务

C. 欠发公办学校教师工资　　D. 金融机构不良资产

E. 国有企业未弥补亏损

8. ［单选］下列属于或有显性债务的是（　　）。

A. 公共部门的债务

B. 乡镇财政债务

C. 欠发公办学校教师工资

D. 金融机构不良资产

学习笔记

本章学习检查表

知识点名称	初次学习		第一次复习		第二次复习	
	做对题目数/总题目数	学习日期	做对题目数/总题目数	复习日期	做对题目数/总题目数	复习日期
公债的含义						
公债制度						
公债市场的概念及其分类						
公债市场的功能						
直接隐性债务和或有债务的概念						
我国政府直接隐性债务和或有债务						

填写建议：

“做对题目数/总题目数”记录该知识点自己做题的情况，比如该知识点总题目数 10 题，做对了其中 7 题，记录为 7/10。

“学习日期”记录自己学习该知识点时的日期，建议把下一次进行复习的日期也写上。

备忘录

参考答案及解析

Day 35

1. AC［**解析**］公债的产生要具备两个基本条件包括：①财政支出需要；②社会闲置资金的存在。
2. A［**解析**］国家信用筹资的主要方式是公债。
3. B［**解析**］公债发行的原则有：①景气发行原则是指发行公债应根据社会经济状况而定，必须有利于社会经济的稳定和发展；②稳定市场秩序原则，是指发行公债不应导致证券市场的巨大波动，特别是要维持债券市场价格的稳定；③发行成本最小原则，是指证券的利息支出及其发行费用支出应尽量节约，最大限度地降低其筹集资本的成本；④发行有度原则，是指公债发行量要适度，既要考虑到财政资金运用的需要，也要考虑到社会、居民的应债能力。
4. ABC［**解析**］各国政府用于偿还公债的资金来源主要有：①通过预算安排；②设置偿债基金；③举借新债。
5. D［**解析**］连续发行方式是发行主体不预先确定发行条件，而是委托发行网点和代理销售机构相机确定，且可随时调整发行条件，调节发行流量。

●考点再现

Q $_{4\text{-}5}$ 公债发行的方式：

（1）直接发行方式，即发行主体直接向个人或机构投资者销售公债。

（2）承购包销方式，即发行主体与承销人共同协商发行条件，签订承销合同，明确双方权利义务关系，由承销人向投资者分销。

（3）公募招标方式，即通过金融市场公开招标、投标确定发行条件。

（4）连续发行方式，即发行主体不预先确定发行条件，而是委托发行网点和代理销售机构相机确定，且可随时调整发行条件，调节发行流量。

6. B［**解析**］经国务院批准的省、自治区、直辖市的预算中必须的建设投资的部分资金，可以在国务院确定的限额内，通过发行地方政府债券举借债务的方式筹措。故A、C、D三项错误。地方政府发行公债的规模经国务院确定。故B项正确。
7. B［**解析**］公债二级市场，是公债交易的第二阶段。一般是公债承购机构与认购者之间的交易。故B项正确。
8. D［**解析**］发行市场的存在是流通市场存在的前提条件。故D项错误。
9. BCD［**解析**］公债发行市场的存在是公债流通市场存在的前提条件，A项错误。证券交易所交易指在指定的交易所营业厅从事的交易，E项错误。

●考点再现

Q $_{7\text{-}9}$ 公债市场按构成分为发行市场和流通市场：

（1）发行市场，称为一级市场或者初级市场，为发行新债券提供销售场所，国家在该市场中从认购者手中筹集到所需资金。公债发行市场的存在是公债流通市场存在的前提条件。

（2）流通市场，称为公债二级市场，是公债交易的第二阶段。一般是公债承购机构与认购者之间的交易，也包括公债持有者与政府或者公债认购者之间的交易。分为证券交易所交易和场外交易。

Day 36

1. ABD［**解析**］公债市场的功能：①实现公债的顺利发行和偿还；②合理有效调节社会资金的运行，提高社会资金效率。
2. ABCD［**解析**］公债市场可以有效调节社会资金的运行，提高社会资金效率，体现在：①公债市场是一国金融市场的重要组成部分；②公债市场拓宽了居民的投资渠道；③公债市场的发展有利于商业银行资本结构的完善，有利于降低不良资产率，使其抗风险能力大大增强；④公债市场是连接货币市场和资本市场的渠道；⑤公债是央行在公开市场上最重要的操作工具。
3. A［**解析**］直接债务和或有债务又可以从债务风险的角度进一步划分为两种类型：显性债务和隐性债务。直接债务风险，即由财政直接承担的债务，相当于世界银行所指的直接显性债务。
4. AB［**解析**］直接显性债务包括公债、欠发工资而形成的债务、粮食收购和流通中的亏损挂账和乡镇财政债务。
5. BCE［**解析**］直接显性债务包括公债、欠发工资而形成的债务、粮食收购和流通中的亏损挂账和乡镇财政债务。
6. AC［**解析**］直接隐性债务主要是社会保障资金缺口所形成的债务，目前随着我国老龄化社会的形成，养老保险资金的缺口是较为严重的问题。另外，随着经济结构的调整和经济增长速度变缓等，失业救济的负担也在不断加重，这些都形成了政府的直接隐性债务。
7. DE［**解析**］或有隐性债务包括：①金融机构不良资产；②国有企业未弥补亏损；③对供销社系统及对农村合作基金会的援助。
8. A［**解析**］或有显性债务包括公共部门的债务、公债投资项目的配套资金。

第 10 章 政府预算理论与管理制度

学习指导

本章常考的知识点有：现代政府预算的多重研究视角、政府预算编制模式、部门预算制度、地方债务预算管理、政府采购制度、政府预算绩效管理的内涵等。本章历年考查分数在 4 分左右。

本章是政府预算制度的相关内容，文字性内容比较多，这部分内容在理解记忆时，需要重点掌握政府预算管理中的共同治理、优化政府预算决策的路径、政府预算编制模式的类型等知识点。

日期	考点
Day 37	➢政府预算的含义 ➢政府预算的基本特征 ➢现代政府预算的多重研究视角 ➢政府预算管理中的共同治理
Day 38	➢政府预算的决策程序 ➢政府预算编制模式
Day 39	➢政府预算的原则 ➢政府预算的政策 ➢部门预算制度 ➢跨年度预算平衡机制
Day 40	➢地方债务预算管理 ➢政府采购制度 ➢现代国库制度 ➢政府预算的审查、批准和监督制度
Day 41	➢预算违法行为的法律责任 ➢政府预算绩效管理的内涵 ➢政府预算绩效管理的前提 ➢我国政府预算的绩效管理

Day 37

考点：政府预算的含义

1. ［单选］从性质上看，政府预算是（　　）。

A. 年度政府财政收支计划　　　B. 政府调控经济和社会发展的重要手段

C. 具有法律效力的文件　　D. 月度政府财政收支计划

2. ［单选］从作用上看，政府预算是（　　）。

A. 政府财政收支计划　　B. 具有法律效力的文件

C. 反映公共资源分配的工具　　D. 政府调控经济和社会发展的手段

3. ［多选］下列关于政府预算的表述中，正确的有（　　）。

A. 政府预算是政府年度财政收支计划

B. 政府预算必须经过国家行政机关批准后据以执行

C. 政府预算是具有法律效力的文件

D. 政府预算反映公共资源的分配和政府职能范围

E. 政府预算是政府调控经济和社会发展的重要手段

✔ **考点**：政府预算的基本特征

4. ［多选］政府预算的基本特征包括（　　）。

A. 法律性　　B. 预测性

C. 集中性　　D. 综合性

E. 相关性

5. ［单选］相对于封建专制的预算来说，现代预算最鲜明的特征是（　　）。

A. 预测性　　B. 综合性

C. 法律性　　D. 集中性

6. ［单选］政府预算是各项财政收支的汇集点和枢纽，这体现了政府预算的（　　）。

A. 预测性　　B. 法律性

C. 集中性　　D. 综合性

✔ **考点**：现代政府预算的多重研究视角

7. ［单选］主要从社会公众通过立法机构规范政府预算行为的角度出发，其视角属于（　　）。

A. 经济学　　B. 政治学

C. 管理学　　D. 法学

8. ［单选］（　　）对政府预算的研究主要强调预算与整个社会之间的互动关系，将预算放在整个社会的大背景下展开讨论。

A. 管理学　　B. 社会学

C. 法学　　D. 政治学

9. ［单选］管理学的研究观点主张：影响组织行为唯一的、最有效的工具是（　　）。

A. 结构　　B. 计划

C. 控制　　D. 预算

✔ **考点**：政府预算管理中的共同治理

10. ［多选］预算资金监督制衡方的行为特征包括（　　）。

A. 具有委员会决策机制的特点

B. 代表人民的利益

C. 具有双重委托—代理关系

D. 面临不同偏好加总的困难

E. 有追求预算规模最大化的内在冲动

11. ［单选］预算资金的监督制衡方最基本的行为特征是（　　）。

A. 代表人民的利益

B. 具有委员会决策机制特点

C. 面临不同偏好加总的困难

D. 需要组织协调的交易成本

12. ［单选］关于政府预算资金供给方行为特征的说法，正确的是（　　）。

A. 有追求预算规模最大化的冲动

B. 有诱发设租寻租收益的可能

C. 有委员会决策机制的特点

D. 代表人民的利益

13. ［单选］关于预算资金需求方行为特征的说法，正确的是（　　）。

A. 预算资金需求方具有集体决策机制的特点

B. 预算资金需求方具有双重的委托代理管理

C. 预算资金需求方有追求预算资金规模化最大化的倾向

D. 预算资金需求方有诱发设租寻租的可能

学习笔记

Day 38

考点：政府预算的决策程序

1. [多选] 政府预算的决策是对公共偏好的选择，其特征有（　　）。
   A. 公共偏好以个人为评价基础
   B. 公共偏好以国家偏好为基础
   C. 公共偏好由公民直接决策
   D. 公共偏好由政治程序决策
   E. 公共偏好由国家进行归集

2. [多选] 政府预算政治决策程序的强制性主要表现在（　　）。
   A. 预算标准的强制性
   B. 偏好表达的强制性
   C. 投票规则的强制性
   D. 政策意志的强制性
   E. 决策结果的强制性

3. [多选] 下列关于政府预算决策程序的说法，正确的有（　　）。
   A. 预算决策依据与预测结论的不确定性需要法定决策程序保证
   B. 政府预算决策的对象是公共偏好
   C. 公共偏好以社会公共需要为评价基础
   D. 公共偏好采取政治程序决策
   E. 政府预算的政治决策程序具有强制性

4. [单选] 政府预算决策的对象是（　　）。
   A. 程序合理
   B. 依据合法
   C. 公共偏好
   D. 政府需要

考点：政府预算编制模式

5. [多选] 按预算的编制方法分类，政府预算可分为（　　）。
   A. 绩效预算
   B. 零基预算
   C. 投入预算
   D. 部门单位预算
   E. 基数预算

6. [多选] 最早实行复式预算的国家有（　　）。
   A. 丹麦
   B. 印度
   C. 瑞典
   D. 英国
   E. 法国

7. [单选] 复式预算中经常预算的资金来源主要是（　　）。
   A. 税收收入
   B. 债务收入
   C. 利润收入
   D. 收费收入

8. [单选] 零基预算的优点不包括（　　）。
   A. 预算收支安排不受以往年度收支的约束
   B. 可以充分发挥预算政策的调控功能
   C. 编制工作简便易行
   D. 可突出当年政府的经济社会政策重点

9. ［单选］关于预算模式的说法，属于投入导向预算模式的典型特征的是（　　）。
A. 全部预算收支汇集编入一个总预算中
B. 以上年度预算收支作为编制预算的依据
C. 限制资金在不同预算项目间的转移
D. 在成本效益分析基础上确定支出预算

10. ［单选］就预算年度来说，属于历年制的是（　　）。
A. 1 月 1 日至 12 月 31 日
B. 4 月 1 日至次年 3 月 31 日
C. 7 月 1 日至次年 6 月 30 日
D. 10 月 1 日至次年 9 月 30 日

11. ［单选］对社会保险基金预算的说法，错误的是（　　）。
A. 按统筹地区编制执行
B. 专项基金、专款专用
C. 可用于平衡公共财政预算
D. 收支平衡、留有结余

12. ［多选］一般公共预算支出按照其经济性质分类，可以分为（　　）。
A. 一般公共服务支出
B. 工资福利支出
C. 商品和服务支出
D. 资本性支出
E. 社会保障及就业支出

13. ［多选］中央一般公共预算收入编制内容包括（　　）。
A. 本级一般公共预算收入
B. 从国有资本经营预算调入资金
C. 地方上解收入
D. 对地方的税收返还和转移支付
E. 从预算稳定调节基金调入资金

14. ［单选］中央政府性基金预算收入编制的内容不包括（　　）。
A. 本级政府性基金各项目收入
B. 上一年度结余
C. 地方上解收入
D. 上级转移支付

15. ［单选］中央国有资本经营预算支出编制内容不包括（　　）。
A. 本级支出
B. 向一般公共预算调出资金
C. 对地方特定事项的转移支付
D. 上解上级支出

学习笔记

Day 39

考点：政府预算的原则

1. ［单选］要求预算部门的收支应以总额列入预算，而不应当只列入收支相抵的净额，这体现了政府预算的（　　）原则。

A. 可靠性　　B. 完整性

C. 统一性　　D. 年度性

2. ［单选］一切财政收支都要在政府预算中反映，这体现了政府预算的（　　）原则。

A. 可靠性　　B. 完整性

C. 统一性　　D. 年度性

考点：政府预算的政策

3. ［单选］主张“以丰补欠、以盈补亏”，从而达到维持和稳定经济目的的是（　　）。

A. 预算平衡政策　　B. 功能财政预算政策

C. 充分就业预算平衡政策　　D. 周期平衡预算政策

4. ［单选］财政应在一个完整的经济周期内保持收支平衡，而不是在某个特定的财政年度或一个日历时期内保持平衡的政策是（　　）。

A. 健全财政政策　　B. 周期平衡预算政策

C. 充分就业预算政策　　D. 预算平衡政策

5. ［单选］提出财政预算应在一个完整的经济周期内保持收支平衡理论的经济学家是（　　）。

A. 阿尔文·汉森　　B. 勒纳

C. 巴斯坦布尔　　D. 亚当·斯密

扫码听课

考点：部门预算制度

6. ［单选］根据重点性原则，先保证基本支出，后安排项目支出；先重点、急需项目，后一般项目。属于部门预算的（　　）原则。

A. 合法性　　B. 真实性

C. 稳妥性　　D. 重点性

7. ［多选］下列原则中，属于基本支出预算的编制原则的有（　　）。

A. 综合预算的原则　　B. 科学论证、合理排序的原则

C. 优先保障的原则　　D. 追踪问效的原则

E. 定员定额管理的原则

8. ［单选］关于部门预算编制范围的说法，正确的是（　　）。

A. 部门预算只包括预算内资金　　B. 部门预算只包括财政性资金

C. 部门预算按财政资金性质归口管理　　D. 不同性质来源的资金统一编入部门预算

9. ［多选］项目支出预算的特征有（　　）。

A. 专项性　　B. 多样性

C. 独立性　　D. 完整性

E. 复杂性

考点：跨年度预算平衡机制

10. ［多选］我国构建跨年度预算平衡机制主要包括的内容有（　　）。

A. 预算超收及短收的平衡机制

B. 预算赤字的弥补机制

C. 实施中期财政规划管理

D. 地方债务预算平衡的保证机制

E. 年度内预算协调机制

11. ［单选］一般公共预算中出现超收收入的通常处理方式是（　　）。

A. 冲减赤字或化解债务后用于补充预算稳定调节基金

B. 直接加入政府性基金

C. 补充预算周转金

D. 增加预备费

学习笔记

Day 40

考点：地方债务预算管理

1. [单选] 新修订的《预算法》适度准予地方政府举借债务。举借的债务应当有偿还计划和稳定的偿还资金来源，只能用于（　　）。

A. 建设性支出　　B. 公益性资本支出

C. 经常性支出　　D. 经济建设

考点：政府采购制度

扫码听课

2. [多选] 我国《政府采购法》确立的政府采购的基本原则包括（　　）。

A. 公开透明原则　　B. 公平竞争原则

C. 公正原则　　D. 诚实信用原则

E. 守信原则

3. [单选] 我国《政府采购法》中建立的回避制度符合（　　）。

A. 公开透明原则　　B. 公平竞争原则

C. 公正原则　　D. 诚实信用原则

4. [单选] 通过公开程序，邀请供应商提供资格文件，只有通过资格审查的供应商才能参加后续招标，这种采购方式称为（　　）。

A. 公开招标采购　　B. 选择性招标采购

C. 限制性招标采购　　D. 非竞争性招标采购

5. [单选] 适用于紧急情况或涉及高科技应用产品和服务的采购方式是（　　）。

A. 单一来源采购　　B. 竞争性谈判采购

C. 公开招标采购　　D. 国内国外询价采购

6. [单选] 我国政府采购法对政府采购主体所做的界定中不包括（　　）。

A. 国家机关　　B. 事业单位

C. 社会团体　　D. 国有企业

考点：现代国库制度

7. [单选] 现代国库管理的基本制度是（　　）。

A. 财政收入的收纳制度　　B. 财政收入的划分和报解办法

C. 库款的支拨程序　　D. 国库集中收付管理

8. [多选] 国库现金管理是指在确保国库现金支付需要的前提下，以实现（　　）为目标的一系列财政管理活动。

A. 国库闲置现金最小化　　B. 国库现金最大化

C. 投资收益最大化　　D. 财政管理成本最小化

E. 财政结余

9. [多选] 公债余额管理包括（　　）。

A. 公债限额管理　　B. 公债全额管理

C. 预算差额管理　　D. 公债发行额管理

E. 公债储备额管理

✓ **考点**：政府预算的审查、批准和监督制度

10. ［单选］政府预算监督有广义和狭义之分，狭义的预算监督的主体是（　　）。

A. 司法机关　　B. 财政机关

C. 社会舆论　　D. 中央银行

11. ［多选］政府预算监督的特点包括（　　）。

A. 预算监督体系的集中性　　B. 预算监督主体的多元性

C. 预算监督过程的全面性　　D. 预算监督依据的法律性

E. 预算监督形式的多样性

12. ［单选］一般而言，发达国家的预算职能分工中，（　　）预算审批。

A. 行政机关　　B. 立法机关

C. 司法机关　　D. 检察院

13. ［单选］我国法定的预算审批部门是（　　）。

A. 各级人民代表大会　　B. 各级人民代表大会常务委员会

C. 各级人民法院　　D. 地方各级人民政府

学习笔记

Day 41

考点：预算违法行为的法律责任

1. [多选] 各级政府及有关部门、单位有下列（　　）行为之一的，责令改正，对负有直接责任的主管人员和其他直接责任人员依法给予降级、撤职、开除的处分。

A. 未将所有政府收入和支出列入预算或者虚列收入和支出的

B. 截留、占用、挪用或者拖欠应当上缴国库的预算收入的

C. 擅自改变上级政府专项转移支付资金用途的

D. 违反规定举借债务或者为他人债务提供担保

E. 违反规定拨付预算支出资金，办理预算收入收纳、划分、留解、退付，或者违反规定冻结、动用国库库款或者以其他方式支配已入国库库款的

考点：政府预算绩效管理的内涵

2. [单选] 政府预算绩效管理又被称为（　　）。

A. 以过程为导向的预算管理

B. 以市场为导向的预算管理

C. 以结果为导向的预算管理

D. 以政府支出为导向的预算管理

考点：政府预算绩效管理的前提

3. [多选] 政府预算绩效管理的前提有（　　）。

A. 构建绩效评价框架体系

B. 赋予部门管理者充分的自主权

C. 强化部门管理者的责任

D. 以收付实现制计量政府成本

E. 建立绩效预算管理的制度和组织保障

4. [单选] 确立绩效预算作为公共财政改革重要组成部分的新西兰财政法律是（　　）。

A. 《国家部门法案》　　B. 《公共财政法案》

C. 《财政责任法案》　　D. 《预算与会计法》

考点：我国政府预算的绩效管理

5. [多选] 预算绩效管理是一个由（　　）共同组成的综合系统。

A. 绩效目标管理　　B. 绩效运行跟踪监控管理

C. 预算编制　　D. 绩效评价实施管理

E. 绩效评价结果反馈和应用管理

6. [多选] 全面实施绩效管理的维度有（　　）。

A. 构建全方位预算绩效管理格局

B. 实施政府预算绩效管理

C. 建立全过程预算绩效管理链条

D. 建立绩效评估机制

E. 完善全覆盖预算绩效管理体系

7. ［多选］健全预算管理制度，需要（　　）。

A. 完善预算绩效管理流程
B. 健全预算绩效标准体系
C. 明确绩效管理责任约束
D. 强化绩效管理激励约束
E. 建立绩效评估机制

学习笔记

本章学习检查表

知识点名称	初次学习		第一次复习		第二次复习	
	做对题目数/总题目数	学习日期	做对题目数/总题目数	复习日期	做对题目数/总题目数	复习日期
政府预算的含义						
政府预算的基本特征						
现代政府预算的多重研究视角						
政府预算管理中的共同治理						
政府预算的决策程序						
政府预算编制模式						
政府预算的原则						
政府预算的政策						
部门预算制度						
跨年度预算平衡机制						
地方债务预算管理						
政府采购制度						
现代国库制度						
政府预算的审查、批准和监督制度						
预算违法行为的法律责任						
政府预算绩效管理的内涵						
政府预算绩效管理的前提						
我国政府预算的绩效管理						

填写建议：

“做对题目数/总题目数”记录该知识点自己做题的情况，比如该知识点总题目数 10 题，做对了其中 7 题，记录为 7/10。

“学习日期”记录自己学习该知识点时的日期，建议把下一次进行复习的日期也写上。

备忘录

参考答案及解析

Day 37

1. C［解析］政府预算从性质上看是具有法律效力的文件。

2. D［解析］从作用上看政府预算是政府调控经济和社会发展的手段。

●考点再现

$Q_{1\text{-}2}$ 政府预算的含义。

项目	含义
从形式上看	(1) 政府预算是以政府财政收支计划的形式存在的 (2) 按照这一计划的时间跨度分为年度预算和多年预算，典型的形式是年度预算
从性质上看	(1) 政府预算是具有法律效力的文件 (2) 政府预算的形成过程实际上是国家立法机关审定预算内容和赋予政府预算执行权的过程，即政府必须将所编政府预算提交国家立法机关批准后才能据以进行预算收支活动
从内容上看	政府预算反映公共资源的分配和政府职能范围
从作用上看	政府预算是政府调控经济和社会发展的重要手段

3. ACDE［解析］政府必须将所编政府预算提交国家立法机关批准后才能据以进行预算活动，而不是行政机关，故B项错误。

4. ABCD［解析］政府预算的基本特征包括法律性、预测性、集中性和综合性。

5. C［解析］与封建专制的预算相比较，现代预算最鲜明的特征是它的法律性。

6. D［解析］政府预算的基本特征之一——综合性体现在政府预算是各项财政收支的汇集点和枢纽。

●考点再现

$Q_{4\text{-}6}$ 政府预算的基本特征。

特征	具体内容
法律性	(1) 法律性是指政府预算的收支形成和执行结果都要经过立法机关审查批准，它是一个法律性文件，这是政府预算区别于其他财政范畴的一个重要特征 (2) 相对于封建专制的预算来说，现代预算最鲜明的特征是法律性
预测性	(1) 预测性是指政府通过编制预算可以对预算收支规模、收入来源和支出用途做出事先的设想和预计 (2) 国际上预测时常用的技术手段主要包括：专家预测法、趋势预测法、决定因子预测法和计量预测法
集中性	预算资金的收支规模、收入来源、支出取向、收支结构比例和财政平衡状况，由国家从国家整体利益出发进行统筹安排，集中分配
综合性	综合性是指政府预算是各项财政收支的汇集点和枢纽，综合反映了国家财政收支活动的全貌，反映政府活动的范围和方向，是国家的基本财政收支计划

7. D［解析］法学视角下的政府预算主要从社会公众通过立法机构规范政府预算行为的角度出发，循着政府行为法制化的线索，考察法律对政府预算各利益相关主体间权利与义务关系的调节与规范。

8. B［解析］社会学视角下的政府预算主要强调预算与整个社会之间的互动关系，将预算放在整个社会的大背景下展开讨论。在公共预算改革进程中，社团的能动作用不容忽视。

9. D［解析］管理学的研究观点主张：影响组织行为唯一的、最有效的工具是预算，因而应将政府预算过程视为一个功能性名词，其内涵由控制、管理与规划等诸要素构成。

●考点再现

$Q_{7\text{-}9}$ 现代政府预算的多重研究视角。

研究视角	内容
经济学视角下的政府预算	最为注重的是政府预算的配置和资金的使用“效率”问题
政治学视角下的政府预算	研究政府预算应从分析公共政策的决策过程以及预算如何执行入手
法学视角下的政府预算	主要从社会公众通过立法机构规范政府预算行为的角度出发，循着政府行为法治化的线索，考察法律对政府预算各利益相关主体间权利与义务关系的调节与规范
管理学视角下的政府预算	主要强调政府预算的功能性特征，即预算的控制、管理和计划等功能
社会学视角下的政府预算	主要强调预算与整个社会之间的互动关系，将预算放在整个社会的大背景下展开讨论。在公共预算改革进程中，社团的能动作用不容忽视

10. ABD［解析］C 项是预算资金供给方的行为特征，E 项是预算资金需求方的特征。

11. A［解析］预算资金的监督制衡方最基本的行为特征是代表人民利益。

12. B［解析］A 项是预算资金需求方的行为特征，C、D 两项是预算资金监督制衡方的特征。

●考点再现

$Q_{10\text{-}12}$ 政府预算相关利益主体及其行为特征。

利益相关主体	范围	行为特征
预算资金需求方及其行为特征	包括各政府部门和部分享受政府垄断管制或财政补贴的企业、享受政府转移支付的居民个人等	(1) 总体上是追求自身利益的最大化即预算规模最大化的利益集团 (2) 有追求预算规模最大化的内在冲动
预算资金供给方及其行为特征	履行向广大资金需求者配置预算资金的职能的政府预算部门	(1) 具有双重委托—代理关系。就信息优势的传递而言，资金需求者＞政府预算部门＞立法监督机构 (2) 政府预算管理活动中有诱发设租寻租收益的可能
预算资金监督制衡方及其行为特征	立法监督机构	(1) 代表人民利益，这是监督制衡方最基本的行为特征 (2) 具有委员会决策机制的特点 (3) 面临偏好加总的困难以及组织协调的交易成本

13. C［解析］政府预算管理的资金需求方主要包括各政府部门和组织、财政拨款的事业单位和部分享受政府垄断管制或财政补贴的企业、享受政府转移支付的居民个人等。预算资金需求方的主要行为特征有：①总体上是追求自身利益的最大化即预算规模最大化的利益集团；②有追求预算规模最大化的内在冲动。故 C 项正确。A 项是预算资金监督制

衡方的行为特征；B、D 两项是预算资金供给方的行为特征。

Day 38

1. ADE［**解析**］政府预算决策过程的实质是对公共偏好的选择，其特征包括：①预算决策是对公共偏好的选择；②公共偏好以个人为评价基础；③公共偏好采取政治程序决策。A、D 两项正确。公共偏好是超越于私人偏好之上的不同偏好，因此，公共偏好由国家进行归集，使公共偏好演变为了源于个人偏好的国家偏好，故 E 项正确。
2. BCDE［**解析**］政府预算的政治行政决策程序具有强制性，主要体现在：①偏好表达的强制性；②投票规则的强制性；③政策意志的强制性；④决策结果的强制性。
3. ABDE［**解析**］公共偏好以个人为评价基础，C 项错误。
4. C［**解析**］政府预算决策过程的实质是对公共偏好的选择，所以政府预算决策的对象是公共偏好。
5. BE［**解析**］按预算的编制方法分类，政府预算可分为基数预算和零基预算。

●考点再现

Q_5 政府预算编制模式的类型。

划分标准	类型
按政府预算编制的结构划分	单式预算、复式预算
按预算编制的方法划分	基数预算、零基预算
按预算编制的政策导向划分	投入预算、绩效预算
按政府预算编制的时间跨度划分	年度预算、多年预算

6. AC［**解析**］最早实行复式预算的国家是丹麦、瑞典，后来英国、法国、印度等国陆续采用。
7. A［**解析**］复式预算中经常预算的资金来源主要是税收收入。经常性预算支出包括用于国家政权建设的政府日常行政经费支出，教育、科学、卫生、文化等各项事业费和社会保障支出。
8. C［**解析**］零基预算的优点包括：①预算收支安排不受以往年度收支的约束；②预算编制有较大回旋余地，可突出当年政府经济社会政策重点；③充分发挥预算政策的调控功能，防止出现预算收支结构僵化和财政拖累。零基预算的缺点包括：①不是所有的预算收支项目都能采用零基预算，有些收支在一定时期内具有刚性，如公债还本付息支出、公务员的工资福利支出等；②每年对所有的收支都进行审核，是一项需要消耗大量人力、物力和财力的工作，避免出现不必要的浪费。故本题选择 C 项。
9. C［**解析**］基于投入导向的预算模式是指在编制、执行传统的线性预算时，主要强调严格遵守预算控制规则，限制甚至禁止资金在不同预算项目之间转移。故 C 项正确。
10. A［**解析**］就预算年度来说，1 月 1 日至 12 月 31 日属于历年制。
11. C［**解析**］社会保险基金预算是对社会保险缴款、一般公共预算安排和其它方式筹集的资金，专项用于社会保险的收支预算。社会保险基金不能用于平衡公共财政预算。故 C 项错误。
12. BCD［**解析**］一般公共预算支出按照其经济性质分类，可分为工资福利支出、商品和服务支出、资本性支出和其他支出。
13. ABCE［**解析**］中央一般公共预算收入编制内容包括本级一般公共预算收入、从国有资

本经营预算调入资金、地方上解收入、从预算稳定调节基金调入资金、其他调入资金。D 项属于中央一般公共预算支出编制的内容。

14. D [**解析**] 中央政府性基金预算收入编制内容包括本级政府性基金各项目收入、上一年度结余、地方上解收入。D 属于地方政府性基金预算收入编制的内容。

15. D [**解析**] 中央国有资本经营预算支出编制内容包括本级支出、向一般公共预算调出资金、对地方特定事项的转移支付。D 项属于地方国有资本经营预算支出编制的内容。

Day 39

1. C [**解析**] 政府预算的统一性体现在预算收支按照统一程序来编制，任何单位的收支都要以总额列入预算，不应只列入收支相抵的净额。

2. B [**解析**] 政府预算的完整性体现在一切财政收支都要在政府预算中反映。

●考点再现

$Q_{1\text{-}2}$ 政府预算的原则。

政府预算的原则	说明
公开性	预算属于公开性的法律文件
可靠性	每一项收支项目的数字指标必须运用科学的计算方法，依据充分确实的资料，并总结出规律性，进行计算，不得假定、估算，更不能任意编造
完整性	一切财政收支都要在政府预算中反映
统一性	预算收支按照统一程序来编制，任何单位的收支都要以总额列入预算，不应只列入收支相抵的净额
年度性	历年制：按公历计，每年的 1 月 1 日起到 12 月 31 日止，如我国和法国
	跨年制：一个预算年度跨越两个日历年度，如英国、日本、印度、美国

3. D [**解析**] 主张“以丰补欠、以盈补亏”，从而达到维持和稳定经济目的的是周期平衡预算政策。

4. B [**解析**] 周期平衡预算政策是指财政应在一个完整的经济周期内保持收支平衡，而不是在某个特定的财政年度或一个日历时期内保持平衡。

5. A [**解析**] 提出财政预算应在一个完整的经济周期内保持收支平衡理论的是美国经济学家阿尔文·汉森。

●考点再现

$Q_{3\text{-}5}$ 政府预算的政策。

政府预算政策	年代	具体内容
健全财政政策	资本主义自由竞争时期采用	力求保持年度预算收支的平衡，并以此为衡量财政是否健全的标志
功能财政预算政策	美国经济学家勒纳提出的	功能财政预算政策的核心内容是要说明政府不必局限于预算收支之间的对比关系、保持预算收支的平衡，而重要的是应当保持国民经济整体的平衡

续表

政府预算政策	年代	具体内容
周期平衡预算政策	美国经济学家阿尔文·汉森提出的	该政策是指财政应在一个完整的经济周期内保持收支平衡，而不是在某个特定的财政年度或一个日历时期内保持平衡。政府应以繁荣年份的财政盈余补偿萧条年份的财政赤字，从而可以达到维持和稳定经济的目的，即“以丰补欠、以盈填亏”
		我国《预算法》规定：各级政府应当建立跨年度预算平衡机制
充分就业预算平衡政策	—	要求按充分就业条件下估计的国民收入规模来安排预算收支，达到预算平衡
预算平衡政策	—	一些倾向于自由主义的经济学家针对凯恩斯主义的赤字预算理论存在的问题，提出预算平衡政策。主张政府不应干预经济，不应把预算收支作为干预经济的工具，应尽量谋求预算收支的平衡

6. D［**解析**］重点性原则是指根据重点性原则，先保证基本支出，后安排项目支出；先重点、急需项目，后一般项目。

7. ACE［**解析**］基本支出预算的编制原则包括综合预算的原则、优先保障的原则和定员定额管理的原则。项目支出预算的编制原则包括综合预算原则，科学论证、合理排序的原则、追踪问效的原则。

8. D［**解析**］财政预算要落实到每一个具体部门，预算管理以部门为依托。改变财政资金按性质归口管理的做法，财政将各类不同性质的财政资金统一编制到使用这些资金的部门。

9. ACD［**解析**］项目支出预算具有三方面的特征，即专项性、独立性、完整性。

10. ABC［**解析**］构建跨年度预算平衡机制主要包括的内容：①预算超收及短收的平衡机制；②预算赤字的弥补机制；③实施中期财政规划管理。

11. A［**解析**］对于一般公共预算执行中出现的超收收入，在冲减赤字或化解债务后用于补充预算稳定调节基金。

Day 40

1. B［**解析**］地方政府举借债务只能用于公益性资本支出，不得用于经常性支出。

2. ABCD［**解析**］我国《政府采购法》确立的政府采购的基本原则包括：①公开透明原则；②公平竞争原则；③公正原则；④诚实信用原则。

3. C［**解析**］我国《政府采购法》中建立的回避制度符合公正原则。

4. B［**解析**］选择性招标采购是指通过公开程序，邀请供应商提供资格文件，只选择有资格的供应商参加投标采购的方式。

5. B［**解析**］竞争性谈判采购是指采购主体通过与多家供应商进行谈判，最后决定中标者的方法，适用于紧急情况或涉及高科技应用产品和服务的采购。

6. D［解析］政府采购是指由国家机关、事业单位和团体组织，使用财政性资金采购依法制定的集中采购目录以内的或采购限额标准以上的货物、工程和服务的行为。

7. D［解析］国库集中收付管理是现代国库管理的基本制度。

8. AC［解析］国库现金管理是在确保国库现金支付需要的前提下，以实现国库闲置现金最小化和投资收益最大化为目标的一系列财政管理活动。故 A、C 两项正确。

9. AC［解析］公债余额管理又分为公债限额管理和预算差额管理两种。

10. B［解析］广义的政府预算监督，是指预算监督体系中具有监督权的各主体，依照法定的权限和程序，对各级政府预算所实施的检查和监督行为。狭义的政府预算监督，是指财政机关在财政管理过程中，依照法定的权限和程序，对各级政府预算的合法性、真实性、有效性实施审查、稽核、检查活动。

11. BCDE［解析］政府预算监督的特点包括：①预算监督体系的层次性；②预算监督主体的多元性；③预算监督过程的全面性；④预算监督依据的法律性；⑤预算监督形式的多样性；⑥预算监督对象的广泛性。

12. B［解析］行政机关负责预算编制和执行以及决算；立法机关负责预算审批。

13. A［解析］我国各级人民代表大会是法定的预算审批部门。

Day 41

1. ABCE［解析］各级政府及有关部门、单位有下列行为之一的，责令改正，对负有直接责任的主管人员和其他直接责任人员依法给予降级、撤职、开除的处分：①未将所有政府收入和支出列入预算或者虚列收入和支出的；②违反法律、行政法规的规定，多征、提前征收或者减征、免征、缓征应征预算收入的；③截留、占用、挪用或者拖欠应当上缴国库的预算收入的；④违反规定改变预算支出用途的；⑤擅自改变上级政府专项转移支付资金用途的；⑥违反规定拨付预算支出资金，办理预算收入收纳、划分、留解、退付，或者违反规定冻结、动用国库库款或者以其他方式支配已入国库库款的。

2. C［解析］政府预算绩效管理的宗旨是有效降低政府提供公共产品的成本，提高财政支出的效率，约束政府支出的扩张，因此又被称为以结果为导向的预算管理。

3. ABCE［解析］政府预算绩效管理的前提包括：①构建绩效评价框架体系；②赋予部门管理者充分的自主权；③强化部门管理者的责任；④以权责发生制计量政府成本；⑤建立绩效预算管理的制度和组织保障。

4. B［解析］《国家部门法案》明确了部长和 CEO 的职责，要求部长和 CEO 之间签订绩效协议。《公共财政法案》确立了绩效预算作为公共领域改革的重要组成部分，并要求 CEO 对自己部门的财务管理负责。《财政责任法案》要求各部门定期提交财政报告，要求实行中长期预算，要求在政府会计和预算中引入权责发生制等。

5. ABDE［解析］预算绩效管理是一个由绩效目标管理、绩效运行跟踪监控管理、绩效评价实施管理、绩效评价结果反馈和应用管理共同组成的综合系统。

6. ACE［解析］全面实施绩效管理的三个维度包括：①构建全方位预算绩效管理格局；②建立全过程预算绩效管理链条；③完善全覆盖预算绩效管理体系。

7. AB［**解析**］健全预算管理制度需要：①完善预算绩效管理流程；②健全预算绩效标准体系。硬化预算绩效管理约束需要：①明确绩效管理责任约束；②强化绩效管理激励约束。

第 11 章　政府间财政关系

学习指导

本章常考的知识点有：财政联邦主义、政府间事权的划分、政府间收入的划分、分税制管理体制的基本问题等。本章历年考查分数在 6 分左右。

本章主要研究的是政府间财政关系。要了解四大财政理论，政府间事权、财政的收入和支出的划分需掌握，我国的分税制管理体制的主要内容和政府间转移支付制度可进行总结，理解记忆。

日期	考点
Day 42	➢公共物品和服务理论 ➢财政联邦主义
Day 43	➢政府间事权的划分 ➢政府间财政支出的划分
Day 44	➢政府间收入的划分 ➢政府间收支的调节制度 ➢政府间的财政管理权的划分 ➢分税制财政管理体制的基本问题
Day 45	➢我国分税制管理体制的主要内容 ➢政府间转移支付概述 ➢我国政府间转移支付制度 ➢基本公共服务领域中央与地方财政事权和支出责任划分改革方案 ➢医疗卫生领域中央与地方财政事权和支出责任划分改革方案

Day 42

考点：公共物品和服务理论

1. [单选] 研究财政分权问题的出发点是（　　）。

A. 财政联邦主义　　B. 俱乐部理论

C. 公共物品和服务理论　　D. 集权分权理论

2. [多选] 从理论意义上讲，全国性公共物品和服务应具有的突出特征包括（　　）。

A. 受益范围被限定在整个国家的疆域之内

B. 地方当局具有独立的宪法所保障的权力

C. 全国性公共物品和服务的提供者为中央政府

D. 得到上级授权的地方当局进行地方决策

E. 可以实现资源配置的有效性与分配的公平性

3. ［单选］阐述财政分权理论的经典著作《财政联邦主义》的作者是（　　）。

A. 沃伦斯·欧茨　　B. 查尔斯·提布特

C. 洛伦兹　　D. 亚当·斯密

4. ［单选］关于地方性公共物品和服务的说法，正确的是（　　）。

A. 其受益范围被限定在整个国家的疆域之内

B. 数量巨大

C. 其受益范围具有地方局限性

D. 提供者为中央政府

考点：财政联邦主义

5. ［单选］精髓在于使地方政府拥有合适与合意的财政决策自主权的理论是（　　）。

A. 公共产品及服务理论　　B. 重商主义理论

C. 财政联邦主义　　D. 俱乐部理论

6. ［多选］关于财政联邦主义的理解，正确的有（　　）。

A. 政治上一定实行联邦主义

B. 在上级授权下可以进行地方决策

C. 地方政府具有独立的宪法所保障的权利

D. 地方政府提供区域性公共产品更符合帕累托效率

E. 地方政府间的竞争有利于资源配置效率的提高

7. ［单选］查尔斯·提布特提出地方政府之间竞争理论的著作是（　　）。

A.《地方支出的纯理论》　　B.《国富论》

C.《政府间财政关系：理论与实践》　　D.《财政联邦主义》

8. ［单选］地方政府应具有独立的宪法所保障的权利，这个理论属于（　　）。

A. 公共物品及服务理论　　B. 集权分权理论

C. 财政联邦主义　　D. 俱乐部理论

学习笔记

Day 43

扫码听课

考点：政府间事权的划分

1. ［多选］下列原则中，属于政府间事权划分的原则有（　　）。

A. 外部性原则　　B. 公平性原则
C. 激励相容原则　　D. 经济利益原则
E. 信息复杂性原则

2. ［单选］能够使各级政府在按照所赋职能做好自己事情的同时，又能使全局利益最大化的政府间事权划分原则的是（　　）。

A. 外部性原则　　B. 内部性原则
C. 激励相容原则　　D. 信息复杂性原则

3. ［单选］财政分权管理体制的基本内容和制度保障是（　　）。

A. 政府间的财政支出划分　　B. 政府间的财政收入划分
C. 政府间的事权划分　　D. 政府间的财权划分

4. ［多选］以下属于中央税的有（　　）。

A. 税基流动性小的税种
B. 与稳定国民经济有关的税种
C. 与收入再分配有关的税种
D. 与自然资源有关的且地区间分布不均匀的税种
E. 税源分布较广的税种

考点：政府间财政支出的划分

5. ［多选］政府间财政支出划分的原则有（　　）。

A. 效率性原则　　B. 公平性原则
C. 权责结合原则　　D. 与事权相对称的原则
E. 考虑支出性质特点的原则

6. ［单选］一级事权必须有一级财力作保证，这体现了政府间财政支出划分的（　　）原则。

A. 与事权相对称　　B. 公平
C. 权责结合　　D. 弹性

学习笔记

Day 44

扫码听课

考点：政府间收入的划分

1. ［单选］以税收负担的分配是否公平为标准划分中央与地方收入的原则是（　　）。

A. 效率原则　　B. 适应原则
C. 恰当原则　　D. 经济利益原则

2. ［单选］以税基的宽窄为标准来划分中央和地方收入的税收收入划分原则是（　　）。

A. 适应原则　　B. 效率原则
C. 恰当原则　　D. 经济利益原则

3. ［单选］在税收收入划分方式中，“总额分成”属于（　　）。

A. 分割税制　　B. 分割税种
C. 分割税率　　D. 分割税额

4. ［多选］下列税种中，适合由地方政府实施征管的有（　　）。

A. 房产税　　B. 增值税
C. 土地增值税　　D. 消费税
E. 所得税

考点：政府间收支的调节制度

5. ［单选］政府间转移性支出包括（　　）。

A. 上解上级支出
B. 对下级的税收返还和转移支付
C. 按照财政部规定列入转移性支出的给予无隶属关系政府的无偿援助
D. 向一般公共预算调出资金

考点：政府间的财政管理权的划分

6. ［单选］决定动用本级政府预备费的权力属于（　　）。

A. 上级人民代表大会　　B. 本级人民代表大会
C. 上级政府　　D. 本级政府

7. ［单选］审批与决算的权力机关是（　　）。

A. 各级人民代表大会
B. 各级人民代表大会常务委员会
C. 各级政府
D. 各级财政部门

8. ［单选］适合地方政府管理的事权及支出责任的是（　　）。

A. 外交　　B. 跨境高速公路
C. 边境安全　　D. 义务教育

9. ［单选］在我国，按现行的政权结构，政府预算分为（　　）级预算进行管理。

A. 一　　B. 三

C. 五　　　　D. 十

✔ 考点：分税制财政管理体制的基本问题

10. ［多选］分税制的含义包括（　　）。

A. 分事　　　　B. 分税

C. 分权　　　　D. 分管

E. 分利

11. ［单选］在分税制中，下列主要采用按照税源实行分率分征办法的国家是（　　）。

A. 中国　　　　B. 美国

C. 伊朗　　　　D. 巴西

12. ［单选］实施分税制财政管理体制的保障是（　　）。

A. 合理的政府预算计划

B. 完善的政府工作流程

C. 中央与地方政府的分级管理

D. 规范的转移支付制度

学习笔记

Day 45

考点：我国分税制管理体制的主要内容

1. ［单选］依据分税制预算管理体制的要求，按税种划分中央和地方的收入，其原则是（　　）。

A. 事权和财权相结合　　B. 事权和收入相结合

C. 分级管理　　D. 一级政府一级预算

2. ［多选］根据我国的现实以及外部性、信息复杂性和激励相容原则，下列（　　）由中央管理。

A. 养老保险　　B. 国防

C. 海域和流域管理　　D. 生育保险

E. 工伤保险

考点：政府间转移支付概述

3. ［单选］关于政府间转移支付制度理论依据的说法，错误的是（　　）。

A. 纠正政府间的纵向财政失衡

B. 纠正政府间的横向财政失衡

C. 赋予地方政府更大的自主权

D. 纠正某些公共物品与服务的外部性

4. ［单选］不考虑地区的支出需求，只考虑地区间财政能力的均等化，依照某种收入指标确定转移支付对象与转移支付额，这种转移支付的模式是（　　）。

A. 支出均衡模式

B. 收支均衡模式

C. 财政收入能力均等化模式

D. 有限的财政收入能力减支出均衡模式

5. ［单选］若某个地区出现义务教育提供不足，需要进行政府间转移支付，其理论依据是（　　）。

A. 纠正政府间的纵向财政失衡　　B. 纠正政府间的横向财政失衡

C. 纠正公共产品或服务的外部性　　D. 加强中央财政对地方财政的宏观调控

6. ［单选］政府间收支调节制度中，（　　）是指各级政府的财政资金来源与各自的支出责任或事权范围相对称，使各级政府在履行各自的职责时有必要的财力作保障。

A. 地方政府均衡　　B. 横向均衡

C. 中央政府与地方政府均衡　　D. 纵向均衡

考点：我国政府间转移支付制度

7. ［多选］一般性转移支付的主要目标是增强财力薄弱地区地方政府的财力，促进基本公共服务均等化，以下属于一般性转移支付的有（　　）。

A. 均衡性转移支付　　B. 调整工资转移支付

C. 民族地区转移支付　　D. 农村税费改革转移支付

E. 专项转移支付

8. [单选] 我国中央对地方转移支付的类型主要分为（　　）。

A. 一般性转移支付和专项转移支付　　B. 一般性转移支付和特殊转移支付

C. 过渡期转移支付和专项转移支付　　D. 分税制转移支付和专项转移支付

9. [单选] 我国在不断改革和完善中央对地方转移支付制度，增加一般性转移支付规模和比例，逐步将一般性转移支付占比提高到（　　）以上。

A. 40%　　B. 50%

C. 60%　　D. 70%

10. [多选] 我国预算法对规范专项转移支付的规定包括（　　）。

A. 建立专项转移支付稳定增长机制　　B. 规范资金分配

C. 取消地方资金配套要求　　D. 建立专项转移支付定期评估机制

E. 建立专项转移支付退出机制

考点：基本公共服务领域中央与地方财政事权和支出责任划分改革方案

11. [单选] 充分考虑我国各地经济社会发展不平衡、基本公共服务成本和财力差异较大的国情，中央承担的支出责任要有所区别，体现了基本公共服务领域划分改革方案的（　　）。

A. 坚持积极稳妥推进　　B. 坚持差别化分担

C. 坚持保障标准合理适度　　D. 坚持财政事权划分由中央决定

考点：医疗卫生领域中央与地方财政事权和支出责任划分改革方案

12. [多选] 医疗卫生领域中央与地方财政事权和支出责任划分改革方案，其主要内容划分的方面包括（　　）。

A. 公共卫生　　B. 医疗保障

C. 社会保险　　D. 计划生育

E. 能力建设

学习笔记

本章学习检查表

知识点名称	初次学习		第一次复习		第二次复习	
	做对题目数/总题目数	学习日期	做对题目数/总题目数	复习日期	做对题目数/总题目数	复习日期
公共物品和服务理论						
财政联邦主义						
政府间事权的划分						
政府间财政支出的划分						
政府间收入的划分						
政府间收支的调节制度						
政府间的财政管理权的划分						
分税制财政管理体制的基本问题						
我国分税制管理体制的主要内容						
政府间转移支付概述						
我国政府间转移支付制度						
基本公共服务领域中央与地方财政事权和支出责任划分改革方案						
医疗卫生领域中央与地方财政事权和支出责任划分改革方案						

填写建议：

“做对题目数/总题目数”记录该知识点自己做题的情况，比如该知识点总题目数 10 题，做对了其中 7 题，记录为 7/10。

“学习日期”记录自己学习该知识点时的日期，建议把下一次进行复习的日期也写上。

备忘录

参考答案及解析

Day 42

1. C［**解析**］研究财政分权问题的出发点是公共物品和服务理论。
2. AC［**解析**］从理论意义上讲，全国性公共物品和服务应具有以下突出特征：①其受益范围被限定在整个国家的疆域之内；②全国性公共物品和服务的提供者为中央政府，而不应该是某一级地方政府。
3. A［**解析**］阐述财政分权理论的经典著作《财政联邦主义》的作者是沃伦斯·欧茨。
4. C［**解析**］地方性公共物品和服务，是指那些只能满足某一特定区域（而非全国）范围内居民的公共需要的物品和服务，其受益范围具有地方局限性，提供者为各级地方政府。全国性公共物品和服务是指那些与国家整体有关的、各社会成员均可享用的产品和服务，其受益范围被限定在整个国家的疆域之内，提供者为中央政府。
5. C［**解析**］财政联邦主义的精髓在于使地方政府拥有合适与合意的财政决策自主权。
6. BCDE［**解析**］财政联邦主义是指各级政府间财政收入和支出的划分以及由此产生的相关制度，而并不是指政治上一定要实行联邦主义，故 A 项错误。
7. A［**解析**］查尔斯·提布特提出地方政府之间竞争理论的著作是《地方支出的纯理论》。
8. C［**解析**］地方政府应具有独立的宪法所保障的权利，这个理论属于财政联邦主义。

Day 43

1. ACE［**解析**］政府间事权划分的原则包括信息复杂性原则、外部性原则和激励相容原则。
2. C［**解析**］从政府角度而言，如果在某种制度安排下，各级政府都按划定的职责做好自己的事情，就可以全局利益最大化，那么这种制度安排就是激励相容原则。

●考点再现

Q 1-2　政府间事权划分的原则。

原则	具体内容
信息复杂性原则	信息处理越复杂、越可能造成信息不对称的事项，越应让地方政府管理
外部性原则	根据外部性的原则，在实际操作中可以根据公共服务的受益范围确定公共服务成本的管辖范围，使成本分担的地理边界同受益范围一致，据以实现成本和受益在地理范围上的完全内部化，而不至于外溢到其他辖区
激励相容原则	从政府角度而言，如果某种制度安排下，各级政府都按划定的职责做好自己的事情，就可以全局利益最大化，那么这种制度安排就是激励相容原则

3. C［**解析**］政府间的事权划分是财政分权管理体制的基本内容和制度保障。
4. BCD［**解析**］税基流动性较小的、税源分布较广的税种，如房产税、土地税、土地增值税等划归地方政府。故 A、E 两项错误。
5. BCD［**解析**］政府间财政支出划分的原则包括与事权相对称原则、公平性原则和权责结合原则。
6. A［**解析**］一级事权必须有一级财力作保证，这体现了政府间财政支出划分的与事权相对称原则。

●考点再现

Q 5-6 政府间财政支出划分的原则：

（1）与事权相对称原则。一级事权必须有一级财力作保证。

（2）公平性原则。各级政府的财权财力划分应相对平衡。

（3）权责结合原则。解决划分支出的依据问题，即解决财权财力与财政职责的结合问题。

Day 44

1. C ［**解析**］税收收入划分的恰当原则是以税收负担的分配是否公平作为标准来划分中央与地方政府收入。
2. A ［**解析**］税收收入划分的适应原则是以税基的宽窄为标准来划分中央与地方政府收入。

●考点再现

Q 1-2 税收收入划分的原则。

原则	定义	举例
效率原则	以征税效率的高低作为标准来划分中央与地方政府收入	适于中央集中征收的归入中央收入，土地税或财产税一般划为地方税
适应原则	以税基的宽窄为标准来划分中央与地方政府收入。税基宽的税种归中央政府，税基狭窄的税种归地方政府	增值税应属于中央税，房产税应属于地方税
恰当原则	以税收负担的分配是否公平作为标准来划分中央与地方政府收入	所得税应划归中央政府
经济利益原则	以增进经济利益为标准来划分	增值税、消费税应属于中央税

3. D ［**解析**］分割税额是指先统一征税，然后再将税收收入的总额按照一定比例在中央与地方政府之间加以分割，又称为收入分享。我国改革以前曾经实行的“总额分成”，其做法实际上就属于这种方式。
4. AC ［**解析**］税收收入划分的具体做法：①将那些与稳定国民经济有关以及与收入再分配有关的税种，划归中央政府，如个人所得税和企业所得税。②将那些税基流动性大的税种划归中央政府，如个人所得税、企业所得税、增值税、销售税和遗产赠与税等。这些税种如果划归地方政府，各地税率不一，便会引起税基的非正常流动，出现“税收洼地”效应。③对于那些与自然资源有关的税种（如资源税），如果在地区间分布不均匀，则应该划归中央政府，如某些自然资源在地区间分布均匀，则划归地方政府。④将进出口关税和其他收费全部划归中央政府。⑤将那些税基流动性较小的，税源分布较广的税种，如房产税、土地增值税等划归地方政府。故 A、C 两项正确。
5. D ［**解析**］政府间转移性支出包括上解上级支出、对下级的税收返还和转移支付、调出资金以及按照财政部规定列入转移性支出的给予无隶属关系政府的无偿援助。

6. D［解析］各级人民政府决定本级政府预算费用的动用。

7. A［解析］各级人民代表大会是审批与决算的权力机关。

●考点再现

$Q_{6\text{-}7}$ 预算管理相关职权的具体划分。

（1）各级人民代表大会是审批与决算的权力机关；各级人民代表大会常务委员会监督预算执行，审批本级预算调整方案。

（2）各级人民政府是预算管理的国家行政机关；各级人民政府决定本级政府预备费的动用。

（3）各级财政部门是预算管理的职能部门。

8. D［解析］对于义务教育支出来讲，由于中小学教育信息极度复杂，根据信息复杂性原则，应该由地方政府管理。

9. C［解析］在我国，按现行的政权结构，政府预算分为五级预算进行管理。

10. ABCD［解析］分税制主要包括“分事、分税、分权、分管”。

11. B［解析］在分税制中，主要采用按照税源实行分率分征办法的国家有美国。

12. D［解析］中央与地方政府实行真正的分级管理是建立转移支付制度的前提，而规范的转移支付制度是实施分税制财政管理体制的保障。

Day 45

1. A［解析］依据分税制预算管理体制的要求，按税种划分中央和地方的收入，其原则是事权和财权相结合。

2. ABC［解析］工伤保险、生育保险可由地方自行管理。

3. C［解析］实行政府间转移支付的理论依据包括：①纠正政府间的纵向财政失衡；②纠正政府间的横向财政失衡；③纠正某些公共物品或服务的外部性；④加强中央财政对地方财政的宏观调控。

4. C［解析］财政收入能力均等化模式不考虑地区的支出需求，只考虑地区间财政能力的均等化，依照某种收入指标确定转移支付对象与转移支付额。故 C 项正确。

5. C［解析］若某个地区出现义务教育提供不足，需要进行政府间转移支付，其理论依据是纠正公共产品或服务的外部性。故 C 项正确。

6. D［解析］纵向均衡是指各级政府的财政资金来源与各自的支出责任或事权范围相对称，使各级政府在履行各自的职责时有必要的财力作保障。

7. ABCD［解析］一般性转移支付主要包括均衡地区间财力差距的均衡性转移支付，对革命老区、民族地区、边疆地区、贫困地区的财力补助，其他一般性转移支付，如作为国家增支减收政策配套措施的调整工资转移支付、农村税费改革转移支付等。故 A、B、C、D 四项正确。

8. A［解析］我国中央对地方转移支付的类型包括一般性转移支付和专项转移支付。

9. C［解析］我国在不断改革和完善中央对地方转移支付制度，增加一般性转移支付规模和比例，逐步将一般性转移支付占比提高到 60% 以上。

10. BCDE［解析］按照党的十八大和十八届三中全会精神，以及《预算法》有关规定，应当从严控制专项转移支付、规范专项转移支付分配和使用。具体包括：①严格控制新设专项；②规范资金分配；③建立健全专项转移支付定期评估和退出机制；④取消地方资金配套要求；⑤严格资金使用。

11. B［**解析**］基本公共服务领域中央与地方财政事权和支出责任划分改革方案的基本内容包括：①坚持以人民为中心；②坚持财政事权划分由中央决定；③坚持保障标准合理适度；④坚持差别化分担；⑤坚持积极稳妥推进。由题干中“差异较大的国情”和“要有所区别”关键词可选择 B 项。

12. ABDE［**解析**］医疗卫生领域中央与地方财政事权和支出责任划分改革方案的内容划分主要有：①公共卫生；②医疗保障；③计划生育；④能力建设。

第 12 章　国有资产管理

学习指导

本章常考的知识点有：深化我国国有企业改革、行政单位国有资产管理、事业单位国有资产管理、资源性国有资产管理体制等。本章历年考查分数在 5 分左右。

本章主要介绍了不同类型的国有资产管理，由于经营性国有资产、行政事业单位国有资产、资源性国有资产都具有各自的特点，容易混淆，建议大家采取比较记忆的方法学习。

日期	考点
Day 46	➢国有资产的概念与分类 ➢国有资产管理体制的基本内涵
Day 47	➢经营性国有资产管理的主要内容 ➢深化我国国有企业改革 ➢创新经营性国有资产配置方式 ➢推进国有资本投资、运营公司改革试点 ➢完善国有金融资本管理
Day 48	➢行政单位国有资产管理 ➢事业单位国有资产管理
Day 49	➢资源性国有资产管理概述 ➢资源性国有资产管理的主要内容 ➢资源性国有资产管理体制

Day 46

考点：国有资产的概念与分类

1. ［多选］国有无形资产包括（　　）。

A. 专利权　　B. 土地使用权

C. 商标权　　D. 非专利技术

E. 应收及预付款项

2. ［多选］国有资产按性质划分，可以分为（　　）。

A. 经营性国有资产　　B. 行政事业性国有资产

C. 资源性国有资产　　D. 中央国有资产

E. 地方国有资产

3. ［单选］国家投资到社会再生产领域，从事生产经营活动的资产是（　　）。

A. 资源性国有资产　　B. 行政性国有资产

C. 经营性国有资产　　D. 事业性国有资产

4. ［多选］国有流动资产的具体形态包括（　　）。

A. 机器设备　　B. 银行存款

C. 短期投资　　D. 存货

E. 待处理财产

考点：国有资产管理体制的基本内涵

5. ［单选］我国国有资产监督管理委员会代表国务院监管国有资产，履行的是（　　）。

A. 债权人职责　　B. 债务人职责

C. 出资人职责　　D. 执行人职责

6. ［单选］在我国，代表国家对国有资产履行出资人职责的机构是（　　）。

A. 统计局

B. 税务局

C. 国家发展和改革委员会

D. 国务院国有资产监督管理委员会

7. ［单选］对于关系到国家的国防、经济安全，或者不适合于其他企业组织形式但又要求政府控制的行业、部门，如军工企业、邮政企业、一些重要的公用企业等，适合采用（　　）形式。

A. 国有独资企业　　B. 国有控股企业

C. 国家参股企业　　D. 国有民营

学习笔记

Day 47

考点：经营性国有资产管理的主要内容

1. ［多选］经营性国有资产的基础管理包括（　　）。

A. 国有资产的产权界定　　B. 国有资产的产权登记

C. 国有资产的清产核资　　D. 国有资产的处置管理

E. 国有资产的统计

2. ［单选］衡量国有资产管理目标实现程度的重要手段是（　　）。

A. 国有资产运营管理　　B. 国有资产基础管理

C. 国有资产投资管理　　D. 国有资产管理绩效评价

3. ［多选］国有企业取得的下列收入中，属于国有资产收益的有（　　）。

A. 各项税收　　B. 企业利润

C. 资产租金　　D. 投资分红

E. 资产占用费

扫码听课

考点：深化我国国有企业改革

4. ［多选］我国国有经济和国有资产集中的重点区域有（　　）。

A. 国家安全行业　　B. 自然垄断行业

C. 提供重要公共物品和服务的行业　　D. 重要的资源行业

E. 提高法定存款准备金率

5. ［多选］以下属于《中共中央、国务院关于深化国有企业改革的指导意见》为深化国有企业改革所明确的重要问题有（　　）。

A. 对国有企业负责人要进行分类分层管理

B. 经营性国有资产要实行统一监管

C. 要保障混合所有制改革企业中小股东的权益

D. 鼓励实行全员持股

E. 商业类国有企业和公益类国有企业实行不同的考核方法

6. ［单选］关于主业处于充分竞争行业和领域的商业类国有企业的说法，不正确的是（　　）。

A. 加大改制上市力度，着力推进整体上市

B. 国有资本可以相对控股或参股，不能绝对控股

C. 积极引入其他资本实现股权多元化

D. 原则上都要实行公司制股份制改革

7. ［单选］为进一步全面深化国有企业改革，改善市场竞争环境和秩序，《中共中央关于全面深化改革若干重大问题的决定》明确了我国国有企业改革的指导思想，即推进（　　）。

A. 股份制经济　　B. 私有制经济

C. 混合所有制经济　　D. 公有制经济

考点：创新经营性国有资产配置方式

8. [多选] 创新经营性国有资产配置方式主要有（　　）。

A. 优化国有资本布局

B. 完善国有资本授权经营体制

C. 建立健全国有资本形态转换机制

D. 规范经营性国有资产处置和收益分配

E. 完善国有金融资本管理

考点：推进国有资本投资、运营公司改革试点

9. [多选] 国有资本投资、运营公司改革试点主要包括的内容有（　　）。

A. 承接主体　　B. 功能定位

C. 组建方式　　D. 授权机制

E. 监督与约束机制

考点：完善国有金融资本管理

10. [多选] 完善国有金融资本管理的基本原则，应该做好（　　）。

A. 坚持以人为本　　B. 坚持服务大局

C. 坚持统一管理　　D. 坚持责权明晰

E. 坚持问题导向

学习笔记

Day 48

✔ 考点：行政单位国有资产管理

1. ［多选］行政单位应当对相关资产进行评估的情形包括（　　）。
A. 无偿转让国有资产　　B. 拍卖国有资产
C. 置换国有资产　　D. 国有资产发生非正常损失
E. 行政单位取得的没有原始价格凭证的资产

2. ［多选］行政单位国有资产处置应当由（　　）审核鉴定，提出意见，按审批权限报送审批。
A. 技术部门　　B. 财务部门
C. 司法机关　　D. 同级人民政府
E. 行政单位资产管理部门

3. ［多选］行政单位国有资产配置应当遵循的原则有（　　）。
A. 质量优先，数量合理　　B. 公开透明，保证群众的知情权
C. 与行政单位履行职能需要相适应　　D. 勤俭节约，从严控制
E. 合法性

4. ［多选］在我国，行政单位包括（　　）。
A. 最高人民法院　　B. 监狱
C. 地方各级人民代表大会　　D. 新闻媒体
E. 国务院

5. ［单选］财政部门、行政单位应当建立和完善资产管理信息系统，对国有资产实行（　　）。
A. 动态管理　　B. 定期管理
C. 静态管理　　D. 实质性管理

✔ 考点：事业单位国有资产管理

6. ［单选］事业单位国有资产的（　　）包括单位自用和对外投资、出租、出借、担保等方式。
A. 评估　　B. 处置
C. 使用　　D. 配置

7. ［多选］在事业单位国有资产管理中，应当对相关国有资产进行评估的情形包括（　　）。
A. 整体改制为企业　　B. 以非货币性资产对外投资
C. 经批准事业单位部分资产无偿划转　　D. 资产拍卖
E. 事业单位下属的事业单位之间的合并

8. ［多选］事业单位的下列情形中，可以不对相关国有资产进行评估的有（　　）。
A. 以非货币性资产对外投资
B. 整体或者部分资产租赁给非国有单位
C. 整体或者部分改制为企业
D. 经批准事业单位整体或者部分资产无偿划转

E. 事业单位下属的事业单位之间的合并

9. ［多选］关于我国事业单位国有资产管理体制的说法，正确的有（　　）。

A. 行政单位对事业单位的资产进行监督检查

B. 事业单位的主管部门负责对本部门所属事业单位的国有资产实施监督管理

C. 事业单位负责对本单位占有、使用的国有资产实施具体管理

D. 我国事业单位国有资产实行国家统一所有，政府分级监管，单位占有、使用的管理体制

E. 各级财政部门是政府负责事业单位国有资产管理的职能部门，对事业单位的国有资产实施综合管理

10. ［单选］《事业单位国有资产产权登记证》由（　　）统一印制。

A. 事业单位的主管部门　　B. 国有资产监督管理委员会

C. 财政部　　D. 国务院

11. ［单选］行政事业单位国有资产指的是各级行政事业单位占有、使用和管理的、依法确认为国家所有、能以（　　）计量的各种经济资源的总和。

A. 数量　　B. 实物

C. 货币　　D. 体积

学习笔记

Day 49

考点：资源性国有资产管理概述

1. ［多选］资源性国有资产的特点包括（　　）。

A. 天然性　B. 有用性　C. 可计量性　D. 垄断性

E. 价值单一性

2. ［单选］下列关于我国资源性国有资产的说法，不正确的是（　　）。

A. 资源性国有资产的产权归国家

B. 资源性国有资产从管理的角度划分，可以分为国有土地资源、国有矿产资源、国有水资源和国有森林草原资源

C. 我国资源性国有资产以地方管理为主

D. 资源性国有资产管理必须遵循重要资源属于国家所有的原则

3. ［单选］（　　）是典型的稀缺性经济资源。

A. 中央国有资产　B. 资源性国有资产

C. 经营性国有资产　D. 行政事业性国有资产

4. ［单选］从（　　）的角度划分，资源性国有资产分为国有土地资源、国有矿产资源、国有水资源和国有森林草原资源。

A. 管理　B. 经济　C. 用途　D. 类型

考点：资源性国有资产管理的主要内容

5. ［多选］资源性国有资产管理的主要内容包括（　　）。

A. 资源产权管理　B. 资源保护管理　C. 勘察管理　D. 开发利用管理

E. 经济价值管理

6. ［单选］（　　）是资源性国有资产管理的核心。

A. 资源产权管理　B. 资源勘察管理

C. 资源开发利用管理　D. 资源保护管理

7. ［多选］对资源的保护应坚持（　　）的原则。

A. 地方各级人民政府重点保护　B. 谁开发谁保护

C. 谁污染谁治理　D. 谁破坏谁受罚

E. 谁开发谁利用

考点：资源性国有资产管理体制

8. ［多选］我国资源性国有资产管理实行（　　）相结合的国有资产管理体制。

A. 国有资产专司机构综合管理　B. 国有资产专司机构专项管理

C. 财政部门专项管理　D. 财政部门综合管理

E. 资源主管部门专业管理

学习笔记

本章学习检查表

知识点名称	初次学习		第一次复习		第二次复习	
	做对题目数/总题目数	学习日期	做对题目数/总题目数	复习日期	做对题目数/总题目数	复习日期
国有资产的概念与分类						
国有资产管理体制的基本内涵						
经营性国有资产管理的主要内容						
深化我国国有企业改革						
创新经营性国有资产配置方式						
推进国有资本投资、运营公司改革试点						
完善国有金融资本管理						
行政单位国有资产管理						
事业单位国有资产管理						
资源性国有资产管理概述						
资源性国有资产管理的主要内容						
资源性国有资产管理体制						

填写建议：

“做对题目数/总题目数”记录该知识点自己做题的情况，比如该知识点总题目数 10 题，做对了其中 7 题，记录为 7/10。

“学习日期”记录自己学习该知识点时的日期，建议把下一次进行复习的日期也写上。

备忘录

参考答案及解析

Day 46

1. ABCD［解析］国有无形资产包括专利权、商标权、著作权、土地使用权、非专利技术、商誉等。
2. ABC［解析］国有资产按性质划分，可以分为经营性国有资产、行政事业性国有资产、资源性国有资产。
3. C［解析］国家投资到社会再生产领域，从事生产经营活动的资产是经营性国有资产。
4. BCD［解析］流动资产，是指可以在一年内或长于一年的一个营业周期内变现或运用的资产，包括现金、银行存款、短期投资、应收及预付账款、存货等。
5. C［解析］我国国有资产监督管理委员会代表国务院监管国有资产，履行的是出资人职责。
6. D［解析］由国资委代表国家对国有资产履行出资人职责。
7. A［解析］国有独资企业存在于关系到国家的国防、经济安全，或者不适合于其他企业组织形式但又要求政府控制的行业、部门，如军工企业、邮政企业、一些重要的公用企业等。

Day 47

1. ABCE［解析］经营性国有资产的基础管理包括国有资产的产权界定、产权登记、清产核资和统计等工作。
2. D［解析］国有资产管理绩效评价是衡量国有资产管理目标实现程度的重要手段。
3. BCDE［解析］国有资产收益包括利润、租金、股息、红利，以及上缴资产占用费等。

●考点再现

Q 1-3　经营性国有资产管理的主要内容。

项目	主要内容
国有资产基础管理	包括国有资产的产权界定、产权登记、清产核资和统计等工作
国有资产投资管理	包括国有资产投资资金来源管理，国有资产投资方向、规模与结构管理等
国有资产运营管理	包括国有资产经营方式的选择、国有资产的处置管理等
国有资产收益管理	包括利润、租金、股息、红利，以及上缴资产占用费等方式
国有资产管理绩效评价	是衡量国有资产管理目标实现程度的重要手段

4. ABCD［解析］我国国有经济和国有资产集中的重点区域有：①国家安全行业；②自然垄断行业；③提供重要公共物品和服务的行业；④重要的资源行业；⑤支柱产业和高新技术产业中的骨干企业。
5. ABCE［解析］《中共中央、国务院关于深化国有企业改革的指导意见》，为深化国有企业改革明确了以下几个重要问题：①经营性国有资产要实行统一监管。②商业类国有企业和公益类国有企业实行不同的考核方法。③明确董事会的独立权利。④对国有企业负责人要进行分类分层管理。⑤明确了国有资本形态转化的问题。⑥要保障混合所有制改革企业中

小股东的权益。⑦不搞全员持股。故D项错误。

6. B［**解析**］主业处于充分竞争行业和领域的企业，原则上都要实行公司制股份制改革，积极引入其他资本实现股权多元化，国有资本可以绝对控股、相对控股或参股，加大改制上市力度，着力推进整体上市。

7. C［**解析**］为进一步全面深化国有企业改革，改善市场竞争环境和秩序，《中共中央关于全面深化改革若干重大问题的决定》明确了我国国有企业改革的指导思想，即推进混合所有制经济。

8. ABCD［**解析**］创新经营性国有资产配置方式主要有：①优化国有资本布局；②完善国有资本授权经营体制；③建立健全国有资本形态转换机制；④规范经营性国有资产处置和收益分配；⑤强化国有资本基础管理。

9. BCDE［**解析**］国有资本投资、运营公司改革试点主要包括以下内容。

（1）功能定位。国有资本投资、运营公司均为在国家授权范围内履行国有资本出资人职责的国有独资公司，是国有资本市场化运作的专业平台。其中，国有资本投资公司主要以服务国家战略、优化国有资本布局、提升产业竞争力为目标；国有资本运营公司主要以提升国有资本运营效率、提高国有资本回报率为目标。

（2）组建方式。国有资本投资、运营公司可采取改组和新设两种方式设立。

（3）授权机制，即采取国有资产监管机构授予出资人职责和政府直接授予出资人职责两种模式开展国有资本投资、运营公司试点。

（4）治理结构。国有资本投资、运营公司设立党组织、董事会、经理层，充分发挥党组织的领导作用、董事会的决策作用、经理层的经营管理作用。

（5）运行模式，包括国有资本投资、运营公司的组织架构、履职行权方式、选人用人机制、财务监管、收益管理及考核机制等。

（6）监督与约束机制，即完善对国有资本投资、运营公司的监督体系，并实施绩效评价。

10. BCDE［**解析**］完善国有金融资本管理的基本原则，应做好以下“五个坚持”：①坚持服务大局；②坚持统一管理；③坚持责权明晰；④坚持问题导向；⑤坚持党的领导。

Day 48

1. BCE［**解析**］行政单位有下列情形之一的，应当对相关资产进行评估：①行政单位取得的没有原始价格凭证的资产；②拍卖、有偿转让、置换国有资产；③依照国家有关规定需要进行资产评估的其他情形。故B、C、E三项正确。

2. ABE［**解析**］行政单位处置国有资产应当严格履行审批手续，未经批准不得处置。资产处置应当由行政单位资产管理部门会同财务部门、技术部门审核鉴定，提出意见，按审批权限报送审批。故A、B、E三项正确。

3. CDE［**解析**］行政单位国有资产配置应当遵循的原则是：①严格执行法律、法规和有关规章制度；②与行政单位履行职能需要相适应；③科学合理，优化资产结构；④勤俭节约，从严控制。

4. ABCE［**解析**］所谓的行政单位，指的是履行国家职能、管理国家事务的各种机关的统称。按照其在国家机构中的地位和作用，可分为：①权力机关，即全国人民代表大会和地

方各级人民代表大会及其常务委员会；②行政机关，即国务院和地方各级人民政府及其工作机构；③审判机关和检察机关，即最高人民法院、最高人民检察院和地方各级人民法院、检察院。此外，军队、警察、监狱等也属于国家机关。在我国，为了一定利益，按照一定原则并经过法律手续组织成立、列入国家行政编制和在预算管理上视同行政单位的党派和社会团体，也包括在行政单位内。

5. A［**解析**］行政单位应当建立资产登记档案，并严格按照财政部门的要求做出报告。财政部门、行政单位应当建立和完善资产管理信息系统，对国有资产实行动态管理。

6. C［**解析**］事业单位国有资产的使用包括单位自用和对外投资、出租、出借、担保等方式。

7. ABD［**解析**］C 项仍在国有体制内划转不需要评估；E 项仍在国有体制内流转，不需要评估。

8. DE［**解析**］A、B、C 三项都是需要进行评估的范围。

●考点再现

Q $_{7\text{-}8}$ 事业单位国有资产评估。

项目	具体内容
应当对相关国有资产进行评估的情形	(1) 整体或者部分改制为企业 (2) 以非货币性资产对外投资 (3) 合并、分立、清算 (4) 资产拍卖、转让、置换 (5) 整体或者部分资产租赁给非国有单位 (6) 确定涉讼资产价值 (7) 法律、行政法规规定的其他需要进行评估的事项
可以不进行资产评估的情形	(1) 经批准事业单位整体或者部分资产无偿划转 (2) 行政、事业单位下属的事业单位之间的合并、资产划转、置换和转让 (3) 国家设立的研究开发机构、高等院校将持有的成果转让、许可或者作价投资给国有全资国有企业的 (4) 发生其他不影响国有资产权益的特殊产权变动行为，报经同级财政部门确认可以不进行资产评估的

9. BCDE［**解析**］根据《事业单位国有资产管理暂行办法》，我国事业单位国有资产实行国家统一所有，政府分级监管，单位占有、使用的管理体制。各级财政部门是政府负责事业单位国有资产管理的职能部门，对事业单位的国有资产实施综合管理。事业单位的主管部门负责对本部门所属事业单位的国有资产实施监督管理。事业单位负责对本单位占有、使用的国有资产实施具体管理。

10. C［**解析**］《事业单位国有资产产权登记证》由财政部统一印制。

11. C［**解析**］行政事业单位国有资产指的是各级行政事业单位占有、使用和管理的、依法确认为国家所有、能以货币计量的各种经济资源的总和。

Day 49

1. ABCD［**解析**］资源性国有资产的特点包括：①天然性；②有用性；③有限性；④可计量

性；⑤垄断性；⑥价值多重性。

2. C［**解析**］我国资源性国有资产归国家统一所有，以国家统一管理为主。故C项说法错误。

3. B［**解析**］与其他国有资产不同的是，资源性国有资产是典型的稀缺性经济资源，必须通过加强管理来避免资源遭到破坏、损失和浪费，以实现资源的优化配置，并通过节约利用资源和提高资源的利用效率，促进经济的可持续发展，维护生态平衡和建设节约型社会。

4. A［**解析**］从管理的角度划分，资源性国有资产分为国有土地资源、国有矿产资源、国有水资源和国有森林草原资源。

5. ABCD［**解析**］资源性国有资产管理主要内容包括资源产权管理、资源勘察管理、资源开发利用管理和资源保护管理。

6. A［**解析**］资源产权管理是资源性国有资产管理的核心。

7. BCD［**解析**］对资源的保护应坚持“谁开发谁保护，谁污染谁治理，谁破坏谁受罚”的原则，实行开发利用和保护并重的方针，以使自然资源的开发利用处于良性循环状态，为社会经济发展奠定良好的物质基础。

●考点再现

Q 5-7 资源性国有资产管理的主要内容。

主要内容	具体阐述
资源产权管理	是资源性国有资产管理的核心
资源勘察管理	加强勘察管理是对资源进行综合利用和保护的基础
资源开发利用管理	自然资源的开发利用，必须依法申请取得开发开采使用权。经批准取得的开采权不得买卖、出租，不得用作抵押
资源保护管理	对资源的保护应坚持“谁开发谁保护，谁污染谁治理，谁破坏谁受罚”的原则

8. ACE［**解析**］我国资源性国有资产管理实行国有资产专司机构综合管理与财政部门专项管理、资源主管部门专业管理相结合的方式。

第 13 章　财政平衡与财政政策

学习指导

本章常考的知识点有：财政赤字的弥补方式及其经济效应、财政政策的类型与效应、财政政策与货币政策的配合运用等。本章历年考查分数在 6 分左右。

本章主要介绍的是财政平衡的主要内容，其中财政政策的主要内容需要重点掌握，财政赤字的计算口径及分类需要区分记忆。财政政策的工具和货币政策的工具需要进行对比记忆。

日期	考点
Day 50	➢财政平衡的含义 ➢财政赤字的计算口径及分类
Day 51	➢财政赤字的弥补方式及其经济效应 ➢财政政策的含义
Day 52	➢财政政策的主体 ➢财政政策的目标 ➢财政政策工具 ➢财政政策的传导机制
Day 53	➢财政政策的类型与效应 ➢货币政策概述
Day 54	➢财政政策与货币政策配合的区别与联系 ➢财政政策与货币政策的配合运用

Day 50

考点：财政平衡的含义

1. ［多选］坚持财政收支平衡在财政管理实践中的意义有（　　）。
   A. 坚持财政收支平衡有利于提高政府在财政支出方面的自由度
   B. 坚持财政收支平衡有利于提高社会资源的利用效率
   C. 坚持财政收支平衡可减少公债的发行，降低公债负担率
   D. 坚持财政收支平衡有利于实现无通货膨胀的经济运行
   E. 坚持财政收支平衡是社会总需求和总供给平衡的保证

2. ［单选］财政收支矛盾的客观性，决定了财政收支运动的基本形态是（　　）。
   A. 收支平衡　　B. 收支不平衡
   C. 收入大于支出　　D. 支出大于收入

3. ［单选］一般来说，造成通货膨胀的重要原因是（　　）。
A. 连年的财政赤字　　B. 累积的财政结余
C. 持续的财政紧缩　　D. 阶段性的货币政策

4. ［单选］就财政政策本身而言，其焦点是如何处理（　　）问题。
A. 财政收入　　B. 财政支出
C. 财政赤字　　D. 财政平衡

5. ［单选］关于财政平衡的说法，错误的是（　　）。
A. 财政收支在数量上的绝对平衡才是财政平衡
B. 财政收支略有结余可视为财政基本平衡
C. 财政收支略有赤字可视作财政大体平衡
D. 财政收支平衡是指财政收支之间的对比关系

考点：财政赤字的计算口径及分类

6. ［单选］按照赤字的起因不同，可将赤字分为（　　）。
A. 主动赤字和被动赤字　　B. 硬赤字和软赤字
C. 周期性赤字和充分就业赤字　　D. 预算赤字和决算赤字

7. ［多选］按照赤字在财政年度出现时间的早晚，财政赤字可分为（　　）。
A. 决算赤字　　B. 软赤字
C. 被动赤字　　D. 预算赤字
E. 主动赤字

8. ［单选］按照赤字的出现和经济周期的关系，可将赤字分为（　　）。
A. 主动赤字和被动赤字　　B. 硬赤字和软赤字
C. 周期性赤字和充分就业赤字　　D. 预算赤字和决算赤字

9. ［单选］目前世界上多数国家统计本国财政赤字的口径是（　　）。
A. 硬赤字　　B. 软赤字
C. 周期性赤字　　D. 主动赤字

10. ［单选］预算编制时因支大于收而存在的赤字是（　　）。
A. 被动赤字　　B. 决算赤字
C. 主动赤字　　D. 预算赤字

11. ［单选］在财政赤字管理中，用债务收入弥补收支差额后仍然存在的赤字通常称为（　　）。
A. 实赤字　　B. 虚赤字
C. 硬赤字　　D. 软赤字

学习笔记

Day 51

扫码听课

考点：财政赤字的弥补方式及其经济效应

1. [单选] 通过货币发行凭空创造购买力来弥补财政赤字的方法是（　　）。
   A. 增收减支　　B. 动用结余
   C. 发行公债　　D. 向中央银行借款或透支
2. [单选] 弥补财政赤字时，不宜采用的方式是（　　）。
   A. 通过发行公债弥补　　B. 运用结余弥补
   C. 通过向中央银行透支或借款弥补　　D. 通过增收减支弥补
3. [多选] 假定其他条件不变，财政赤字的排挤效应比较小的情形有（　　）。
   A. 利率水平很低，货币供给对利率富有弹性
   B. 利率水平很低，货币需求对利率富有弹性
   C. 利率水平很高，货币供给对利缺乏有弹性
   D. 利率水平很高，货币需求对利率缺乏弹性
   E. 投资对利率缺乏弹性
4. [单选] 西方经济学者把政府从价格再分配中取得的收入称为（　　）。
   A. 价格税　　B. 通货紧缩税
   C. 挤出税　　D. 通货膨胀税
5. [单选] 因弥补财政赤字而导致私人部门的投资以及个人消费的减少，这种现象被称为财政赤字的（　　）。
   A. 收入效应　　B. 替代效应
   C. 木桶效应　　D. 排挤效应

考点：财政政策的含义

6. [单选] 财政在社会经济发展过程中对某些行业采取的低税或免税政策所发挥的政策功能是（　　）。
   A. 控制功能　　B. 导向功能
   C. 协调功能　　D. 稳定功能
7. [单选] 政府利用加速折旧的税收政策促使企业进行设备投资，发挥财政政策（　　）。
   A. 协调功能　　B. 控制功能
   C. 稳定功能　　D. 导向功能
8. [单选] 关于财政政策的说法，错误的是（　　）。
   A. 财政政策运用不当会引起经济波动
   B. 财政政策是国家宏观调控的重要杠杆
   C. 财政政策具有导向功能
   D. 财政政策不具有控制功能
9. [多选] 为控制通货膨胀可采取的财政政策有（　　）。
   A. 减少公共支出　　B. 增加公共投资
   C. 增加税收　　D. 减少税收

E. 提高法定存款准备金率

10. ［多选］财政政策对国民经济运行的调节具有（　　）特点。

A. 完整性　　B. 直接性

C. 强制性　　D. 间接性

E. 协调性

11. ［多选］财政政策稳定功能所表现的主要特征有（　　）。

A. 持续性　　B. 无偿性

C. 强制性　　D. 补偿性

E. 反周期性

学习笔记

Day 52

✔ 考点：财政政策的主体

1. ［单选］我国财政政策的制定者和执行者是（　　）。

A. 各级政府　　B. 各级人大

C. 各级人大常委会　　D. 国务院

✔ 考点：财政政策的目标

2. ［多选］以下属于财政政策目标的有（　　）。

A. 完全就业　　B. 国际收支平衡

C. 物价基本稳定　　D. 收入公平分配

E. 经济快速增长

3. ［单选］政府进行宏观经济调控的首要目标是（　　）。

A. 充分就业　　B. 物价基本稳定

C. 经济适度增长　　D. 国际收支平衡

4. ［单选］财政政策作为一种期望值，其取值不仅取决于社会、政治、经济、文化等环境和条件的影响，同时也取决于（　　）。

A. 政府的偏好　　B. 公众的偏好

C. 公务员的偏好　　D. 政治家的偏好

5. ［单选］经济学中的“充分就业”是指（　　）。

A. 全体社会成员都有工作

B. 全体社会成员都有固定的工作

C. 有工作能力且愿意工作的人能够找到工作

D. 在国家兴办的企事业单位中就业的比例达到较高水平

✔ 考点：财政政策工具

6. ［多选］下列各项中，属于财政政策工具的有（　　）。

A. 公共预算　　B. 税收

C. 公债　　D. 公开市场业务

E. 政府投资

7. ［单选］在各种财政政策手段中居于核心地位的是（　　）。

A. 税收政策　　B. 公债政策

C. 支出政策　　D. 政府预算

8. ［单选］财政政策工具中，（　　）具有综合性、计划性和法律性的特点。

A. 公债　　B. 税收

C. 政府预算　　D. 公共支出

9. ［单选］在发达国家中，财政政策工具中的（　　）是调节金融市场的重要手段，通过相应的措施，可以有效地调节资金供求和货币流通量。

A. 公债　　B. 政府投资

C. 财政补贴　　　　D. 税收

10. [多选] 与财政补贴相比，其他财政政策手段不具有或不完全具有的优点有（　　）。

A. 直接性　　　　B. 广泛性

C. 主动性　　　　D. 针对性

E. 灵活性

考点：财政政策的传导机制

11. [单选] 财政政策在发挥作用的过程中，各政策工具通过某种媒介体相互作用形成的一个有机联系的整体指的是财政政策的（　　）。

A. 政策效应　　　　B. 传导机制

C. 中枢系统　　　　D. 传感器

学习笔记

Day 53

扫码听课

✔ 考点：财政政策的类型与效应

1. [单选] 按照对经济周期的调节作用划分，财政政策可以分为（　　）。
   A. 宏观财政政策、中观财政政策和微观财政政策
   B. 自动稳定的财政政策和相机抉择的财政政策
   C. 扩张性财政政策、紧缩性财政政策和中性财政政策
   D. 短期财政政策、中期财政政策和长期财政政策

2. [单选] 政府有意识地运用财政政策手段来调节社会总供求，利用国家财力干预经济运行，称为（　　）。
   A. 自动稳定的财政政策　　B. 相机抉择的财政政策
   C. 内在稳定器　　D. 健全财政政策

3. [单选] 被称为"斟酌使用的财政政策"的是（　　）。
   A. 相机抉择的财政政策　　B. 自动稳定的财政政策
   C. 周期性财政政策　　D. 微观财政政策

4. [多选] 根据在国民经济总量方面的不同功能，财政政策可分为（　　）。
   A. 紧缩性财政政策　　B. 宏观财政政策
   C. 宏观财政政策　　D. 中性财政政策
   E. 扩张性财政政策

5. [多选] 下列属于紧缩性财政政策手段的有（　　）。
   A. 增加支出　　B. 增加税收
   C. 财政预算赤字　　D. 减少财政支出
   E. 减少税收

6. [多选] 按财政调节手段分类，财政政策可分为（　　）。
   A. 利率政策　　B. 税收政策
   C. 财政支出政策　　D. 财政投资政策
   E. 财政补贴政策

✔ 考点：货币政策概述

7. [多选] 货币政策的主要内容包括（　　）。
   A. 政策目标　　B. 政策传导机制
   C. 政策中介　　D. 政策工具
   E. 政策实施效果

8. [单选] 中央银行运用货币政策手段或工具影响中介目标进而实现最终目标的途径和机能就是（　　）。
   A. 货币政策目标　　B. 货币政策工具
   C. 货币政策影响力　　D. 货币政策传导机制

9. [多选] 中央银行运用最多的货币政策工具有（　　）。
   A. 公开市场业务　　B. 法定存款准备金率

C. 再贴现率政策　　D. 信贷计划

E. 窗口指导

10. ［多选］中央银行通过调高或调低法定存款准备金率，影响（　　）。

A. 商业银行的贷款能力

B. 商业银行的存款能力

C. 商业银行的派生存款能力

D. 社会货币供应量

E. 社会货币流通量

11. ［单选］下列货币政策中，属于直接信用控制的政策手段是（　　）。

A. 调整法定存款准备金率　　B. 信用配额

C. 调整再贴现率　　D. 公开市场业务

学习笔记

Day 54

考点：财政政策与货币政策配合的区别与联系

1. ［多选］财政政策与货币政策的不同体现在（　　）。
   A. 两者的政策工具和调节范围不同
   B. 两者在国民收入分配中所起到的作用不同
   C. 两者的调控目标不同
   D. 两者的政策时滞性不同
   E. 两者在扩大和紧缩需求的方面的作用不同
2. ［多选］财政政策与货币政策的统一性表现在（　　）。
   A. 二者的调控目标一致
   B. 二者都是供给管理政策
   C. 从经济运行的统一性来看，财政、信贷与货币发行之间有着不可分割的内在联系，任何一方的变化，都会引起其他方面的变化
   D. 二者的调控目标都属于宏观经济调控目标
   E. 如果两个政策目标不统一协调，必然造成政策效应的相悖
3. ［单选］关于财政政策与货币政策的政策时滞性，下列说法中正确的是（　　）。
   A. 财政政策的决策时滞比货币政策的短
   B. 财政政策的决策时滞与货币政策的一样长
   C. 财政政策的执行时滞比货币政策的短
   D. 财政政策的效果时滞可能优于货币政策

考点：财政政策与货币政策的配合运用

4. ［单选］可以有效地抑制需求膨胀与通货膨胀，适用于严重通货膨胀时期的是（　　）。
   A. “双紧”政策
   B. 紧的财政政策与松的货币政策
   C. “双松”政策
   D. 松的财政政策与紧的货币政策
5. ［单选］当社会的总需求明显大于社会的总供给时，为尽快抑制社会总需求的增加，应当采取的政策组合是（　　）。
   A. 紧的财政政策与紧的货币政策
   B. 紧的财政政策与松的货币政策
   C. 松的财政政策与紧的货币政策
   D. 松的财政政策与松的货币政策
6. ［多选］下列属于紧缩性财政政策的手段有（　　）。
   A. 减少税收
   B. 增加税收
   C. 增加财政支出规模
   D. 减少财政支出规模
   E. 扩大社会总需求
7. ［单选］下列手段中属于“松”的财政货币政策措施的是（　　）。
   A. 减少政府投资
   B. 提高法定存款准备金率
   C. 增加政府公共投资
   D. 压缩信贷支出

学习笔记

本章学习检查表

知识点名称	初次学习		第一次复习		第二次复习	
	做对题目数/总题目数	学习日期	做对题目数/总题目数	复习日期	做对题目数/总题目数	复习日期
财政平衡的含义						
财政赤字的计算口径及分类						
财政赤字的弥补方式及其经济效应						
财政政策的含义						
财政政策的主体						
财政政策的目标						
财政政策工具						
财政政策的传导机制						
财政政策的类型与效应						
货币政策概述						
财政政策与货币政策配合的区别与联系						
财政政策与货币政策的配合运用						

填写建议：

“做对题目数/总题目数”记录该知识点自己做题的情况，比如该知识点总题目数 10 题，做对了其中 7 题，记录为 7/10。

“学习日期”记录自己学习该知识点时的日期，建议把下一次进行复习的日期也写上。

备忘录

参考答案及解析

Day 50

1. DE［**解析**］坚持财政收支平衡在财政管理实践中的重要意义有：①是社会总需求和总供给平衡的保证；②有利于实现无通货膨胀的经济运行。
2. B［**解析**］财政收支矛盾的客观性，决定了收支不平衡是财政收支运动的基本形态。
3. A［**解析**］财政赤字和信用膨胀是造成通货膨胀的重要原因。
4. D［**解析**］就财政政策本身而言，其焦点是如何处理财政平衡问题。
5. A［**解析**］财政平衡，是指财政收支之间的对比关系。一般来讲，财政收支略有结余或略有赤字，可以视作财政基本平衡或大体平衡。在现实中不太可能出现收支数量上绝对平衡的情况。
6. A［**解析**］按照赤字的起因不同，可将赤字分为主动赤字和被动赤字。
7. AD［**解析**］按照赤字在财政年度出现时间的早晚，财政赤字可分为预算赤字和决算赤字。
8. C［**解析**］按照赤字的出现和经济周期的关系，可将赤字分为周期性赤字和充分就业赤字。

●考点再现

Q$_{6\text{-}8}$ 财政赤字的分类。

<table>
<tr><th>划分标准</th><th colspan="2">类型</th></tr>
<tr><td>按照财政收支统计口径的不同划分</td><td colspan="2">硬赤字和软赤字</td></tr>
<tr><td>按照赤字的起因不同划分</td><td colspan="2">主动赤字和被动赤字</td></tr>
<tr><td>按照赤字在财政年度出现时间的早晚划分</td><td colspan="2">预算赤字和决算赤字</td></tr>
<tr><td rowspan="2">按照赤字的出现和经济周期的关系划分</td><td>充分就业赤字（结构性赤字）</td><td>在经济实现充分就业目标的前提下，仍然存在的赤字</td></tr>
<tr><td>周期性赤字</td><td>在经济未实现充分就业条件下所新增的赤字，周期性赤字的数额＝总赤字－充分就业赤字</td></tr>
</table>

9. B［**解析**］目前世界上多数国家统计本国财政赤字的口径是软赤字。
10. D［**解析**］预算赤字是预算编制时因支大于收而存在的赤字。
11. C［**解析**］财政赤字可以分为硬赤字和软赤字，其中，硬赤字是指债务收入弥补收支差额以后仍然存在的赤字。

Day 51

1. D［**解析**］向中央银行借款或透支相当于通过货币发行，凭空创造购买力来弥补赤字。
2. C［**解析**］向中央银行透支或借款，此方法相当于通过货币发行，凭空创造购买力来弥补赤字，一般不建议采用。

●考点再现

*Q*1-2 财政赤字的弥补方式。

弥补方式	对货币供给的影响
增收减支	不会对货币供给量产生影响
动用结余	如果结余未被信贷部门使用，动用结余弥补赤字就不会增加货币供给
	如果结余已经被信贷部门使用，动用结余弥补赤字就会增加货币供给量
向中央银行借款或透支	通过货币发行，凭空创造购买力来弥补赤字。增加货币供应总量，容易形成通货膨胀
发行公债	如果认购者为家庭，通常不会增加货币供给
	如果认购者为企业，通常也不增加货币供给，但企业认购公债后，如果出现流动资金严重不足，则会增加对商业银行的流动资金贷款需求，如果商业银行因此而不能实现信贷收支平衡，则会迫使中央银行增加基础货币投放，从而增加货币供给
	如果认购者为商业银行，是否增加货币供给，关键取决于商业银行认购公债后能否实现信贷收支平衡，如果能实现信贷收支平衡，则不增加货币供给，反之，则增加货币供给
	如果中央银行直接认购政府公债，则会与财政向中央银行直接透支一样会增加货币供给量

3. BE［**解析**］假定其他条件不变，在利率水平很低，货币需求对利率富有弹性时，财政赤字的排挤效应较小，甚至可能没有排挤效应，B项正确。假定其他条件不变，在投资对利率富有弹性时，财政赤字的排挤效应明显；反之，则不明显，E项正确。

4. D［**解析**］政府收入通常可分为两部分：一部分是国内生产总值正常增量的分配所得；另一部分是价格再分配所得。后者就是西方经济学者所说的通货膨胀税。

5. D［**解析**］财政赤字的排挤效应是指由于财政赤字的弥补而导致私人经济部门投资以及个人消费减少的现象。

6. B［**解析**］财政政策的导向功能中的间接导向是财政政策对非直接调节对象的影响，如对某些行业实行低税政策。

7. D［**解析**］财政政策的导向功能中的直接导向是财政政策对其调节对象直接发生作用，如加速折旧的税收政策。

8. D［**解析**］财政政策的功能包括导向功能、协调功能、控制功能和稳定功能，D项错误。

●考点再现

*Q*6-8 财政政策的功能。

功能	内容
导向功能	财政政策的直接作用对象是财政收支及其平衡关系，例如：加速折旧的税收政策、对某些行业实行低税政策
协调功能	要体现在对社会经济发展过程中的某些失衡状况的制约、调节能力

续表

<table>
<tr><th>功能</th><th colspan="2">内容</th></tr>
<tr><td>控制功能</td><td colspan="2">政府通过财政政策对人们的经济行为和宏观经济运行的制约或促进，实现对整个国民经济发展的控制</td></tr>
<tr><td rowspan="2">稳定功能</td><td rowspan="2">主要特征是反周期性和补偿性</td><td>在繁荣时期，税收收入自动增加，转移支出自动下降，控制总需求，抑制通货膨胀</td></tr>
<tr><td>在衰退时期，税收自动减少，转移性支出增加，扩大总需求，拉动经济增长。此外政府可以主动采用相应的政策措施</td></tr>
</table>

9. AC［解析］如果私人部门支出太多，有产生通货膨胀的危险，政府可采取的财政政策是：一方面减少公共支出，延缓公共投资，另一方面可以增加税收，以吸收社会的剩余购买力。
10. BC［解析］财政政策对国民经济运行的调节具有两个明显的特点：①直接性；②强制性。
11. DE［解析］财政政策稳定功能所表现的主要特征是补偿性和反周期性。

Day 52

1. A［解析］财政政策的主体是指财政政策的制定者和执行者。财政政策的主体只能是各级政府，主要是中央政府。
2. BCD［解析］财政政策的目标包括：①经济适度增长；②物价基本稳定；③收入公平分配；④充分就业；⑤国际收支平衡。
3. A［解析］充分就业是政府进行宏观经济调控的首要目标。
4. B［解析］财政政策作为一种期望值，其取值受社会、政治、经济、文化等环境和条件的影响，同时也取决于公众的偏好与政府的行为。
5. C［解析］经济学中的“充分就业”是指有工作能力且愿意工作的人能够找到工作。
6. BCE［解析］财政政策工具包括政府预算、税收、公债、政府投资、公共支出、财政补贴等。
7. D［解析］政府预算作为一种控制财政收支及其差额的机制，在各种财政政策手段中居于核心地位。
8. C［解析］政府预算能系统地、明显地反映政府财政政策的意图和目标，具有综合性、计划性和法律性等特点。
9. A［解析］在发达国家中，公债是调节金融市场的重要手段，通过增加或减少公债的发行，以及调整公债的利率和贴现率，可以有效地调节资金供求和货币流通量。

●考点再现

Q $_{6\text{-}9}$ 财政政策工具。

财政政策的工具包括政府预算、税收、公债、政府投资、公共支出、财政补贴等。

（1）政府预算：作为一种控制财政收支及其差额的机制，在各种财政政策手段中居于核心地位，它能系统地、明显地反映政府财政政策的意图和目标，具有综合性、计划性和法律性等特点。

（2）税收：是最重要的财政政策工具之一，它广泛地影响到社会资源有效配置、经济稳定、收入公平分配和其他更为具体的财政政策目标。

（3）公债：在发达国家中，公债是调节金融市场的重要手段，通过增加或减少公债的发行，以及调整公债的利率和贴现率，可以有效地调节资金供求和货币流通量。

（4）政府投资：是指财政用于资本项目的建设支出，最终形成各种类型的固定资产。

（5）公共支出：是指政府满足纯公共需要的一般性支出。

（6）财政补贴：作为财政政策手段的最主要优点，就是灵活性和针对性，这是其他财政政策手段所不具有或不完全具有的。

10. DE［**解析**］财政补贴作为财政政策手段的最主要优点，就是其灵活性和针对性，这是其他财政政策手段所不具有或不完全具有的。

11. B［**解析**］财政政策传导机制是指财政政策在发挥作用的过程中，各政策工具通过某种媒介体相互作用形成的一个有机联系的整体。

Day 53

1. B［**解析**］按照对经济周期的调节作用划分，财政政策可以分为自动稳定的财政政策和相机抉择的财政政策。

2. B［**解析**］相机抉择的财政政策，是指政府有意识地运用政策手段来调节社会总供求，是政府利用国家财力有意识干预经济运行的行为。

3. A［**解析**］相机抉择的财政政策，也称为“斟酌使用的财政政策”。

●考点再现

Q $_{1-3}$ 按照对经济周期的调节作用划分，财政政策可以划分为自动稳定的财政政策和相机抉择的财政政策。

（1）自动稳定的财政政策是指某些能够根据经济波动情况自动发生稳定作用的政策，无须借助外力即可直接产生调控作用。

（2）相机抉择的财政政策，是指政府有意识地运用政策手段来调节社会总供求，是政府利用国家财力有意识干预经济运行的行为，也称为“斟酌使用的财政政策”。

4. ADE［**解析**］根据在国民经济总量方面的不同功能，财政政策可分为扩张性财政政策、紧缩性财政政策和中性财政政策。

5. BD［**解析**］紧缩性财政政策手段包括增加税收、减少财政支出。

●考点再现

Q $_{4-5}$ 财政政策的类型。

根据在国民经济总量方面的不同功能，财政政策可分为扩张性财政政策、紧缩性财政政策和中性财政政策。

（1）扩张性财政政策手段：减税、增加财政支出规模。

（2）紧缩性财政政策手段：增加税收、减少财政支出。

（3）中性财政政策是指财政的分配活动对社会总供求的影响保持中性。

6. BCDE［**解析**］按财政调节手段分类，财政政策可分为税收政策、公债政策、财政支出政

策、财政投资政策、财政补贴政策、固定资产折旧政策、国有资产管理政策等。

7. ABD［解析］货币政策主要包括政策目标、政策工具和政策传导机制等内容。

8. D［解析］货币政策传导机制是指中央银行运用货币政策手段或工具影响中介目标进而实现最终目标的途径和机能。

●考点再现

Q *7-8* 货币政策主要包括政策目标、政策工具和政策传导机制等内容。

（1）财政政策目标是中央银行组织和调节货币流通的出发点和归宿点。

（2）货币政策工具是一国货币当局执行货币政策时所采取的措施和手段。

（3）政策传导机制是中央银行运用货币政策手段或工具影响中介目标进而实现最终目标的途径和机能。

9. ABC［解析］一般性政策工具是中央银行运用最多的传统工具，具体包括公开市场业务、法定存款准备金率、再贴现率政策。

10. AC［解析］中央银行通过调高或调低法定存款准备金率，来增加或减少商业银行应缴存的存款准备金，从而影响商业银行的贷款能力和派生存款能力，以达到调节货币供应量的目的。

●考点再现

Q *9-10* 一般性政策工具是中央银行运用最多的传统工具，具体包括公开市场业务、法定存款准备金率、再贴现率政策。

（1）公开市场业务是中央银行通过在金融市场上买进或卖出有价证券进行调节的一种方式，已成为不少西方国家中央银行最经常使用、最为灵活、最有效的调节货币供应量的重要手段。

（2）法定存款准备金率是中央银行通过调高或调低法定存款准备金率，来增加或减少商业银行应缴存的存款准备金，从而影响商业银行的贷款能力和派生存款能力，以达到调节货币供应量的目的。

（3）再贴现率政策是指商业银行向中央银行办理再贴现时使用的利率。

11. B［解析］直接信用控制是指从质和量两个方面，以行政命令或其他方式，直接对金融机构尤其是商业银行的信用活动所进行的控制。其手段包括利率最高限、信用配额、流动性比率和直接干预。

Day 54

1. ABDE［解析］财政政策与货币政策的不同点包括：①两者的政策工具和调节范围不同；②两者在国民收入分配中所起到的作用不同；③两者的政策时滞性不同；④两者在扩大和紧缩需求的方面的作用不同；⑤两者对需求调节的作用方向不同。但财政政策与货币政策的调控目标是统一的，都属于宏观经济的调控目标。

2. ACDE［解析］财政政策与货币政策之间存在共同点和统一性，但也有区别。两者的统一性在于：①两大政策的调控目标是统一的，即都属于宏观经济调控目标；②两者都是需求管理政策；③从经济运行的统一性来看，财政、信贷和货币发行之间有着不可分割的内在联系，任何一方的变化，都会引起其他方面的变化，最终会引起社会总供给与总需求的变化。因此，两个政策目标如果不统一和协调，必然造成政策效应的相悖，造成宏观经济运行的失控。

3. D［**解析**］因为财政政策措施要通过立法机构，经过立法程序，从确定到实施，过程比较复杂，因而，财政政策的决策时滞较长；但从效果时滞来看，财政政策就可能优于货币政策。

4. A［**解析**］“双紧”政策适用于严重通货膨胀时期，但假如控制力度过猛，易导致经济衰退、失业增加。

5. A［**解析**］当社会的总需求明显大于社会的总供给时，为尽快抑制社会总需求的增加，应当采取紧的财政政策与紧的货币政策。

●考点再现

*Q*4-5 财政政策与货币政策的配合运用。

情形		财政政策	货币政策
在总需求严重不足，生产能力未得到充分利用的情况下		松	松
严重通货膨胀时期		紧	紧
在总需求与总供给大体平衡	消费偏旺而投资不足	紧	松
	消费不足而投资过旺	松	紧

6. BD［**解析**］紧缩性财政政策有：增加税收、减少财政支出。

7. C［**解析**］属于“松”的财政货币政策措施为减税增加支出，A、B、D三项为“紧”的政策。

●考点再现

*Q*6-7 “松”的政策措施和“紧”的政策措施。

（1）“松”：减税、增加政府支出、降低准备金率与利率、扩大信贷支出等。

（2）“紧”：增税、减少财政支出、提高准备金率、压缩信贷支出等。

思维导图

Day 55

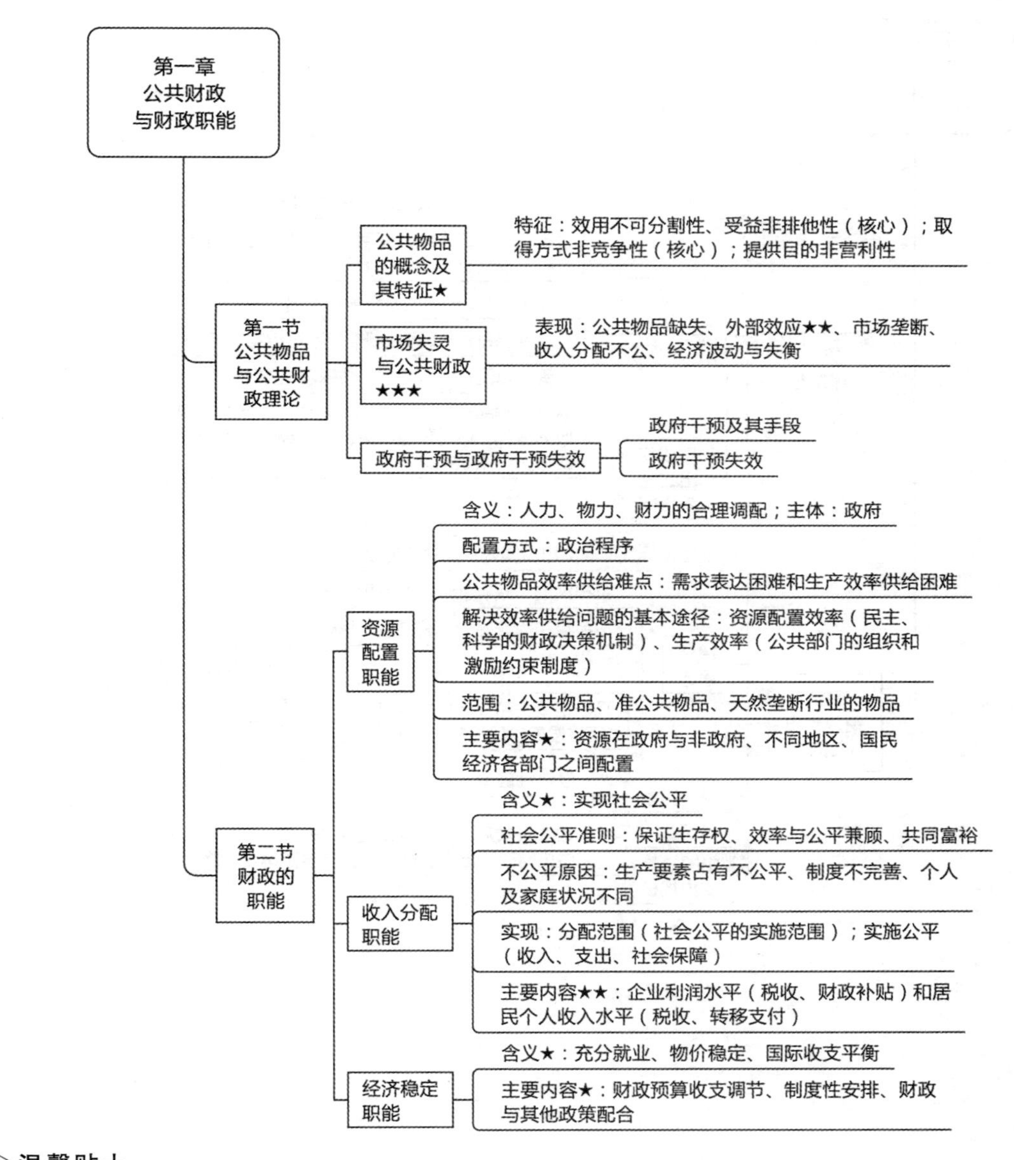

➢温馨贴士

第一节重点即“四特征，五表现”。第二节主要介绍三大职能，其中职能的主要内容需要在理解的基础分层次把握，重点记忆。

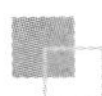

第二章 财政支出理论与内容（1）

- 第一节 财政支出的分类及其经济影响
  - 财政支出的分类
    - 经济性质：购买性、转移性支出
    - 在社会再生产中的作用★★：补偿性、消费性、积累性支出
    - 目的性★：预防性、创造性支出
    - 控制能力★★：可控制性、不可控制性支出
    - 受益范围：一般利益、特殊利益支出
  - 财政支出的经济影响
    - 购买性与转移性支出对比★:对生产和就业、国民收入分配、政府效益约束、微观经济主体的预算约束、财政职能侧重点
- 第二节 财政支出的规模
  - 衡量指标：财政支出占国内生产总值的比重
  - 增长趋势
    - 瓦格纳的“政府活动扩张法则”★
    - 皮考克和魏斯曼的“公共收入增长导致论”★
    - 马斯格雷夫和罗斯托的"经济发展阶段论"★
      - 早期：社会基础设施
      - 中期：对私人投资补充
      - 成熟：教育、保健、社会福利
  - 影响因素
    - 经济性因素（主要）、政治性因素、社会性因素
  - 中国财政支出规模
    - 改革开放后，财政支出占GDP比重、中央财政支出占全国财政支出总额比重下降

第二章 财政支出理论与内容（2）

- 第三节 财政支出的效益分析
  - 意义：必须讲求效益根本原因在于社会经济资源的有限性
  - 特点★：计算所费与所得的范围、衡量效益标准、择优标准不同
  - 方法
    - “成本—效益”分析法★：适于直接经济效益的支出项目（基本建设投资支出）
    - 最低费用选择法★：适于只有社会效益，且其产品不能进入市场的项目（国防支出）
    - “公共劳务”收费法★：免费、低价、平价和高价
    - 公共定价法★：平均成本定价法、二部定价法、负荷定价法
- 第四节 购买性支出
  - 行政管理费与国防支出
    - 行政管理费支出★：按费用要素分为人员经费和公用经费
    - 国防支出
  - 文教、科学、卫生事业费支出
    - 教育支出：财政收支规模和结构是影响教育支出效益的主要因素
    - 科学研究支出：基础科学经费（政府承担）；应用性研究经费（微观主体承担）
    - 卫生支出：具有很强外部效应的公共物品
    - 加强管理，提高文教科学卫生支出的效益
  - 财政投资性支出
    - 财政投资特点★★：政府投资社会效益好、经济效益一般项目，可投资大型项目，非政府投资反之
    - 决策标准★★：资本—产出比率最小化、资本—劳动力最大化、就业创造
    - 基础设施★★★：PPP模式（重点）
    - 财政投融资特点★★★：政府投资、目的性强、范围严格限制、计划性与市场结合、预算灵活、专门机构管理
    - 财政农业投资：财政投资于以水利为核心的农业基础设施

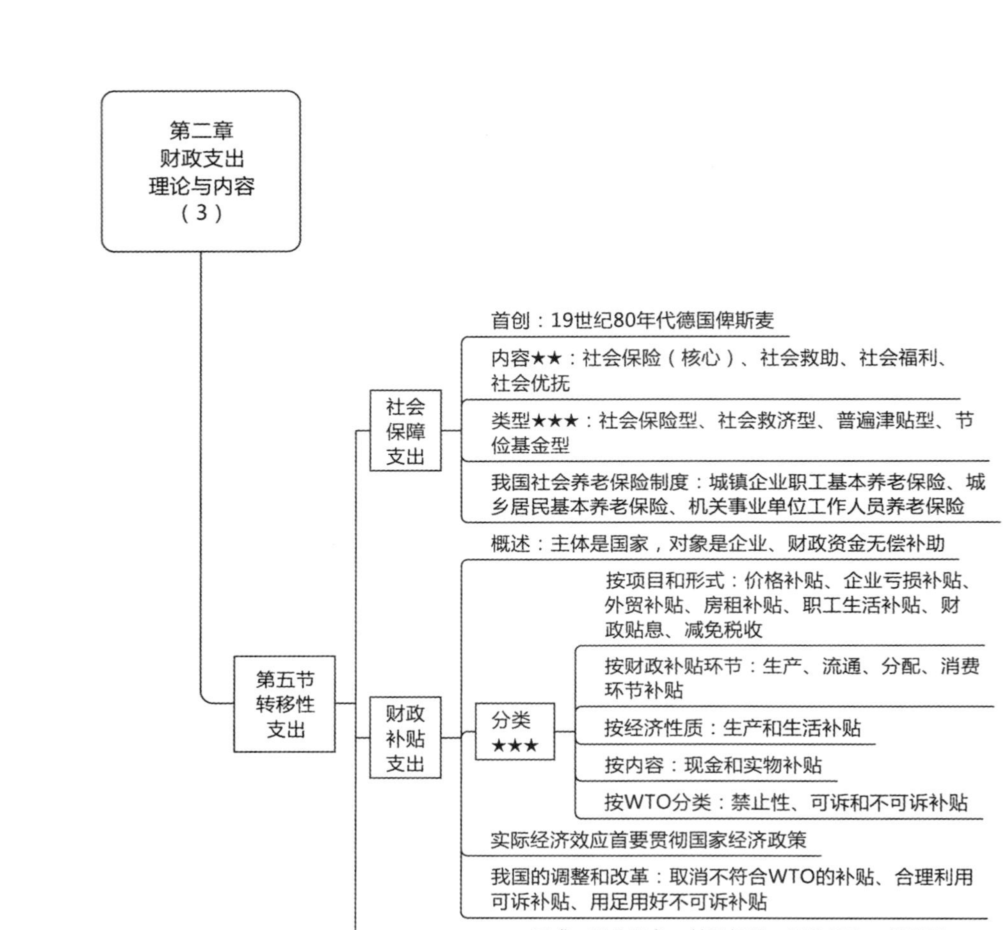

➢温馨贴士

第一节重点掌握支出的分类形式，以及两项支出的对比，多题型练习。第二节财政支出的增长趋势分为不同的阶段，可对比人物与理论记忆区分。第三节财政支出的效益分析方法是历年考试重点，可对比重点记忆区分。第四节购买性支出的细碎知识点比较多，且容易混淆，需要细心加以理解记忆，分清主次重点。第五节转移性支出同购买性支出，知识点多且细，为重点考查对象，学习时注重方法和技巧。

第三章 税收理论（1）

- 第一节 税收概述
  - 税收的本质
    - 满足社会需要，参与产品分配，强制、无偿取得财政收入
  - 税收的职能★★
    - 财政（首要）、经济、监督职能
- 第二节 税收原则
  - 概述
    - 概念：核心是如何使得税收关系适应一定的生产关系要求
    - 依据：政府公共职能、生产力水平、生产关系
    - 理论★：威廉·配第（公平、简便、节省）；亚当·斯密（平等、确定、便利、最少征收费用）；阿道夫·瓦格纳：四端九项
  - 现代税收原则★★★★
    - 财政原则：充裕、弹性、便利、节约
    - 经济原则：配置、效率
    - 公平原则：普遍、平等
- 第三节 税法与税制
  - 税法渊源★★
    - 正式：宪法；税收法律、法规；部委规章；地方性法规；自治条例；国际税收条约
    - 非正式：习惯、判例、税收通告
  - 税法效力与解释★
    - 效力：空间和时间效力
    - 解释：立法、行政、司法解释
  - 税制要素★★★
    - 基本要素：纳税人、征税对象和税率
    - 其他要素：纳税环节、期限、减税免税、违章处理
  - 税收法律制度
    - 按法律级次：税收法律、授权立法、行政法规、部门规章、地方规章
    - 按性质和作用：货物和劳务税；所得税；财产税；资源税；行为、目的税
  - 税制改革
    - 完善直接税、健全间接税、推进地方税改革、落实税收法定原则

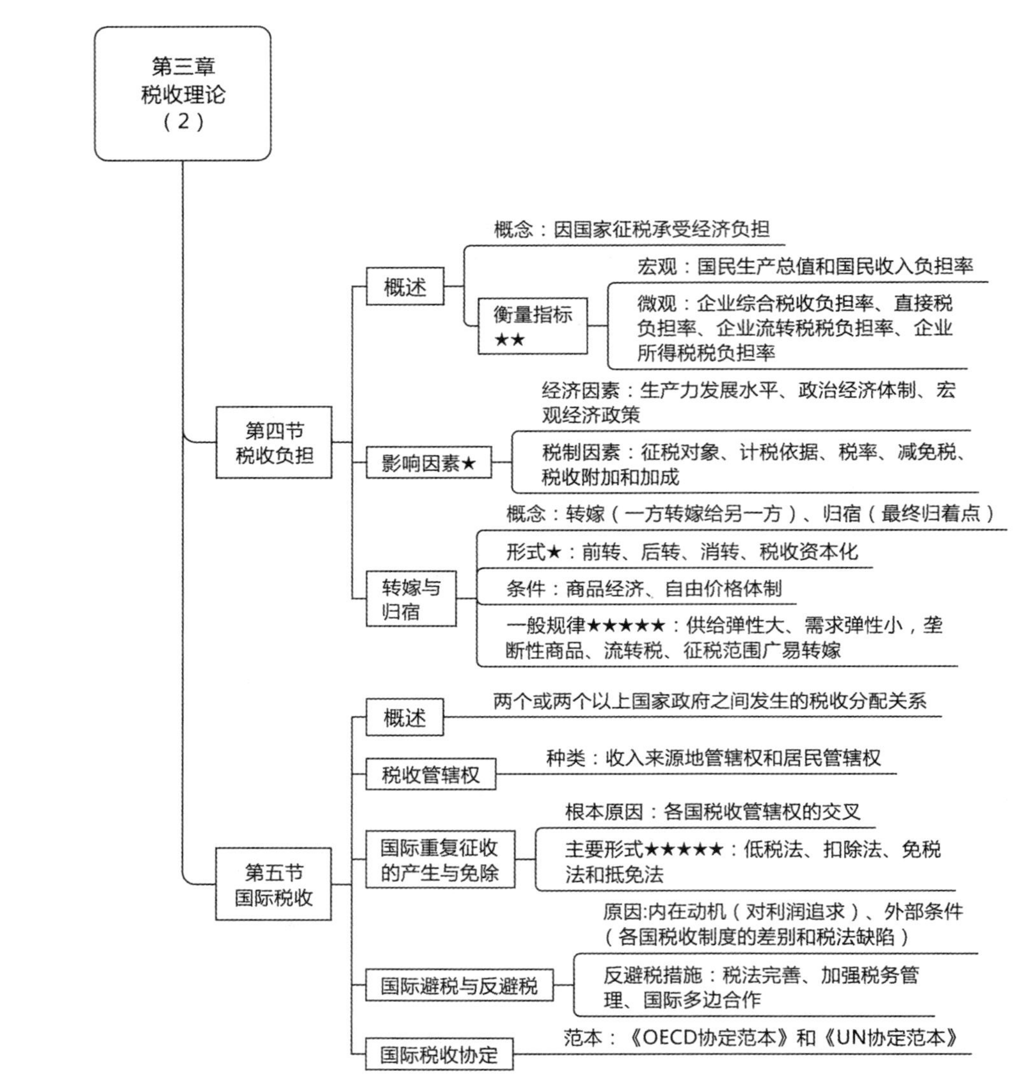

➢温馨贴士

第一、二节中税收职能和原则是考试常考点，尤其是原则，考查比较细致，需要将各项对应清楚，避免混乱。第三节知识点零散，可根据总结归纳的相关框架图理解记忆，增强知识的系统性。第四节中衡量指标的具体公式需要具体区分避免混淆，转嫁的一般规律需要重点理解记忆。第五节中国际重复征税免除的具体方法中会涉及计算题，重点区分不同的方式，避免混淆计算方法。

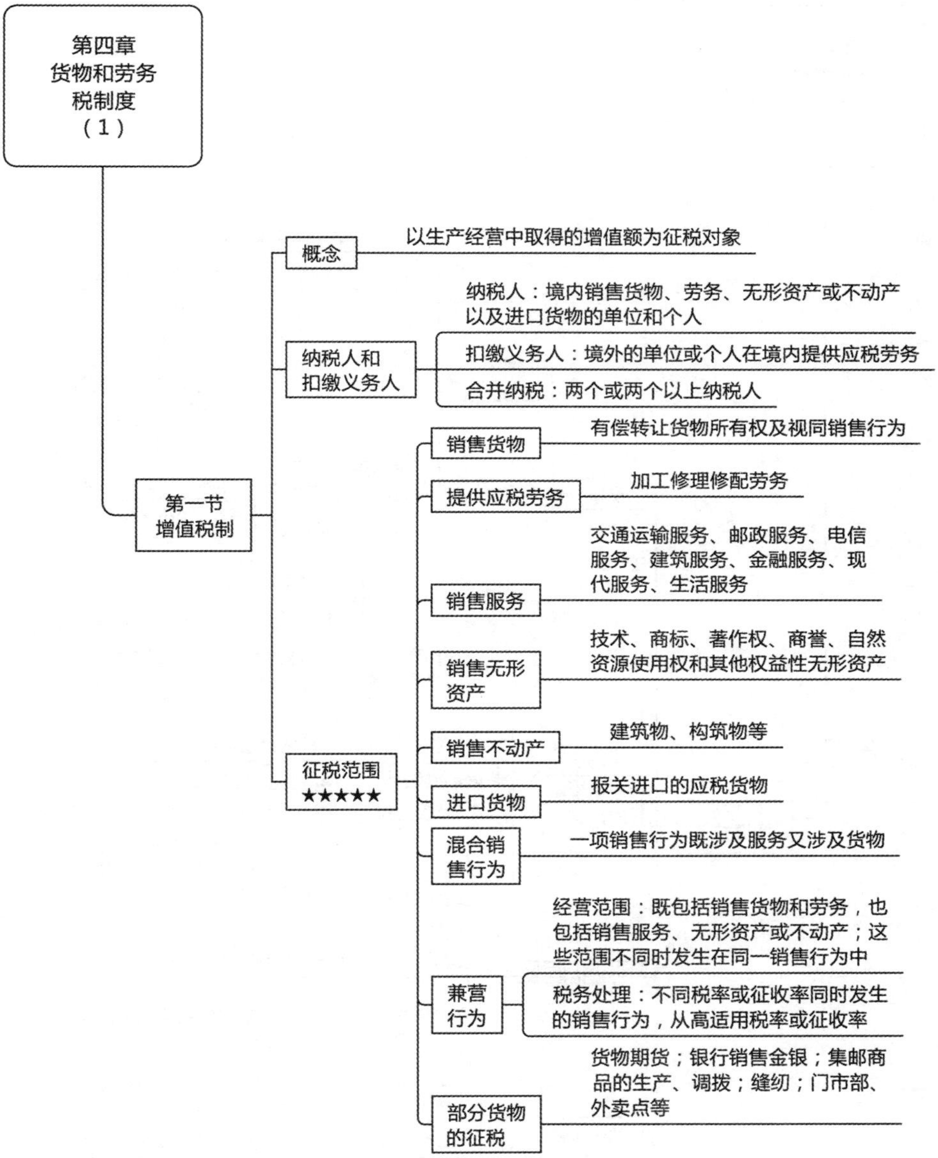

- 第四章 货物和劳务税制度（1）
  - 第一节 增值税制
    - 概念
      - 以生产经营中取得的增值额为征税对象
    - 纳税人和扣缴义务人
      - 纳税人：境内销售货物、劳务、无形资产或不动产以及进口货物的单位和个人
      - 扣缴义务人：境外的单位或个人在境内提供应税劳务
      - 合并纳税：两个或两个以上纳税人
    - 征税范围★★★★★
      - 销售货物
        - 有偿转让货物所有权及视同销售行为
      - 提供应税劳务
        - 加工修理修配劳务
      - 销售服务
        - 交通运输服务、邮政服务、电信服务、建筑服务、金融服务、现代服务、生活服务
      - 销售无形资产
        - 技术、商标、著作权、商誉、自然资源使用权和其他权益性无形资产
      - 销售不动产
        - 建筑物、构筑物等
      - 进口货物
        - 报关进口的应税货物
      - 混合销售行为
        - 一项销售行为既涉及服务又涉及货物
      - 兼营行为
        - 经营范围：既包括销售货物和劳务，也包括销售服务、无形资产或不动产；这些范围不同时发生在同一销售行为中
        - 税务处理：不同税率或征收率同时发生的销售行为，从高适用税率或征收率
      - 部分货物的征税
        - 货物期货；银行销售金银；集邮商品的生产、调拨；缝纫；门市部、外卖点等

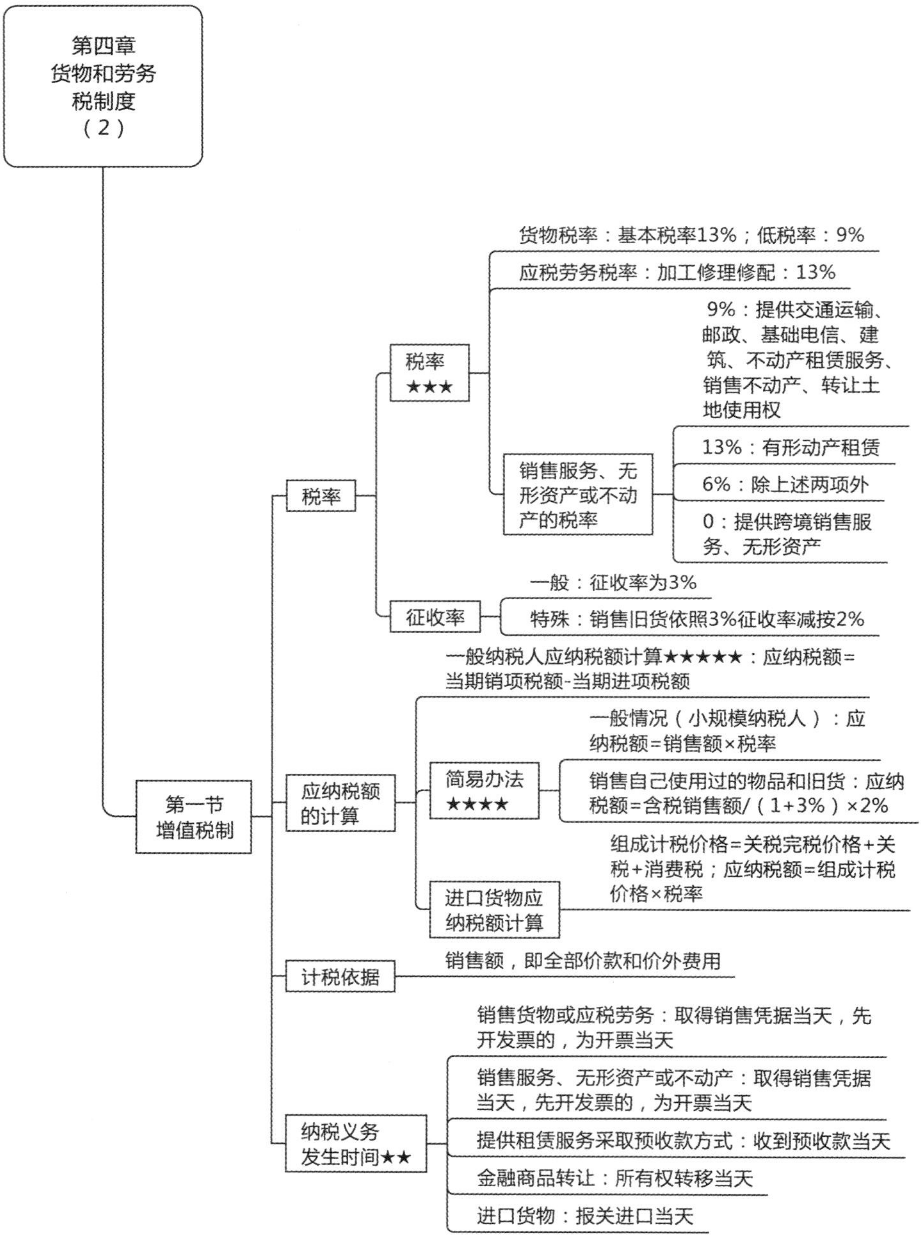

第四章 货物和劳务税制度（2）

- 第一节 增值税制
  - 税率
    - 税率★★★
      - 货物税率：基本税率13%；低税率：9%
      - 应税劳务税率：加工修理修配：13%
      - 销售服务、无形资产或不动产的税率
        - 9%：提供交通运输、邮政、基础电信、建筑、不动产租赁服务、销售不动产、转让土地使用权
        - 13%：有形动产租赁
        - 6%：除上述两项外
        - 0：提供跨境销售服务、无形资产
    - 征收率
      - 一般：征收率为3%
      - 特殊：销售旧货依照3%征收率减按2%
  - 应纳税额的计算
    - 一般纳税人应纳税额计算★★★★★：应纳税额=当期销项税额-当期进项税额
    - 简易办法★★★★
      - 一般情况（小规模纳税人）：应纳税额=销售额×税率
      - 销售自己使用过的物品和旧货：应纳税额=含税销售额/（1+3%）×2%
    - 进口货物应纳税额计算
      - 组成计税价格=关税完税价格+关税+消费税；应纳税额=组成计税价格×税率
  - 计税依据
    - 销售额，即全部价款和价外费用
  - 纳税义务发生时间★★
    - 销售货物或应税劳务：取得销售凭据当天，先开发票的，为开票当天
    - 销售服务、无形资产或不动产：取得销售凭据当天，先开发票的，为开票当天
    - 提供租赁服务采取预收款方式：收到预收款当天
    - 金融商品转让：所有权转移当天
    - 进口货物：报关进口当天

- 第四章 货物和劳务税制度（3）
  - 第一节 增值税制
    - 纳税期限★
      - 纳税期限：1日、3日、5日、10日、15日、1个月或1个季度
    - 纳税地点★
      - 固定业主：机关所在地或居住地主管税务机关
      - 进口货物：报关地海关
      - 扣缴义务：向机构所在地或居住地的主管税务机关
    - 减税、免税
      - 免征：农业生产者销售自产农产品；避孕药品、古旧图书、外国政府无偿援助的设备、残疾人组织进口专用品、销售自己使用过的物品
    - 征收管理
      - 划分一般纳税人和小规模纳税人依据：纳税人的会计核算是否健全，能否提供准确税务资料和企业规模大小
      - 小规模纳税人的管理：实行简易办法，不使用增值税专票
      - 一般纳税人的管理：按规定进行登记，正确使用增值税专票
  - 第二节 消费税制
    - 概念
      - 对特定的消费品和消费行为征收
    - 纳税人
      - 境内生产、委托加工和进口应税消费品的单位和个人
    - 征税范围：烟，酒，化妆品，贵重首饰及珠宝玉石，鞭炮、焰火，成品油、摩托车、小汽车、高尔夫球及球具、高档手表、游艇、木制一次性筷子、实木地板、电池、涂料
    - 税率：比例税率和定额税率
    - 计税依据
      - 自行销售应税消费品★★★★★
        - 从量定额
        - 从价定率：应税消费品的销售额
      - 自产自用应税消费品★
        - 有同类消费品，按同类消费品的销售价格；无同类，按组成计税价格
      - 委托加工应税消费品★★
        - 按受托同类消费品计算，没有的按照组成计税价格计算

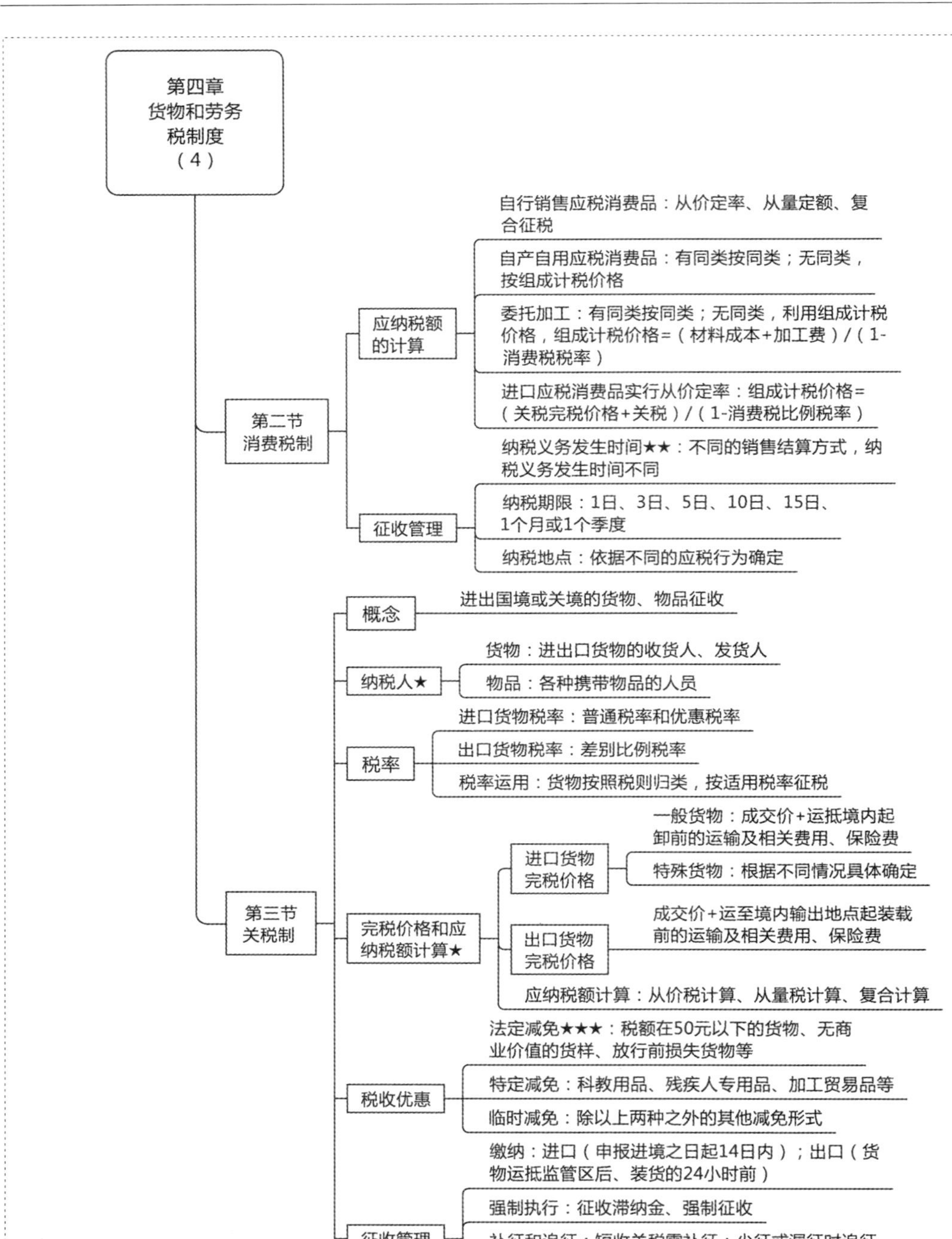

➤温馨贴士

第一节增值税的征税范围繁多，类型多样。增值税税额的计算需要结合征税范围、税率及计税依据的综合知识，学习本部分知识时需要系统化，综合化理解掌握。第二节消费税的知识点也比较繁多，但是相对来说较有条理，按照总结的知识点重点记忆。第三节中的关税应纳税额计算、税收优惠是重点，注意区分，避免知识点之间的混淆。

Day 56

- 第五章 所得税制度（1）
  - 第一节 企业所得税制
    - 概述
      - 对境内企业和组织的生产、经营所得和其他所得征收的税
    - 纳税人
      - 基本界定：企业和其他取得收入组织（个人独资企业、合伙企业除外）
      - 居民纳税人：境内成立，或依外国法律成立但实际管理机构在境内
      - 非居民纳税人：依外国法律成立且管理机构不在境内，但境内有机构、场所；境内未设场所，但有来源于境内所得
    - 征税对象
      - 销售货物、提供劳务、转让财产、股息红利、利息、租金、特许权使用费
    - 税率
      - 法定税率★：25%
      - 优惠税率★★
        - 高新技术企业：15%；技术先进型服务企业：15%；西部地区鼓励类企业：15%；非居民企业：10%
    - 计税依据
      - 应纳税所得额计算原则：权责发生制、税法优先原则
      - 应纳说所得额计算公式：应纳税所得额=收入总额-不征税收入-免税收入-各项扣除-允许弥补的以前年度亏损
      - 亏损弥补：结转年限不得超过5年
      - 清算所得：全部资产可变现价值减除各项扣除的余额
    - 收入确认
      - 收入总额：货币形式和非货币形式取得的各项收入
      - 不征税收入：财政拨款、行政事业性收费、政府性基金、专项用途资金
      - 免税收入★：国债利息收入；地方政府债券利息收入；居民企业之间的股息、红利等权益性投资收益；非营利组织收入等
      - 一般收入项目确认：销售货物、提供劳务收入
      - 特殊收入项目确认★：股息、红利、利息、租金、接受捐赠等

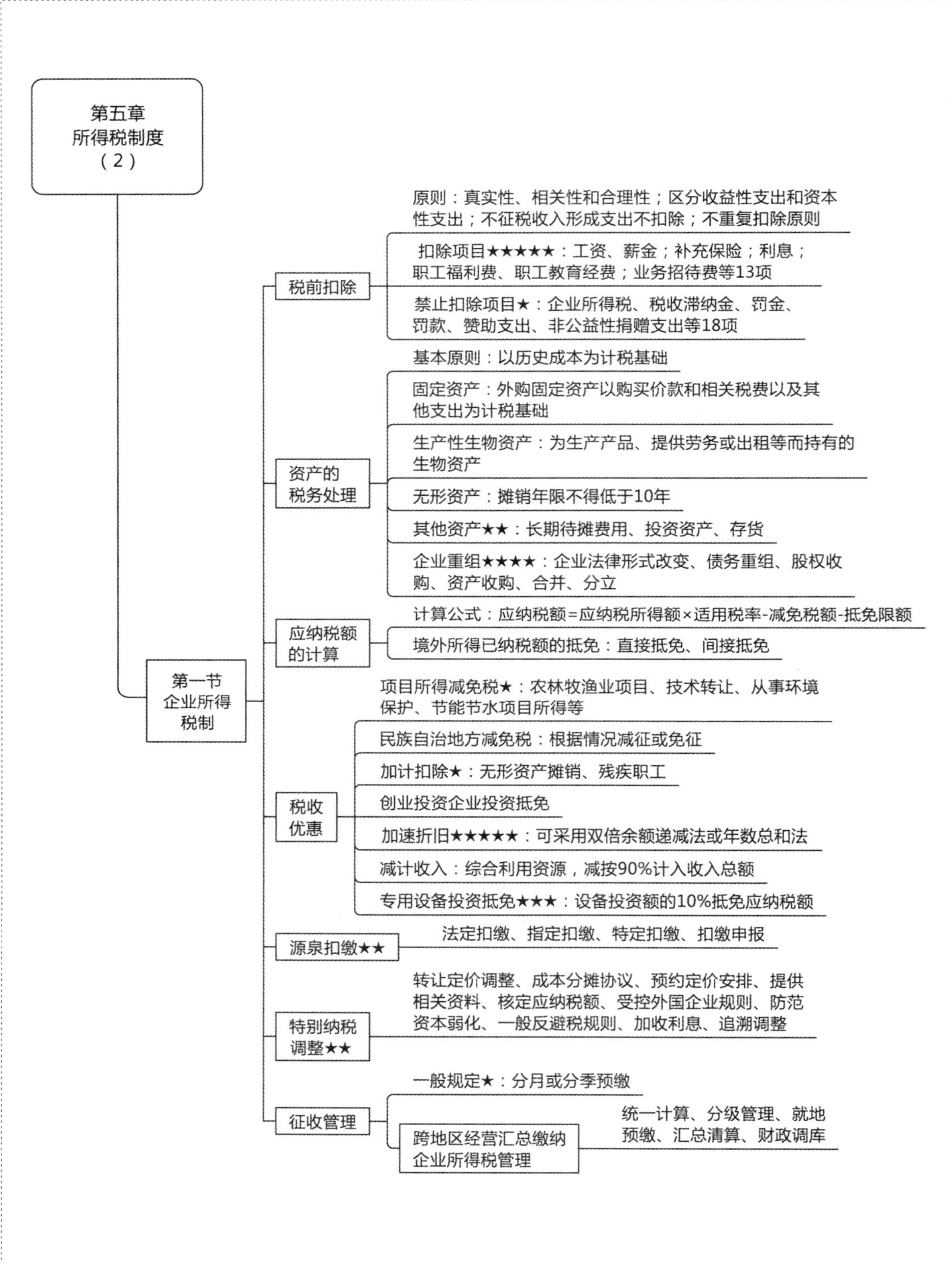
第五章
所得税制度
（2）
第一节
企业所得
税制
税前扣除
原则：真实性、相关性和合理性；区分收益性支出和资本性支出；不征税收入形成支出不扣除；不重复扣除原则
扣除项目★★★★★：工资、薪金；补充保险；利息；职工福利费、职工教育经费；业务招待费等13项
禁止扣除项目★：企业所得税、税收滞纳金、罚金、罚款、赞助支出、非公益性捐赠支出等18项
资产的
税务处理
基本原则：以历史成本为计税基础
固定资产：外购固定资产以购买价款和相关税费以及其他支出为计税基础
生产性生物资产：为生产产品、提供劳务或出租等而持有的生物资产
无形资产：摊销年限不得低于10年
其他资产★★：长期待摊费用、投资资产、存货
企业重组★★★★：企业法律形式改变、债务重组、股权收购、资产收购、合并、分立
应纳税额
的计算
计算公式：应纳税额=应纳税所得额×适用税率-减免税额-抵免限额
境外所得已纳税额的抵免：直接抵免、间接抵免
税收
优惠
项目所得减免税★：农林牧渔业项目、技术转让、从事环境保护、节能节水项目所得等
民族自治地方减免税：根据情况减征或免征
加计扣除★：无形资产摊销、残疾职工
创业投资企业投资抵免
加速折旧★★★★★：可采用双倍余额递减法或年数总和法
减计收入：综合利用资源，减按90%计入收入总额
专用设备投资抵免★★★：设备投资额的10%抵免应纳税额
源泉扣缴★★
法定扣缴、指定扣缴、特定扣缴、扣缴申报
特别纳税
调整★★
转让定价调整、成本分摊协议、预约定价安排、提供相关资料、核定应纳税额、受控外国企业规则、防范资本弱化、一般反避税规则、加收利息、追溯调整
征收管理
一般规定★：分月或分季预缴
跨地区经营汇总缴纳
企业所得税管理
统一计算、分级管理、就地预缴、汇总清算、财政调库

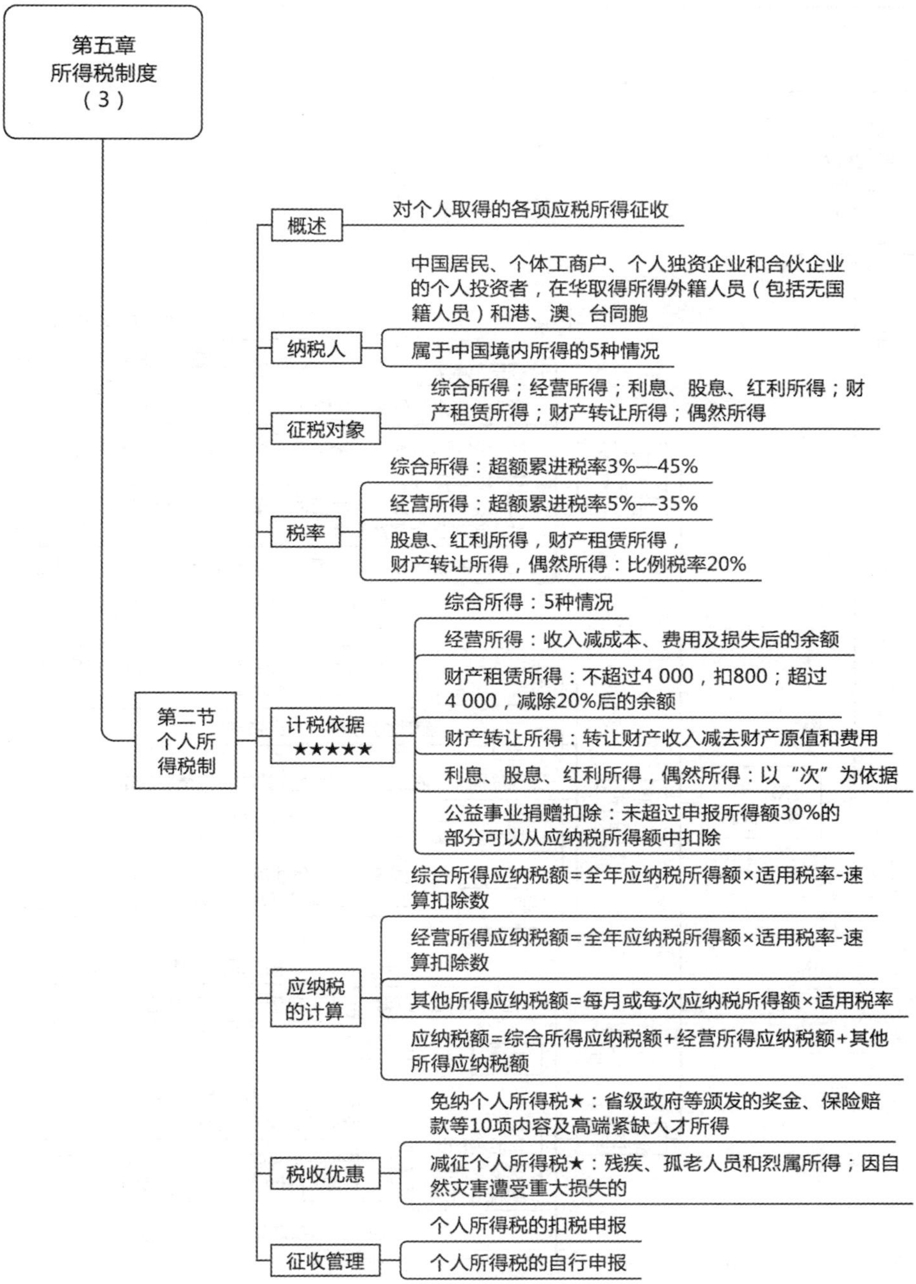

第五章
所得税制度
（3）

- 第二节 个人所得税制
  - 概述
    - 对个人取得的各项应税所得征收
  - 纳税人
    - 中国居民、个体工商户、个人独资企业和合伙企业的个人投资者，在华取得所得外籍人员（包括无国籍人员）和港、澳、台同胞
    - 属于中国境内所得的5种情况
  - 征税对象
    - 综合所得；经营所得；利息、股息、红利所得；财产租赁所得；财产转让所得；偶然所得
  - 税率
    - 综合所得：超额累进税率3%—45%
    - 经营所得：超额累进税率5%—35%
    - 股息、红利所得，财产租赁所得，财产转让所得，偶然所得：比例税率20%
  - 计税依据★★★★★
    - 综合所得：5种情况
    - 经营所得：收入减成本、费用及损失后的余额
    - 财产租赁所得：不超过4 000，扣800；超过4 000，减除20%后的余额
    - 财产转让所得：转让财产收入减去财产原值和费用
    - 利息、股息、红利所得，偶然所得：以“次”为依据
    - 公益事业捐赠扣除：未超过申报所得额30%的部分可以从应纳税所得额中扣除
  - 应纳税的计算
    - 综合所得应纳税额=全年应纳税所得额×适用税率-速算扣除数
    - 经营所得应纳税额=全年应纳税所得额×适用税率-速算扣除数
    - 其他所得应纳税额=每月或每次应纳税所得额×适用税率
    - 应纳税额=综合所得应纳税额+经营所得应纳税额+其他所得应纳税额
  - 税收优惠
    - 免纳个人所得税★：省级政府等颁发的奖金、保险赔款等10项内容及高端紧缺人才所得
    - 减征个人所得税★：残疾、孤老人员和烈属所得；因自然灾害遭受重大损失的
  - 征收管理
    - 个人所得税的扣税申报
    - 个人所得税的自行申报

➢温馨贴士

第一节知识点较多且琐碎，同时计算题颇多，需要将税收优惠、扣除、税率综合掌握记忆，难度较高，需用心细致学习。第二节同企业所得税一样，涉及的计算题目较多，需要明确记忆计税依据，多加区分，避免混淆。

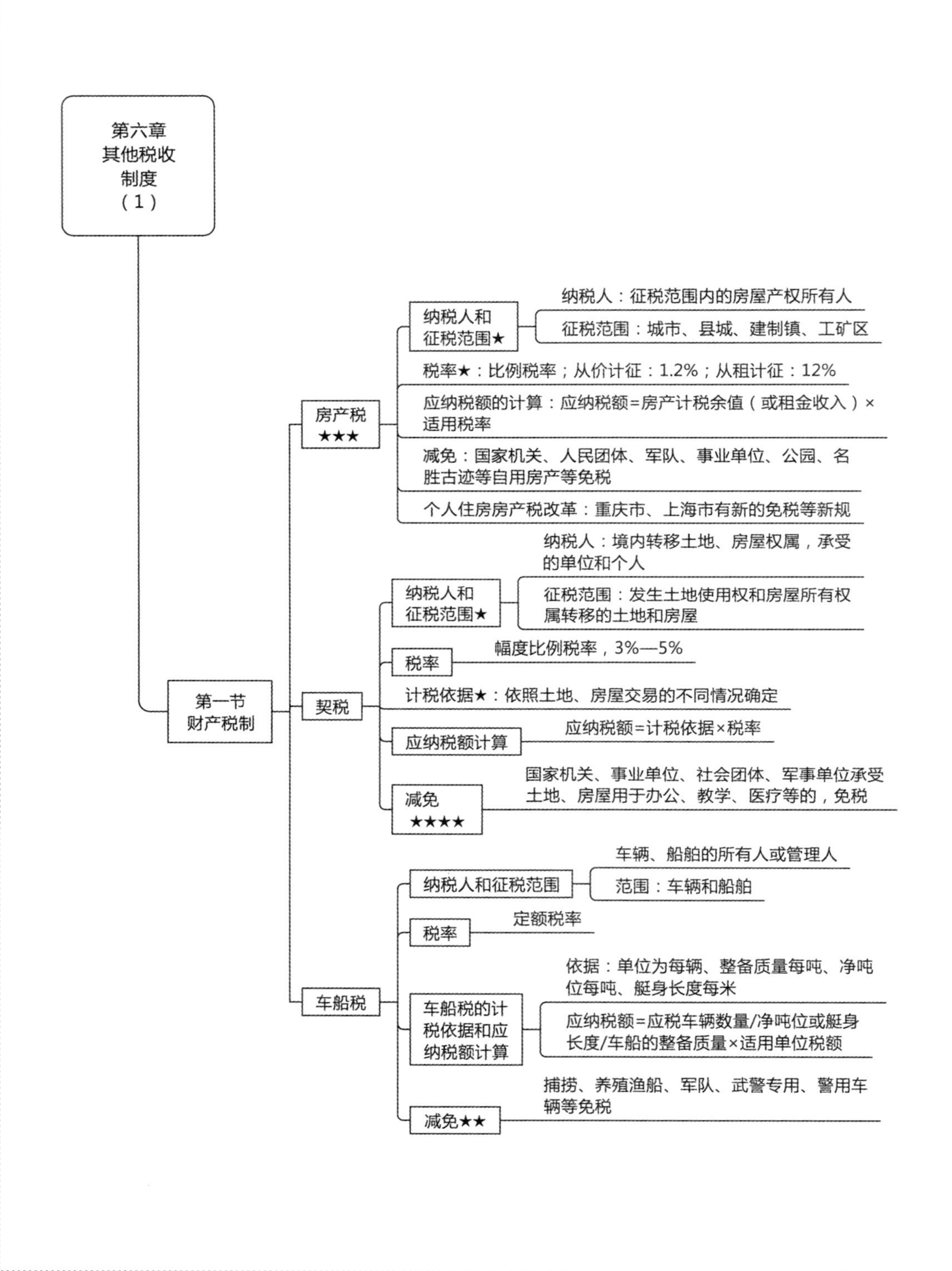
第六章
其他税收
制度
（1）
第一节
财产税制
房产税
★★★
纳税人和
征税范围★
纳税人：征税范围内的房屋产权所有人
征税范围：城市、县城、建制镇、工矿区
税率★：比例税率；从价计征：1.2%；从租计征：12%
应纳税额的计算：应纳税额=房产计税余值（或租金收入）×适用税率
减免：国家机关、人民团体、军队、事业单位、公园、名胜古迹等自用房产等免税
个人住房房产税改革：重庆市、上海市有新的免税等新规
契税
纳税人和
征税范围★
纳税人：境内转移土地、房屋权属，承受的单位和个人
征税范围：发生土地使用权和房屋所有权属转移的土地和房屋
税率
幅度比例税率，3%—5%
计税依据★：依照土地、房屋交易的不同情况确定
应纳税额计算
应纳税额=计税依据×税率
减免
★★★★
国家机关、事业单位、社会团体、军事单位承受土地、房屋用于办公、教学、医疗等的，免税
车船税
纳税人和征税范围
车辆、船舶的所有人或管理人
范围：车辆和船舶
税率
定额税率
车船税的计
税依据和应
纳税额计算
依据：单位为每辆、整备质量每吨、净吨位每吨、艇身长度每米
应纳税额=应税车辆数量/净吨位或艇身长度/车船的整备质量×适用单位税额
减免★★
捕捞、养殖渔船、军队、武警专用、警用车辆等免税

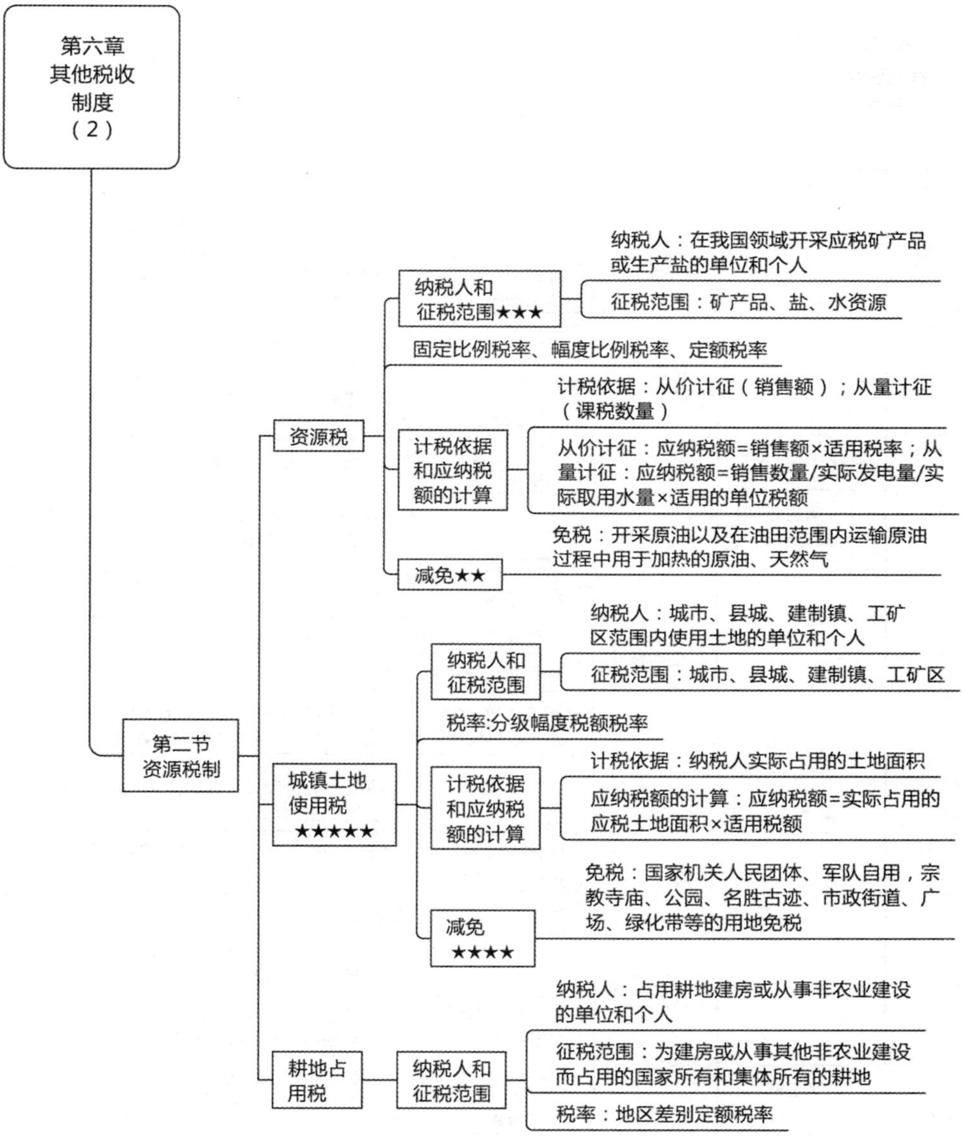

- 第六章 其他税收制度（2）
  - 第二节 资源税制
    - 资源税
      - 纳税人和征税范围★★★
        - 纳税人：在我国领域开采应税矿产品或生产盐的单位和个人
        - 征税范围：矿产品、盐、水资源
      - 固定比例税率、幅度比例税率、定额税率
      - 计税依据和应纳税额的计算
        - 计税依据：从价计征（销售额）；从量计征（课税数量）
        - 从价计征：应纳税额=销售额×适用税率；从量计征：应纳税额=销售数量/实际发电量/实际取用水量×适用的单位税额
      - 减免★★
        - 免税：开采原油以及在油田范围内运输原油过程中用于加热的原油、天然气
    - 城镇土地使用税★★★★★
      - 纳税人和征税范围
        - 纳税人：城市、县城、建制镇、工矿区范围内使用土地的单位和个人
        - 征税范围：城市、县城、建制镇、工矿区
      - 税率:分级幅度税额税率
      - 计税依据和应纳税额的计算
        - 计税依据：纳税人实际占用的土地面积
        - 应纳税额的计算：应纳税额=实际占用的应税土地面积×适用税额
      - 减免★★★★
        - 免税：国家机关人民团体、军队自用，宗教寺庙、公园、名胜古迹、市政街道、广场、绿化带等的用地免税
    - 耕地占用税
      - 纳税人和征税范围
        - 纳税人：占用耕地建房或从事非农业建设的单位和个人
        - 征税范围：为建房或从事其他非农业建设而占用的国家所有和集体所有的耕地
        - 税率：地区差别定额税率

第六章 其他税收制度（3）

- 第二节 资源税制
  - 耕地占用税
    - 计税依据和应纳税额计算
      - 计税依据：实际占用的耕地面积
      - 应纳税额：应纳税额=实际占用的耕地面积×适用定额税率
    - 税收优惠
      - 免征：军事设施、学校、幼儿园、养老院、医院占用耕地
      - 减征：铁路线路、公路线路、飞机场跑道等占用耕地
    - 征收管理
      - 由地方税务机关负责征收
  - 土地增值税
    - 纳税人和征税范围
      - 纳税人：转让国有土地使用权、地上建筑物及其附着物的单位和个人
      - 征税范围:对转让国有土地使用权、地上建筑物及其附着物
    - 计税依据：收入额-国家固定的各项扣除
    - 税率:四级超率累进税率
    - 税收优惠★★★：建造普通标准住宅的税收优惠；转让旧房；因国家建设需要依法征用、收回房地产的均有税收优惠
- 第三节 行为、目的税制
  - 印花税
    - 纳税人和征税范围★★
      - 纳税人:立合同人、立账簿人、立据人、领受人和使用人
      - 征税范围：经济合同、产权转移书据、营业账簿、权利许可证照及其他
    - 税率★：比例税率和定额税率
    - 计税依据和应纳税额的计算
      - 计税依据：从价计征（按所载金额）；从量计征（计税数量）
      - 应纳税额：应纳税额=计税金额×适用税率 应纳税额=凭证数量×单位税额
    - 减免★★★★
      - 免征：缴纳印花税的凭证副本或抄本；无息、贴息贷款合同等
  - 城市维护建设税★★
    - 纳税人和征税范围
      - 纳税人：缴纳“两税”的单位和个人
      - 征税范围：与增值税和消费税的征税范围一致
    - 税率
      - 三档差别比例税率7%、5%、1%

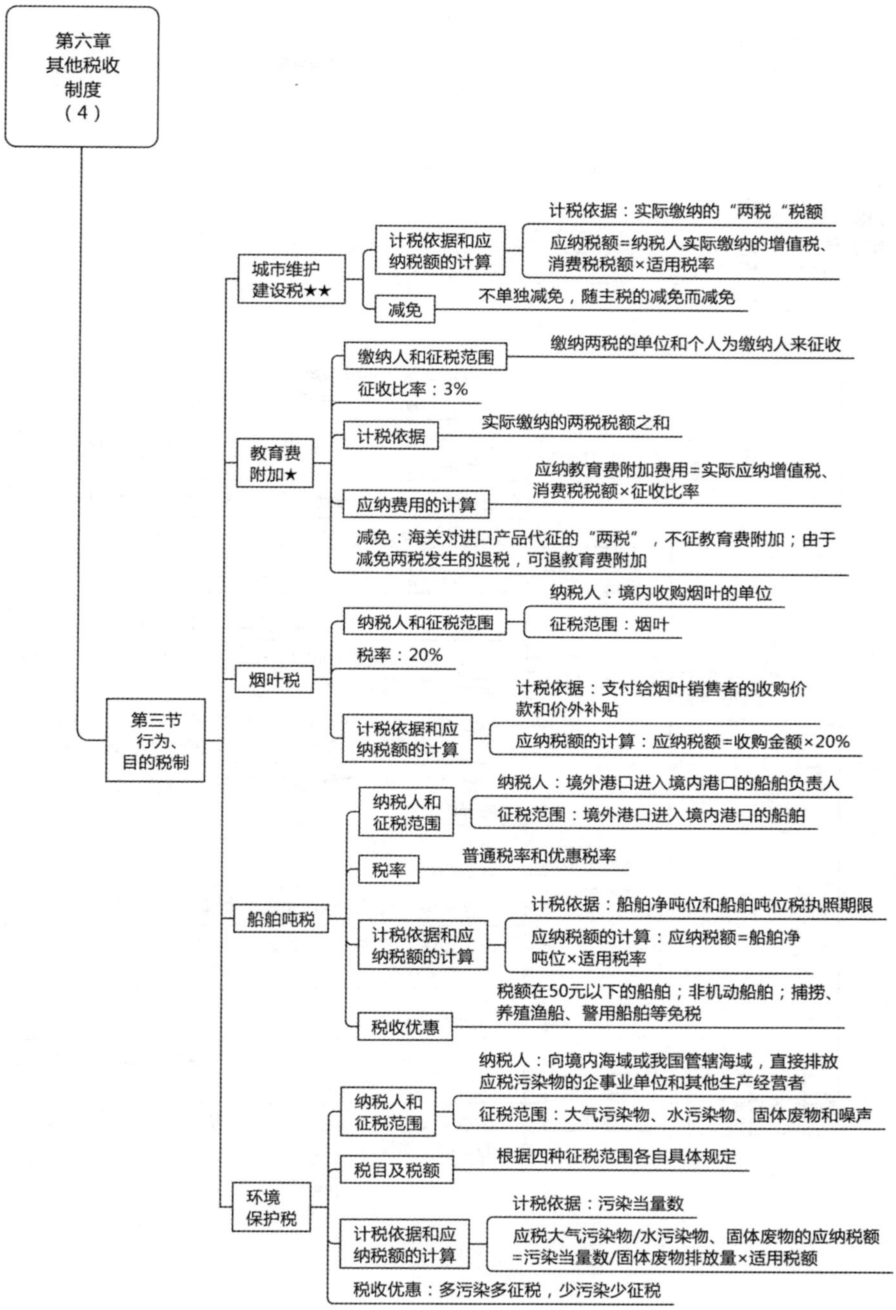

- 第六章 其他税收制度（4）
  - 第三节 行为、目的税制
    - 城市维护建设税★★
      - 计税依据和应纳税额的计算
        - 计税依据：实际缴纳的“两税“税额
        - 应纳税额=纳税人实际缴纳的增值税、消费税税额×适用税率
      - 减免
        - 不单独减免，随主税的减免而减免
    - 教育费附加★
      - 缴纳人和征税范围
        - 缴纳两税的单位和个人为缴纳人来征收
      - 征收比率：3%
      - 计税依据
        - 实际缴纳的两税税额之和
      - 应纳费用的计算
        - 应纳教育费附加费用=实际应纳增值税、消费税税额×征收比率
      - 减免：海关对进口产品代征的“两税”，不征教育费附加；由于减免两税发生的退税，可退教育费附加
    - 烟叶税
      - 纳税人和征税范围
        - 纳税人：境内收购烟叶的单位
        - 征税范围：烟叶
      - 税率：20%
      - 计税依据和应纳税额的计算
        - 计税依据：支付给烟叶销售者的收购价款和价外补贴
        - 应纳税额的计算：应纳税额=收购金额×20%
    - 船舶吨税
      - 纳税人和征税范围
        - 纳税人：境外港口进入境内港口的船舶负责人
        - 征税范围：境外港口进入境内港口的船舶
      - 税率
        - 普通税率和优惠税率
      - 计税依据和应纳税额的计算
        - 计税依据：船舶净吨位和船舶吨位税执照期限
        - 应纳税额的计算：应纳税额=船舶净吨位×适用税率
      - 税收优惠
        - 税额在50元以下的船舶；非机动船舶；捕捞、养殖渔船、警用船舶等免税
    - 环境保护税
      - 纳税人和征税范围
        - 纳税人：向境内海域或我国管辖海域，直接排放应税污染物的企事业单位和其他生产经营者
        - 征税范围：大气污染物、水污染物、固体废物和噪声
      - 税目及税额
        - 根据四种征税范围各自具体规定
      - 计税依据和应纳税额的计算
        - 计税依据：污染当量数
        - 应税大气污染物/水污染物、固体废物的应纳税额=污染当量数/固体废物排放量×适用税额
      - 税收优惠：多污染多征税，少污染少征税

➢温馨贴士

第一节中的房产税和契税是常考点，经常综合出案例题，可将两个税种结合起来分析记忆，避免遗漏相关知识点。第二节中资源税的内容相对来说比较杂，各税种税收优惠较多，可根据历年考试情况，有主次的进行掌握。第三节税种与时事结合紧密，考试愈加趋向于细致化和现实化，需重点理解记忆，各税种横向对比记忆更有助于掌握相关知识。

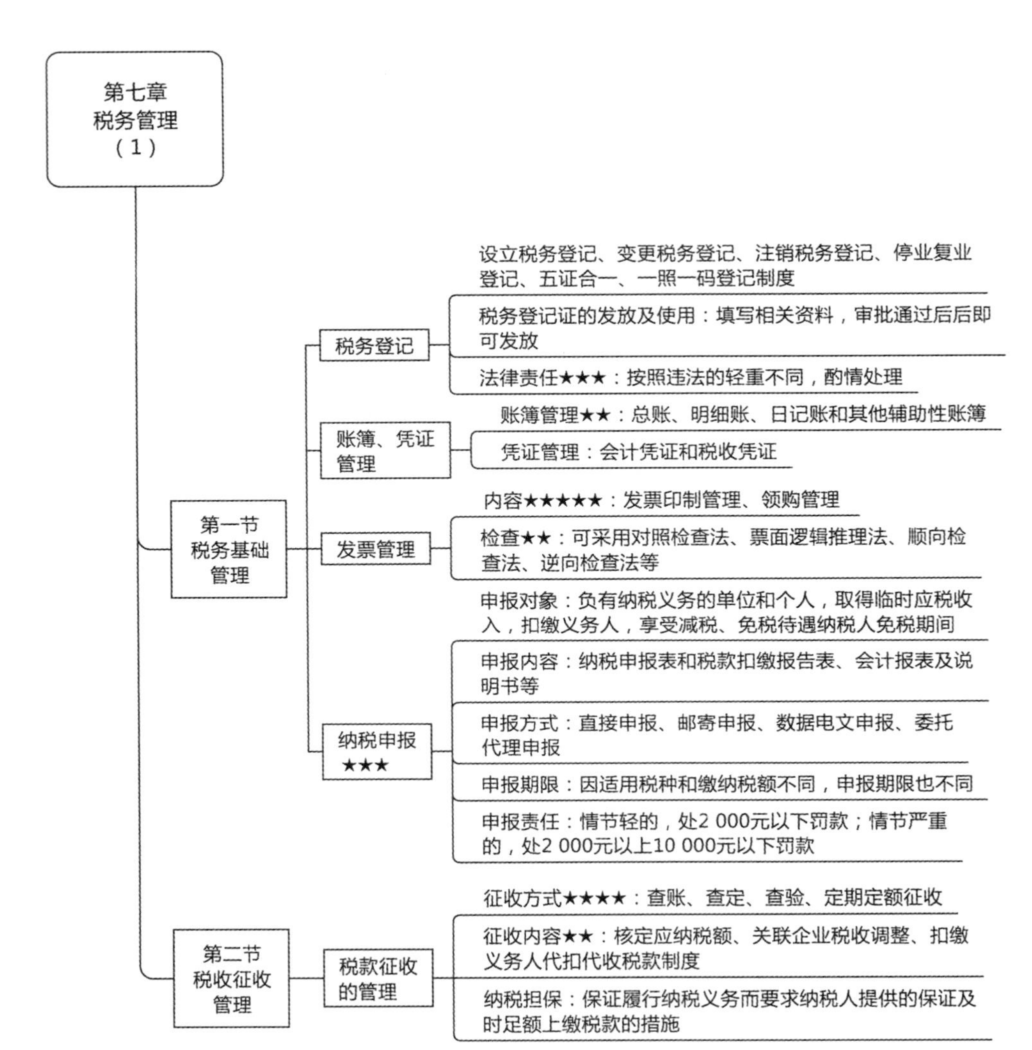

第七章
税务管理
（1）
第一节
税务基础
管理
税务登记
设立税务登记、变更税务登记、注销税务登记、停业复业登记、五证合一、一照一码登记制度
税务登记证的发放及使用：填写相关资料，审批通过后后即可发放
法律责任★★★：按照违法的轻重不同，酌情处理
账簿、凭证
管理
账簿管理★★：总账、明细账、日记账和其他辅助性账簿
凭证管理：会计凭证和税收凭证
发票管理
内容★★★★★：发票印制管理、领购管理
检查★★：可采用对照检查法、票面逻辑推理法、顺向检查法、逆向检查法等
纳税申报
★★★
申报对象：负有纳税义务的单位和个人，取得临时应税收入，扣缴义务人，享受减税、免税待遇纳税人免税期间
申报内容：纳税申报表和税款扣缴报告表、会计报表及说明书等
申报方式：直接申报、邮寄申报、数据电文申报、委托代理申报
申报期限：因适用税种和缴纳税额不同，申报期限也不同
申报责任：情节轻的，处2 000元以下罚款；情节严重的，处2 000元以上10 000元以下罚款
第二节
税收征收
管理
税款征收
的管理
征收方式★★★★：查账、查定、查验、定期定额征收
征收内容★★：核定应纳税额、关联企业税收调整、扣缴义务人代扣代收税款制度
纳税担保：保证履行纳税义务而要求纳税人提供的保证及时足额上缴税款的措施

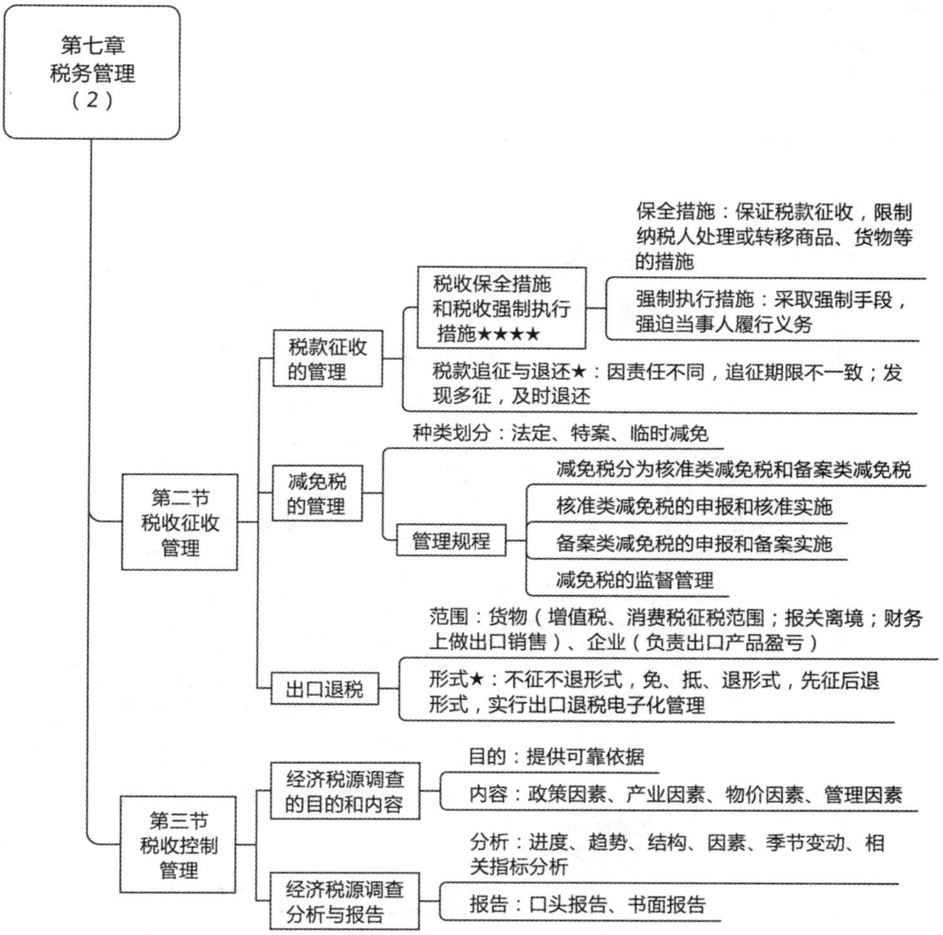

- 第七章 税务管理（2）
  - 第二节 税收征收管理
    - 税款征收的管理
      - 税收保全措施和税收强制执行措施★★★★
        - 保全措施：保证税款征收，限制纳税人处理或转移商品、货物等的措施
        - 强制执行措施：采取强制手段，强迫当事人履行义务
      - 税款追征与退还★：因责任不同，追征期限不一致；发现多征，及时退还
    - 减免税的管理
      - 种类划分：法定、特案、临时减免
      - 管理规程
        - 减免税分为核准类减免税和备案类减免税
        - 核准类减免税的申报和核准实施
        - 备案类减免税的申报和备案实施
        - 减免税的监督管理
    - 出口退税
      - 范围：货物（增值税、消费税征税范围；报关离境；财务上做出口销售）、企业（负责出口产品盈亏）
      - 形式★：不征不退形式，免、抵、退形式，先征后退形式，实行出口退税电子化管理
  - 第三节 税收控制管理
    - 经济税源调查的目的和内容
      - 目的：提供可靠依据
      - 内容：政策因素、产业因素、物价因素、管理因素
    - 经济税源调查分析与报告
      - 分析：进度、趋势、结构、因素、季节变动、相关指标分析
      - 报告：口头报告、书面报告

➢温馨贴士

第一节知识架构明晰，重点突出，但知识点较细碎，需要根据框架理解，填充知识，这样更便于知识的理解，重点知识的把握。第二节中需要重点区分保全措施和税收强制执行措施，两者有些地方较为相似，不易进行区分，避免知识的混淆。

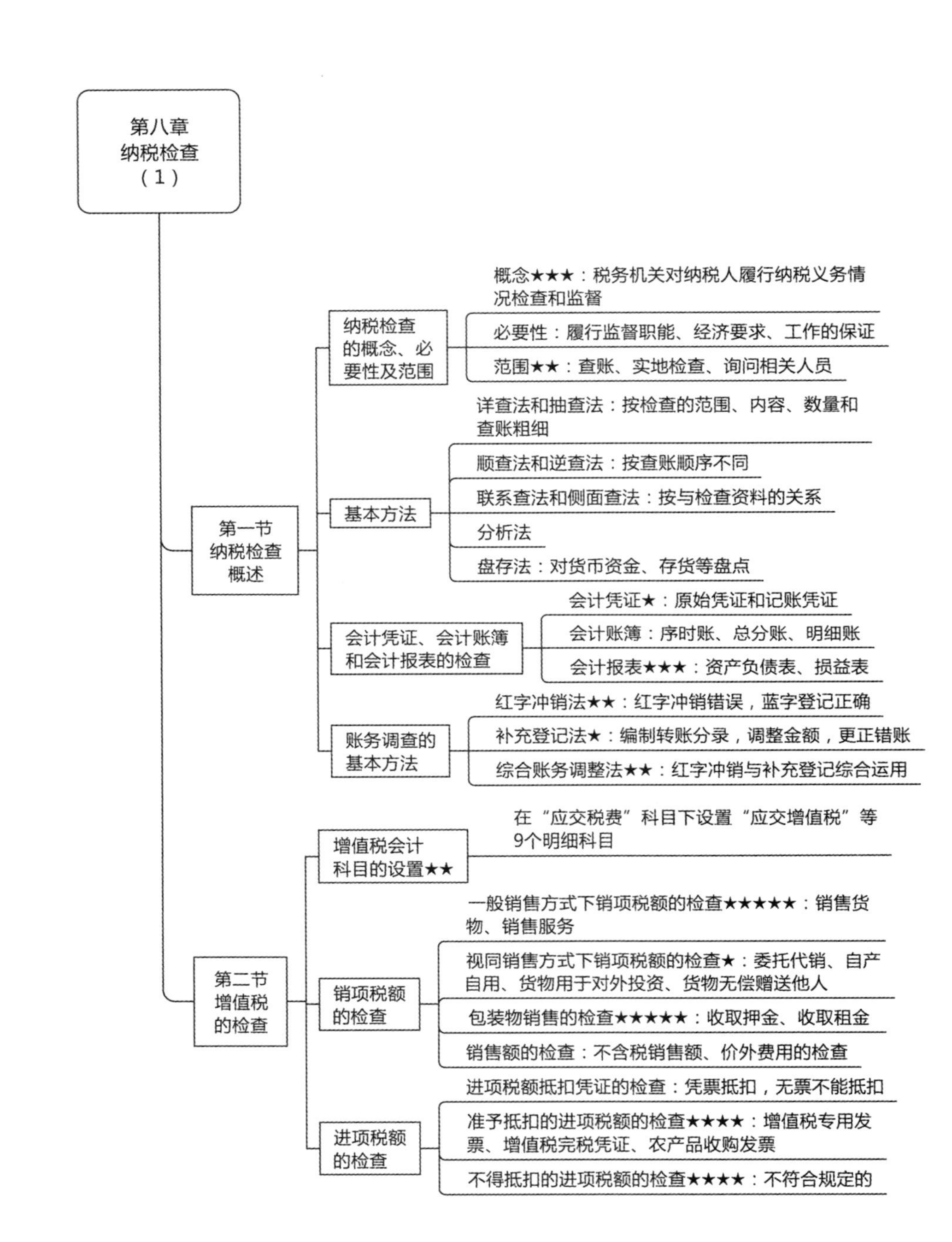
第八章
纳税检查
（1）
第一节
纳税检查
概述
纳税检查
的概念、必
要性及范围
概念★★★：税务机关对纳税人履行纳税义务情
况检查和监督
必要性：履行监督职能、经济要求、工作的保证
范围★★：查账、实地检查、询问相关人员
基本方法
详查法和抽查法：按检查的范围、内容、数量和
查账粗细
顺查法和逆查法：按查账顺序不同
联系查法和侧面查法：按与检查资料的关系
分析法
盘存法：对货币资金、存货等盘点
会计凭证、会计账簿
和会计报表的检查
会计凭证★：原始凭证和记账凭证
会计账簿：序时账、总分账、明细账
会计报表★★★：资产负债表、损益表
账务调查的
基本方法
红字冲销法★★：红字冲销错误，蓝字登记正确
补充登记法★：编制转账分录，调整金额，更正错账
综合账务调整法★★：红字冲销与补充登记综合运用
第二节
增值税
的检查
增值税会计
科目的设置★★
在“应交税费”科目下设置“应交增值税”等
9个明细科目
销项税额
的检查
一般销售方式下销项税额的检查★★★★★：销售货
物、销售服务
视同销售方式下销项税额的检查★：委托代销、自产
自用、货物用于对外投资、货物无偿赠送他人
包装物销售的检查★★★★★：收取押金、收取租金
销售额的检查：不含税销售额、价外费用的检查
进项税额
的检查
进项税额抵扣凭证的检查：凭票抵扣，无票不能抵扣
准予抵扣的进项税额的检查★★★★：增值税专用发
票、增值税完税凭证、农产品收购发票
不得抵扣的进项税额的检查★★★★：不符合规定的

第八章 纳税检查（2）

- 第三节 消费税的检查
  - 销售收入的检查
    - 一般销售方式的检查★：缴款提货、预收货款、分期收款
    - 视同销售方式的检查★★：计算增值税，计算消费税
    - 委托加工方式的检查★★：检查受托方，检查委托方
  - 销售数量的检查
    - 内容：检查是否少开发票、是否账外结算
    - 检查方式：以盘挤销倒挤法；以耗核产，以产核销测定法
- 第四节 企业所得税的检查
  - 年度收入总额的检查
    - 销售货物收入的检查：检查收入确认标准，检查收入确认时间
    - 提供劳务收入的检查★★：检查“主营业务收入”账户
    - 转让财产收入的检查：检查“固定资产清理”“累计折旧"”资产处置收益 ”
    - 股息、红利等权益性投资收益的检查：检查“交易性金融资产”“可供出售金融资产”“长期股权投资”“其他应付款”
    - 利息收入检查：检查“银行存款”“长期借款”
    - 租金收入的检查：检查“其他业务收入”“营业外收入”
    - 特许权使用费收入的检查★：检查“其他业务收入”
    - 接受捐赠收入的检查：检查“营业外收入”
    - 不征税收入和免税收入的检查★：检查不征税收入、免税收入
    - 其他收入的检查
  - 税前准予扣除项目的检查
    - 成本项目检查★★：材料成本检查、工资成本检查、制造费用检查
    - 成本计算的检查★★★：检查库存产品、原材料
    - 税金的检查：除企业所得税和增值税以外的其他税金及附加
    - 损失的检查：经营活动中发生，与取得应税收入有关的资产损失
  - 不得税前扣除项目的检查
    - 不允许抵扣项目的检查★：不允许扣除但已扣除的，调增应纳税所得额
    - 超过规定标准项目的检查：超过标准扣除的，调增应纳税所得额

➢温馨贴士

第一节内容多为文字性内容，重点也比较突出，考查较简单，账务调整的基本方法会涉及计算，通常也会出现在单选题和多选题中，需注意勿计算错误。第二节和第三节是流转税的检查，这部分容易综合出案例题，难度较高，需重点理解、把握相关内容。第四节内容可结合第五章企业所得税对比记忆，前后内容融会贯通，便于掌握。

Day 57

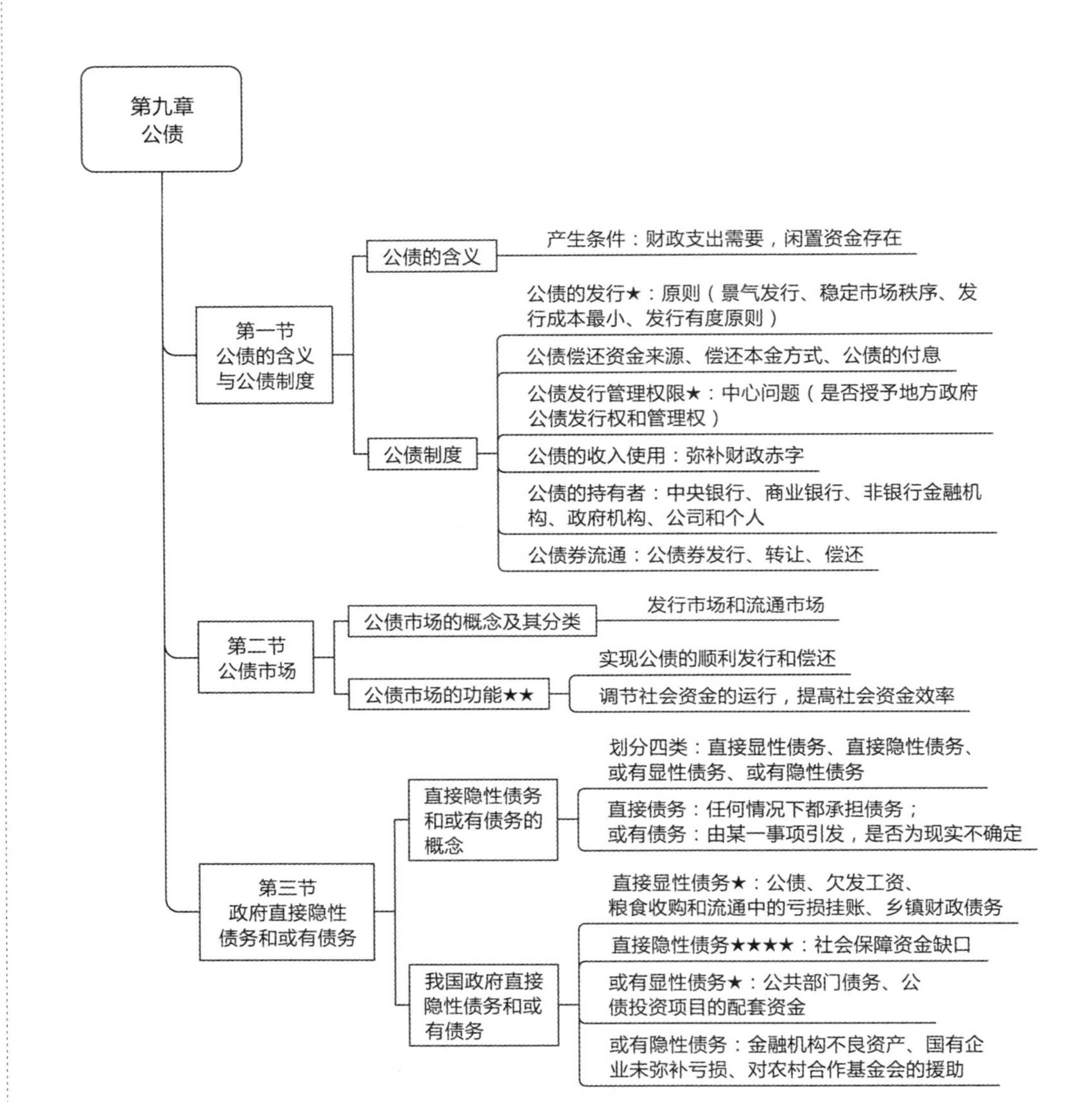

➢温馨贴士

第一节历年考试内容较简单，考查点较少且明确，根据总结的知识明确掌握即可。第三节债务的分类是近年考试的重要考点，主要是四种债务的具体分类，经常通过单选和多选的形式进行考查，需理解掌握，避免混淆。

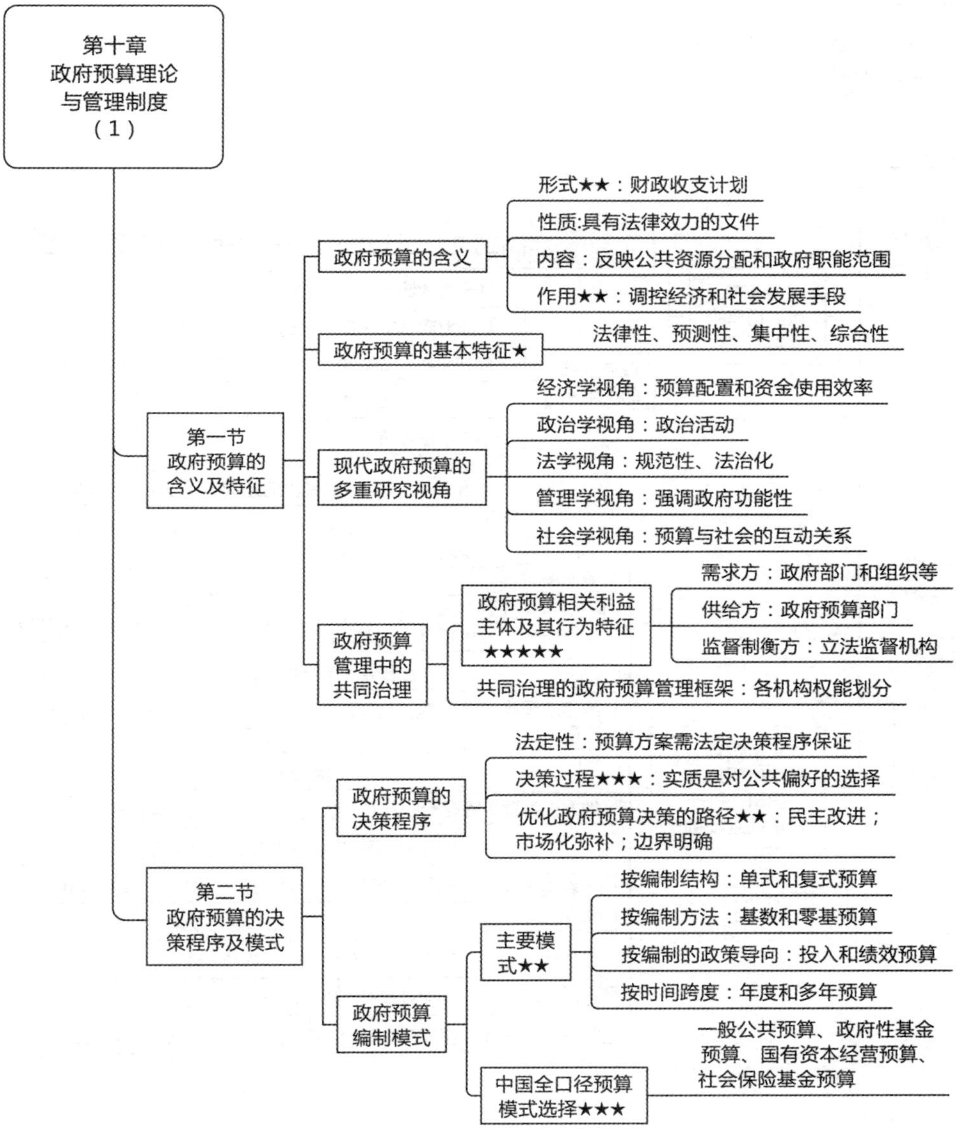

第十章
政府预算理论
与管理制度
（1）

- 第一节 政府预算的含义及特征
  - 政府预算的含义
    - 形式★★：财政收支计划
    - 性质:具有法律效力的文件
    - 内容：反映公共资源分配和政府职能范围
    - 作用★★：调控经济和社会发展手段
  - 政府预算的基本特征★
    - 法律性、预测性、集中性、综合性
  - 现代政府预算的多重研究视角
    - 经济学视角：预算配置和资金使用效率
    - 政治学视角：政治活动
    - 法学视角：规范性、法治化
    - 管理学视角：强调政府功能性
    - 社会学视角：预算与社会的互动关系
  - 政府预算管理中的共同治理
    - 政府预算相关利益主体及其行为特征★★★★★
      - 需求方：政府部门和组织等
      - 供给方：政府预算部门
      - 监督制衡方：立法监督机构
    - 共同治理的政府预算管理框架：各机构权能划分
- 第二节 政府预算的决策程序及模式
  - 政府预算的决策程序
    - 法定性：预算方案需法定决策程序保证
    - 决策过程★★★：实质是对公共偏好的选择
    - 优化政府预算决策的路径★★：民主改进；市场化弥补；边界明确
  - 政府预算编制模式
    - 主要模式★★
      - 按编制结构：单式和复式预算
      - 按编制方法：基数和零基预算
      - 按编制的政策导向：投入和绩效预算
      - 按时间跨度：年度和多年预算
    - 中国全口径预算模式选择★★★
      - 一般公共预算、政府性基金预算、国有资本经营预算、社会保险基金预算

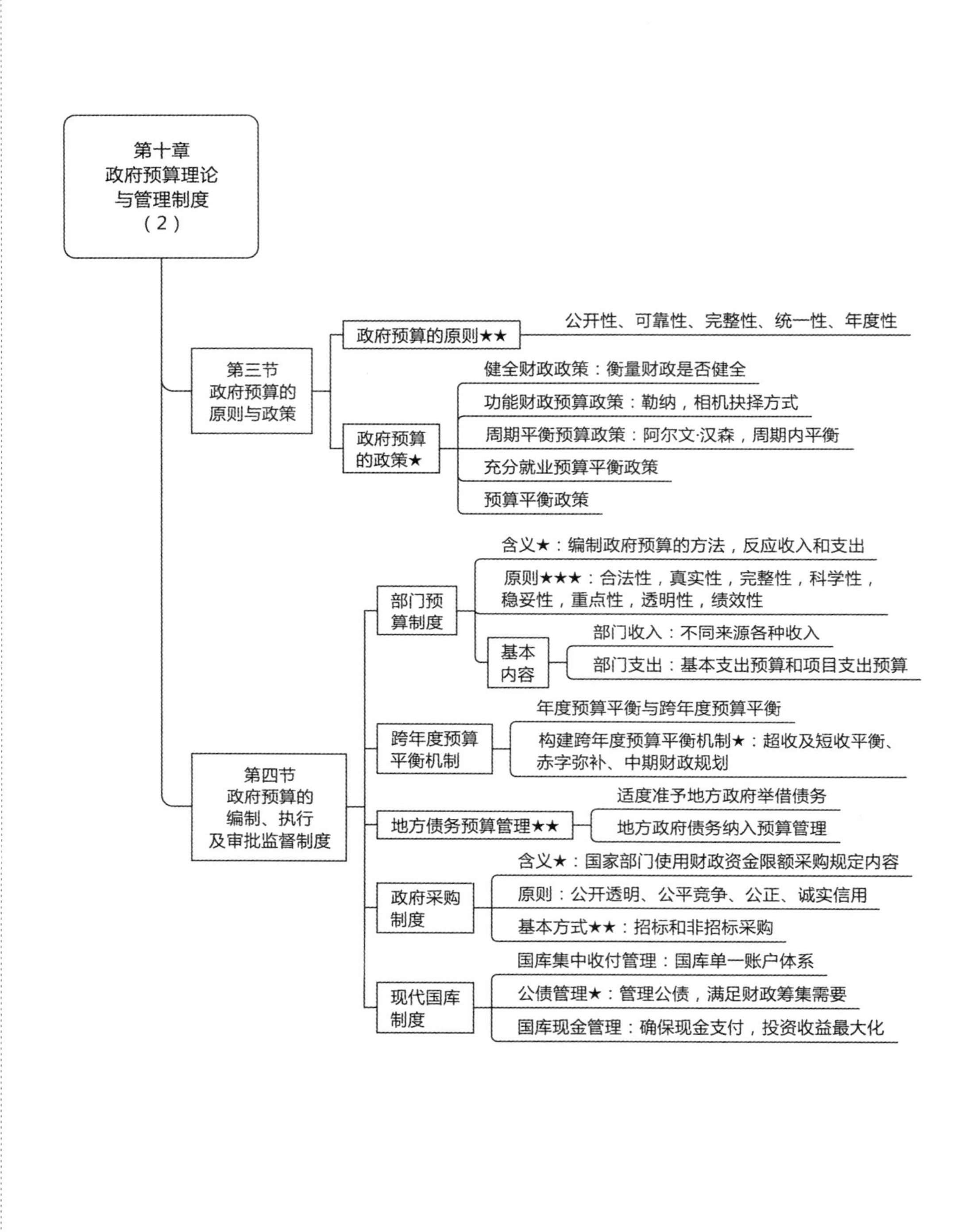
第十章
政府预算理论
与管理制度
（2）
第三节
政府预算的
原则与政策
政府预算的原则★★
公开性、可靠性、完整性、统一性、年度性
政府预算
的政策★
健全财政政策：衡量财政是否健全
功能财政预算政策：勒纳，相机抉择方式
周期平衡预算政策：阿尔文·汉森，周期内平衡
充分就业预算平衡政策
预算平衡政策
第四节
政府预算的
编制、执行
及审批监督制度
部门预
算制度
含义★：编制政府预算的方法，反应收入和支出
原则★★★：合法性，真实性，完整性，科学性，
稳妥性，重点性，透明性，绩效性
基本
内容
部门收入：不同来源各种收入
部门支出：基本支出预算和项目支出预算
跨年度预算
平衡机制
年度预算平衡与跨年度预算平衡
构建跨年度预算平衡机制★：超收及短收平衡、
赤字弥补、中期财政规划
地方债务预算管理★★
适度准予地方政府举借债务
地方政府债务纳入预算管理
政府采购
制度
含义★：国家部门使用财政资金限额采购规定内容
原则：公开透明、公平竞争、公正、诚实信用
基本方式★★：招标和非招标采购
现代国库
制度
国库集中收付管理：国库单一账户体系
公债管理★：管理公债，满足财政筹集需要
国库现金管理：确保现金支付，投资收益最大化

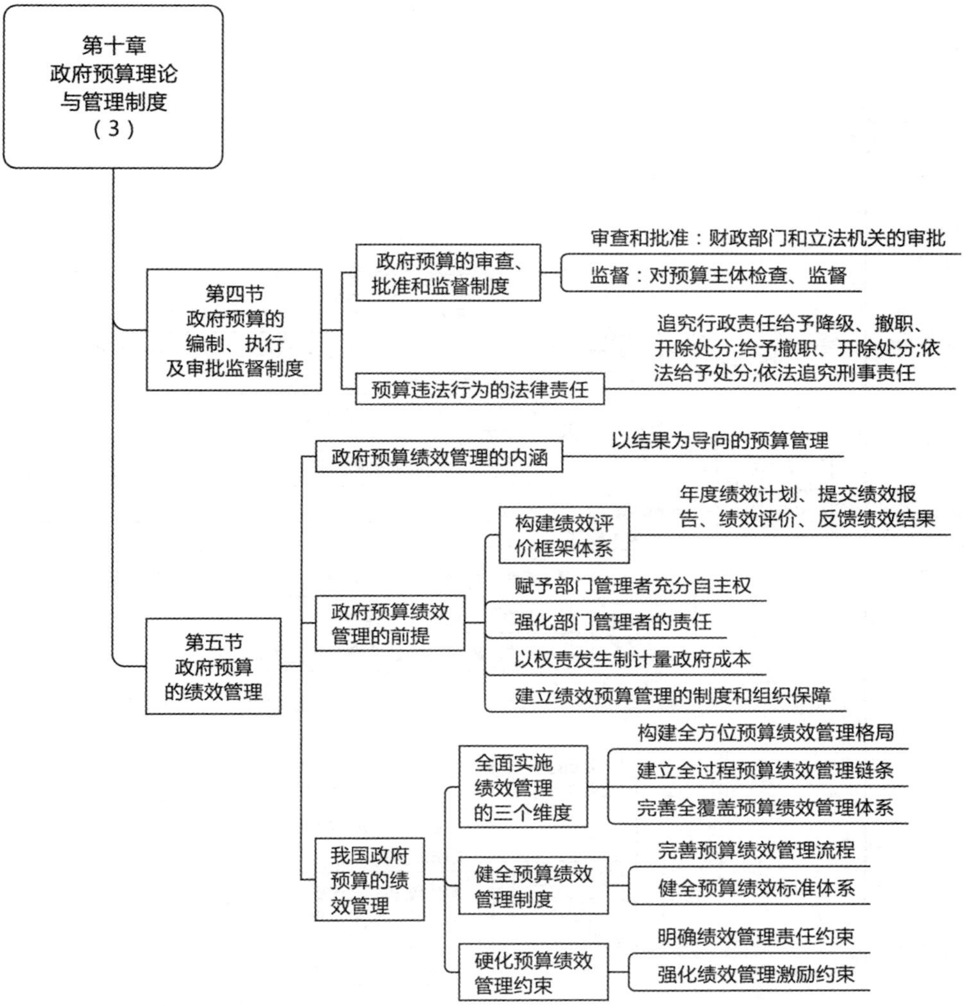

- 第十章 政府预算理论与管理制度（3）
  - 第四节 政府预算的编制、执行及审批监督制度
    - 政府预算的审查、批准和监督制度
      - 审查和批准：财政部门和立法机关的审批
      - 监督：对预算主体检查、监督
    - 预算违法行为的法律责任
      - 追究行政责任给予降级、撤职、开除处分;给予撤职、开除处分;依法给予处分;依法追究刑事责任
  - 第五节 政府预算的绩效管理
    - 政府预算绩效管理的内涵
      - 以结果为导向的预算管理
    - 政府预算绩效管理的前提
      - 构建绩效评价框架体系
        - 年度绩效计划、提交绩效报告、绩效评价、反馈绩效结果
      - 赋予部门管理者充分自主权
      - 强化部门管理者的责任
      - 以权责发生制计量政府成本
      - 建立绩效预算管理的制度和组织保障
    - 我国政府预算的绩效管理
      - 全面实施绩效管理的三个维度
        - 构建全方位预算绩效管理格局
        - 建立全过程预算绩效管理链条
        - 完善全覆盖预算绩效管理体系
      - 健全预算绩效管理制度
        - 完善预算绩效管理流程
        - 健全预算绩效标准体系
      - 硬化预算绩效管理约束
        - 明确绩效管理责任约束
        - 强化绩效管理激励约束

➢温馨贴士

第一节知识点明晰，且简单，多熟悉，通过题目理解掌握即可。第二、三节中分类的内容比较多，容易成为单选和多选的出题点，需要重点分类掌握。第四节中的制度较多，分清楚其具体内容，切勿将内容混淆。第五节注意全面实施绩效管理的三个维度，需要重点记忆。

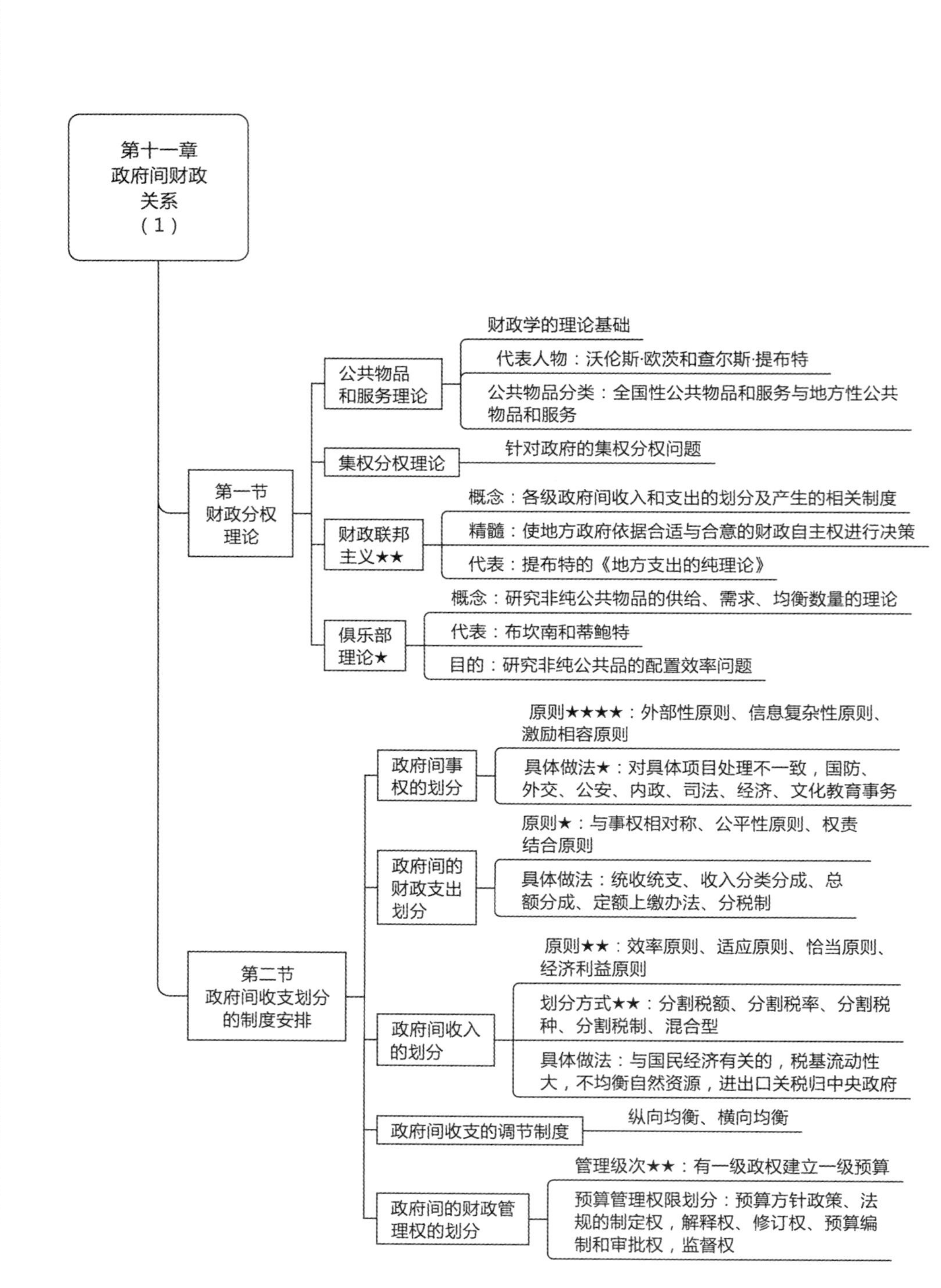
第十一章
政府间财政
关系
（1）
第一节
财政分权
理论
公共物品
和服务理论
财政学的理论基础
代表人物：沃伦斯·欧茨和查尔斯·提布特
公共物品分类：全国性公共物品和服务与地方性公共
物品和服务
集权分权理论
针对政府的集权分权问题
财政联邦
主义★★
概念：各级政府间收入和支出的划分及产生的相关制度
精髓：使地方政府依据合适与合意的财政自主权进行决策
代表：提布特的《地方支出的纯理论》
俱乐部
理论★
概念：研究非纯公共物品的供给、需求、均衡数量的理论
代表：布坎南和蒂鲍特
目的：研究非纯公共品的配置效率问题
第二节
政府间收支划分
的制度安排
政府间事
权的划分
原则★★★★：外部性原则、信息复杂性原则、
激励相容原则
具体做法★：对具体项目处理不一致，国防、
外交、公安、内政、司法、经济、文化教育事务
政府间的
财政支出
划分
原则★：与事权相对称、公平性原则、权责
结合原则
具体做法：统收统支、收入分类分成、总
额分成、定额上缴办法、分税制
政府间收入
的划分
原则★★：效率原则、适应原则、恰当原则、
经济利益原则
划分方式★★：分割税额、分割税率、分割税
种、分割税制、混合型
具体做法：与国民经济有关的，税基流动性
大，不均衡自然资源，进出口关税归中央政府
政府间收支的调节制度
纵向均衡、横向均衡
政府间的财政管
理权的划分
管理级次★★：有一级政权建立一级预算
预算管理权限划分：预算方针政策、法
规的制定权，解释权、修订权、预算编
制和审批权，监督权

- 第十一章 政府间财政关系（2）
  - 第三节 分税制财政管理体制
    - 分税制管理体制的基本问题
      - 内涵★：中央与地方税收管理权限与税收收入的划分
      - 分税方法：按税种划分、按税源实行分率分征
    - 我国分税制管理体制的主要内容
      - 事权和支出责任划分：社保、教育、公共卫生、司法支出等
      - 收入划分：中央固定收入、地方固定收入、中央与地方共享收入
      - 中央财政对地方财政税收返还数额的确定
  - 第四节 政府间转移支出制度
    - 政府间转移支付概述
      - 含义：政府间财政资金相互转移
      - 特点★★★：只限于政府间、无偿支出、并非终极支出
      - 理论依据：纠正横向失衡、纵向失衡、外部性；宏观调控
      - 种类★：资金权限大小（有条件和无条件）；政府间关系（纵向、横向、混合）
      - 一般方法：财政收入能力均等化、支出均衡、收支均衡、有限的财政收入能力—支出需求均衡模式
    - 我国政府间转移支付制度
      - 类型：一般性转移支付和专项转移支付
      - 改革和完善★★：优化转移支付结构、完善一般性转移支付、从严控制规范专项转移支付分配和使用
  - 第五节 中央与地方共同财政事权和支出责任划分改革方案
    - 基本公共服务领域中央与地方财政事权和支出责任划分改革方案
      - 基本原则：以人民为中心、财政事权划分由中央决定、保障标准合理适度、差别化分担、稳妥推进
      - 主要内容：明确范围、制定标准、规范分担方式、调整完善转移支付制度、推进改革
    - 医疗卫生领域中央与地方财政事权和支出责任划分改革方案
      - 基本原则：①坚持政府主导，促进人人公平享有 ②坚持遵循规律，适度强化中央权责 ③坚持问题导向，统筹兼顾突出重点 ④坚持积极稳妥，分类施策扎实推进
      - 主要内容：公共卫生方面、医疗保障方面、计划生育方面、能力建设方面

➢温馨贴士

第一节包括四大理论，无难点，根据总结内容掌握。第二节是重点出题章节，三项划分的原则是重点，容易混淆，需要反复记忆，同时理解其概念，适应越来越具体细致化的考试趋势。第三、四节总结的条理比较明晰，类别划分的内容比较多，掌握技巧，精准理解，尤其是转移支付的种类。第五节为近两年新增章节，未曾出过题目，未来可能会成为出题的可选方向，需要引起重视。

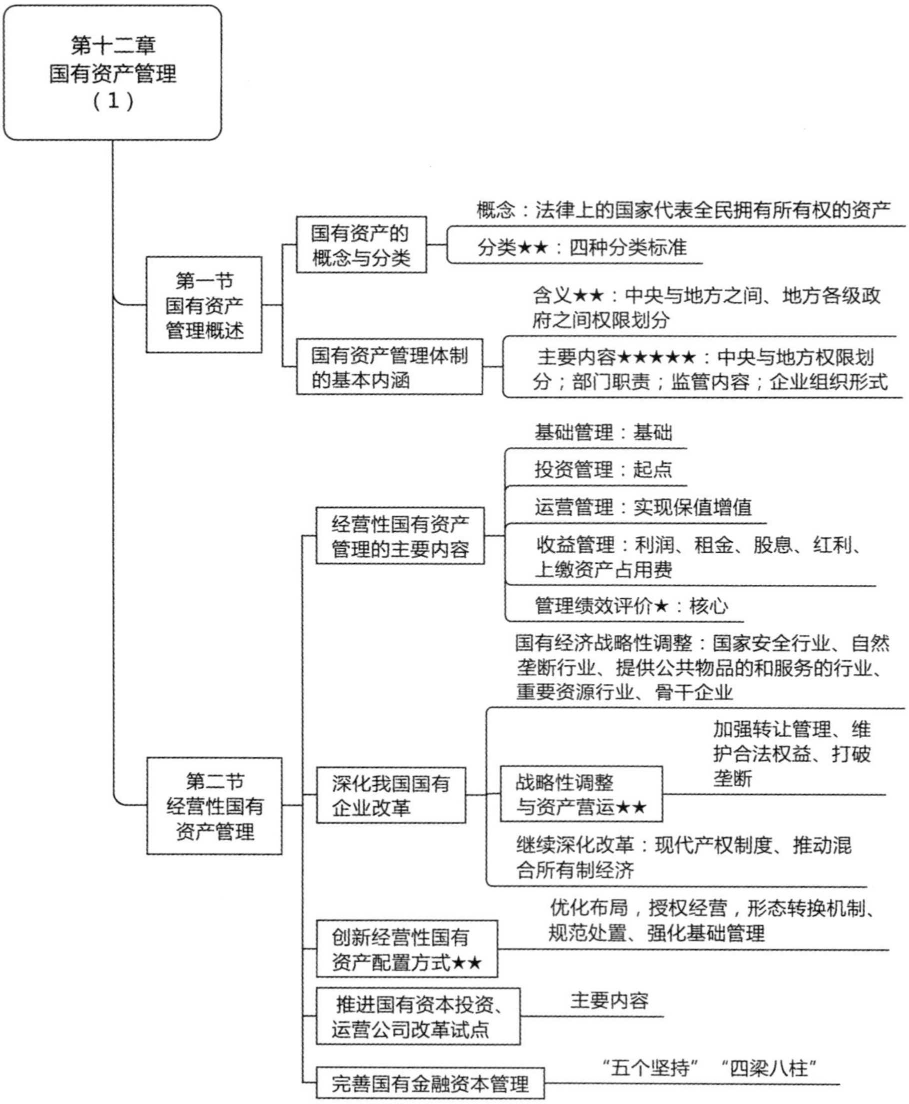

第十二章
国有资产管理
（1）

- 第一节 国有资产管理概述
  - 国有资产的概念与分类
    - 概念：法律上的国家代表全民拥有所有权的资产
    - 分类★★：四种分类标准
  - 国有资产管理体制的基本内涵
    - 含义★★：中央与地方之间、地方各级政府之间权限划分
    - 主要内容★★★★★：中央与地方权限划分；部门职责；监管内容；企业组织形式
- 第二节 经营性国有资产管理
  - 经营性国有资产管理的主要内容
    - 基础管理：基础
    - 投资管理：起点
    - 运营管理：实现保值增值
    - 收益管理：利润、租金、股息、红利、上缴资产占用费
    - 管理绩效评价★：核心
  - 深化我国国有企业改革
    - 国有经济战略性调整：国家安全行业、自然垄断行业、提供公共物品的和服务的行业、重要资源行业、骨干企业
    - 战略性调整与资产营运★★
      - 加强转让管理、维护合法权益、打破垄断
    - 继续深化改革：现代产权制度、推动混合所有制经济
  - 创新经营性国有资产配置方式★★
    - 优化布局，授权经营，形态转换机制、规范处置、强化基础管理
  - 推进国有资本投资、运营公司改革试点
    - 主要内容
  - 完善国有金融资本管理
    - “五个坚持” “四梁八柱”

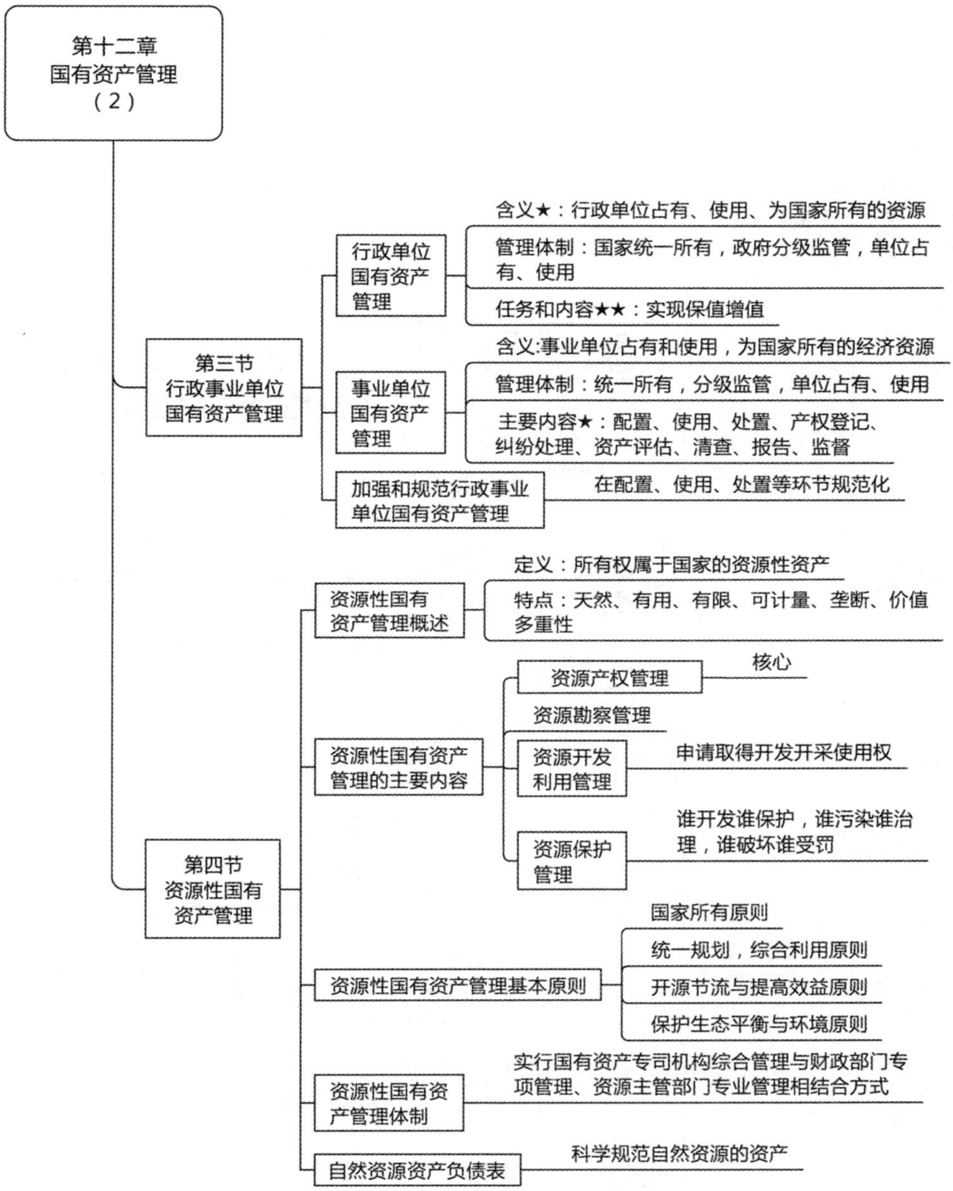

- 第十二章 国有资产管理（2）
  - 第三节 行政事业单位国有资产管理
    - 行政单位国有资产管理
      - 含义★：行政单位占有、使用、为国家所有的资源
      - 管理体制：国家统一所有，政府分级监管，单位占有、使用
      - 任务和内容★★：实现保值增值
    - 事业单位国有资产管理
      - 含义:事业单位占有和使用，为国家所有的经济资源
      - 管理体制：统一所有，分级监管，单位占有、使用
      - 主要内容★：配置、使用、处置、产权登记、纠纷处理、资产评估、清查、报告、监督
    - 加强和规范行政事业单位国有资产管理
      - 在配置、使用、处置等环节规范化
  - 第四节 资源性国有资产管理
    - 资源性国有资产管理概述
      - 定义：所有权属于国家的资源性资产
      - 特点：天然、有用、有限、可计量、垄断、价值多重性
    - 资源性国有资产管理的主要内容
      - 资源产权管理
        - 核心
      - 资源勘察管理
      - 资源开发利用管理
        - 申请取得开发开采使用权
      - 资源保护管理
        - 谁开发谁保护，谁污染谁治理，谁破坏谁受罚
    - 资源性国有资产管理基本原则
      - 国家所有原则
      - 统一规划，综合利用原则
      - 开源节流与提高效益原则
      - 保护生态平衡与环境原则
    - 资源性国有资产管理体制
      - 实行国有资产专司机构综合管理与财政部门专项管理、资源主管部门专业管理相结合方式
    - 自然资源资产负债表
      - 科学规范自然资源的资产

➤温馨贴士

第一节历年考查次数较多，重点也比较突出，可根据总结逐项了解和掌握。第二节的内容较多，重点把握起来比较繁琐，需反复学习，近年考查我国国有企业改革的次数越来越多，需提高重视。第三节仅包括行政和事业单位国有资产，难度不大，文字记忆较多且繁琐，需熟悉理解。第四节在近五年考试中虽未涉及，根据近几年考试发展趋势，建议将其重点把握和理解。

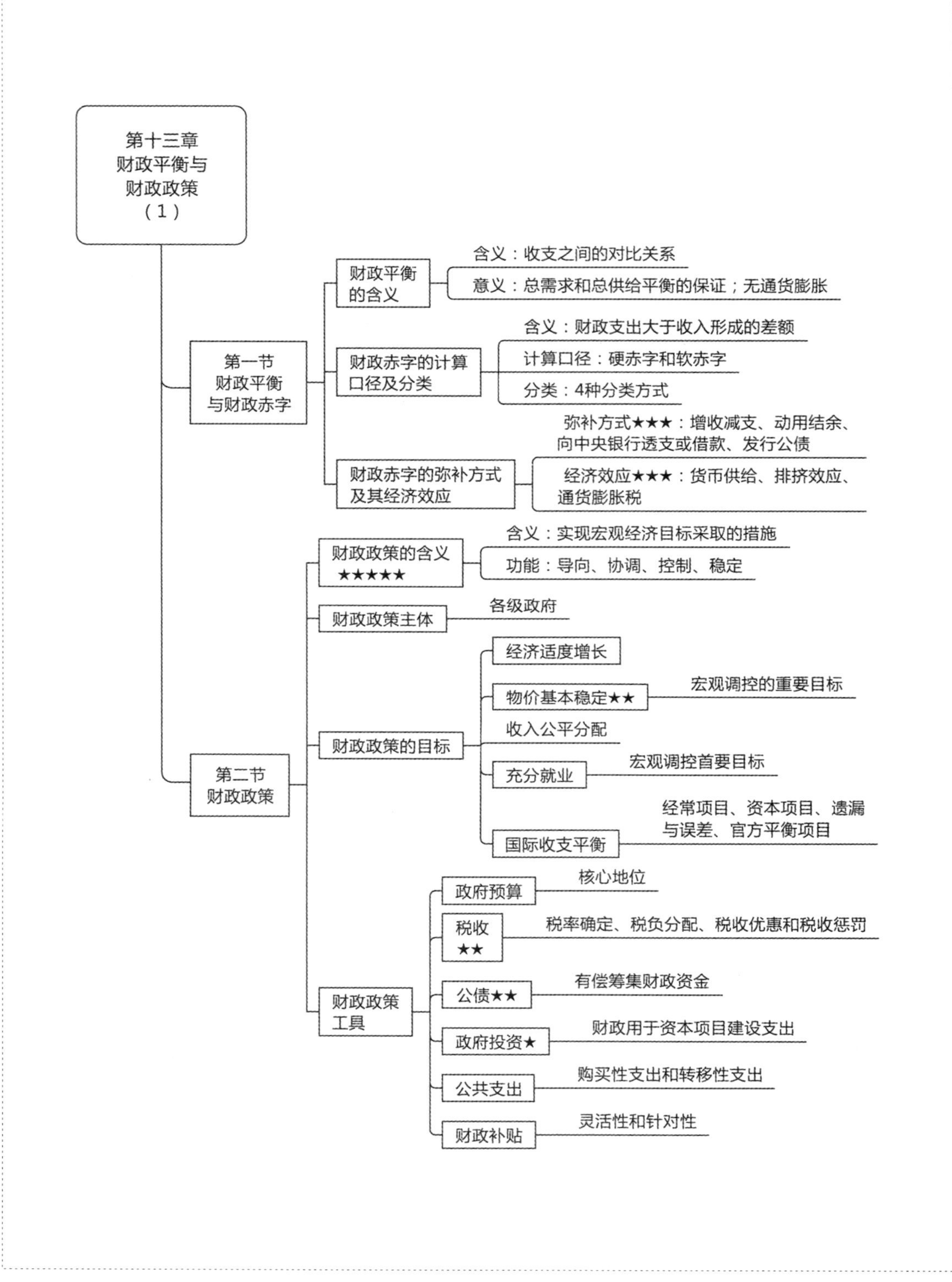
第十三章
财政平衡与
财政政策
（1）
第一节
财政平衡
与财政赤字
财政平衡
的含义
含义：收支之间的对比关系
意义：总需求和总供给平衡的保证；无通货膨胀
财政赤字的计算
口径及分类
含义：财政支出大于收入形成的差额
计算口径：硬赤字和软赤字
分类：4种分类方式
财政赤字的弥补方式
及其经济效应
弥补方式★★★：增收减支、动用结余、
向中央银行透支或借款、发行公债
经济效应★★★：货币供给、排挤效应、
通货膨胀税
第二节
财政政策
财政政策的含义
★★★★★
含义：实现宏观经济目标采取的措施
功能：导向、协调、控制、稳定
财政政策主体
各级政府
财政政策的目标
经济适度增长
物价基本稳定★★
宏观调控的重要目标
收入公平分配
充分就业
宏观调控首要目标
国际收支平衡
经常项目、资本项目、遗漏
与误差、官方平衡项目
财政政策
工具
政府预算
核心地位
税收
★★
税率确定、税负分配、税收优惠和税收惩罚
公债★★
有偿筹集财政资金
政府投资★
财政用于资本项目建设支出
公共支出
购买性支出和转移性支出
财政补贴
灵活性和针对性

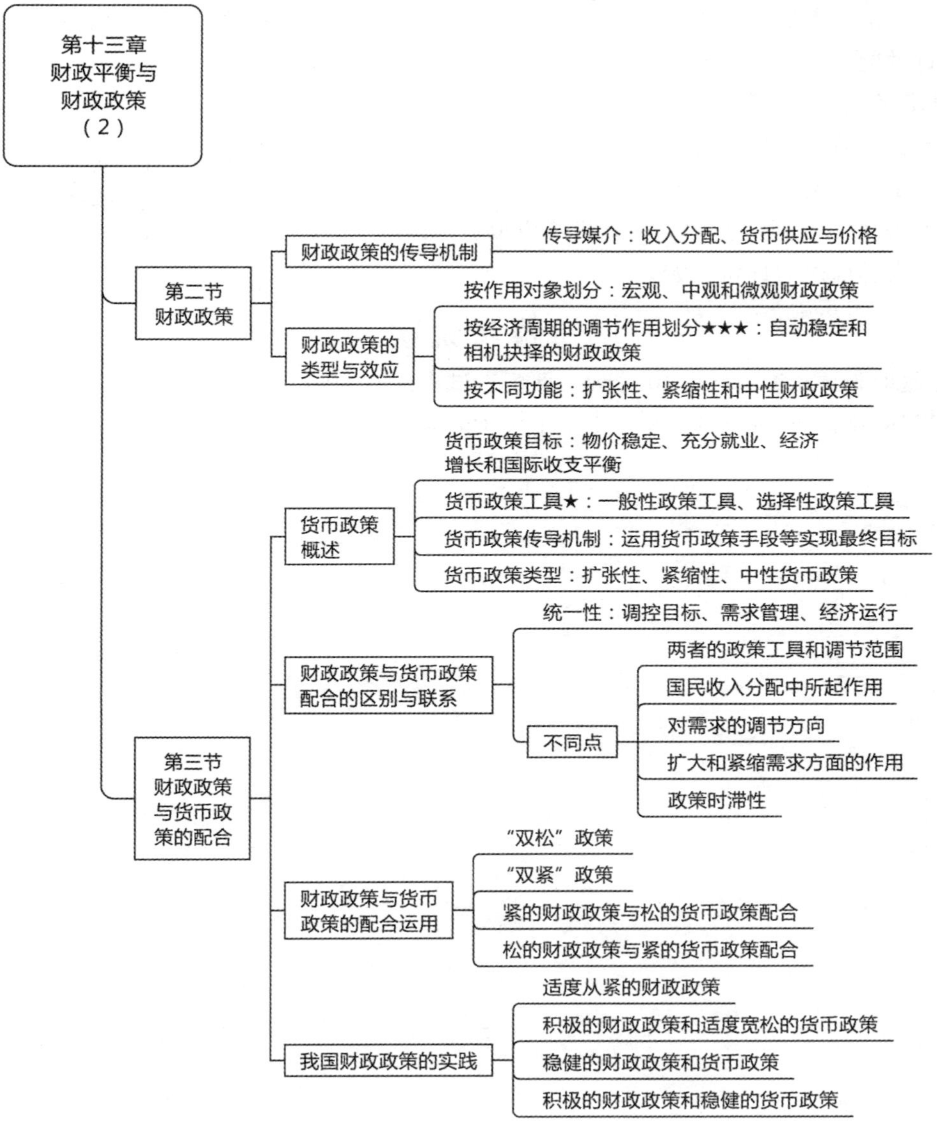

- 第十三章 财政平衡与财政政策（2）
  - 第二节 财政政策
    - 财政政策的传导机制
      - 传导媒介：收入分配、货币供应与价格
    - 财政政策的类型与效应
      - 按作用对象划分：宏观、中观和微观财政政策
      - 按经济周期的调节作用划分★★★：自动稳定和相机抉择的财政政策
      - 按不同功能：扩张性、紧缩性和中性财政政策
  - 第三节 财政政策与货币政策的配合
    - 货币政策概述
      - 货币政策目标：物价稳定、充分就业、经济增长和国际收支平衡
      - 货币政策工具★：一般性政策工具、选择性政策工具
      - 货币政策传导机制：运用货币政策手段等实现最终目标
      - 货币政策类型：扩张性、紧缩性、中性货币政策
    - 财政政策与货币政策配合的区别与联系
      - 统一性：调控目标、需求管理、经济运行
      - 不同点
        - 两者的政策工具和调节范围
        - 国民收入分配中所起作用
        - 对需求的调节方向
        - 扩大和紧缩需求方面的作用
        - 政策时滞性
    - 财政政策与货币政策的配合运用
      - “双松”政策
      - “双紧”政策
      - 紧的财政政策与松的货币政策配合
      - 松的财政政策与紧的货币政策配合
    - 我国财政政策的实践
      - 适度从紧的财政政策
      - 积极的财政政策和适度宽松的货币政策
      - 稳健的财政政策和货币政策
      - 积极的财政政策和稳健的货币政策

➢温馨贴士

第一节财政赤字的分类及弥补方式是常考点，包括条目较多，记忆时要全面，避免遗漏（在多选题中漏选的情况）。第二、三节知识框架清晰，重点明确，具体内容可结合教材巩固，放松心态。

全真机考模拟

Day 58 至 ***Day 60***

由于经济师考试形式为机考，为了真实模拟考场环境，现提供三套试卷，需要通过电脑在线进行做题。

【领取及做题步骤】

- 请扫右侧码领取模考卷
- 登录环球网校官网（www. hqwx. com）
- 点击《60 天过经济师》全真机考模拟卷
- 进入界面之后即可开始做题

模考说明

【答题时长要求】 3 小时 40 分钟，两门考试中间有 40 分钟休息时间

【时间安排】 9：00—10：30，11：10—12：40

亲爱的读者：

如果您对本书有任何 **感受、建议、纠错**，都可以告诉我们。我们会精益求精，为您提供更好的产品和服务。

祝您顺利通过考试！

扫码参与有奖调查

环球网校经济师考试研究院